MINIMUM
WAGE
POLICY

最低工资政策

影响效应及制度设计

贾东岚◎著

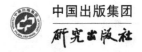

中国出版集团
研究出版社

图书在版编目（CIP）数据

最低工资政策：影响效应及制度设计 / 贾东岚著.
-- 北京：研究出版社，2021.9
ISBN 978-7-5199-1079-2

Ⅰ.①最… Ⅱ.①贾… Ⅲ.①工资制度 – 研究 – 中国
Ⅳ.①F249.24

中国版本图书馆CIP数据核字(2021)第200157号

出 品 人：赵卜慧
责任编辑：寇颖丹

最低工资政策：影响效应及制度设计
ZUIDI GONGZI ZHENGCE:YINGXIANG XIAOYING JI ZHIDU SHEJI

贾东岚 著

研究出版社 出版发行
（100011 北京市朝阳区安华里504号A座）

北京建宏印刷有限公司 新华书店经销

2021年10月第1版 2021年10月北京第1次印刷
开本：710毫米×1000毫米 1/16 印张：22.5
字数：357千字

ISBN 978-7-5199-1079-2 定价：78.00元

邮购地址100011 北京市朝阳区安华里504号A座
电话（010）64217619 64217612（发行中心）

目　录

　　自 1993 年开始建立《企业最低工资规定》到 2004 年《最低工资规定》颁布实施以来，最低工资制度在实践中取得了重大发展，作为政府调节企业工资分配的重要"抓手"，最低工资是保障劳动者特别是低收入劳动者取得劳动报酬合法权益的重要手段，也是国家"提低、扩中、调高"收入分配制度改革思路中"提低"的主要措施之一。但最低工资制度在实施中也存在一些问题，理论上也遭受质疑，如部分企业把最低工资当作企业员工标准工资，导致员工实际收益受损；小、微型企业因政府提高最低工资加大了企业用工成本而产生抵触情绪；各省在最低工资调整过程中随意性较大，调整的幅度、频次、时间、程序、方法差异较大，甚至在一些年份出现一些盲目攀比现象等。如何分析看待最低工资政策在我国实施的效果，如何解决现实中的问题，以及如何进一步完善最低工资制度，已成为有关部门持续跟踪研究的内容。在国外，最低工资评估机制对于调整最低工资标准具有关键的作用。很多国家在最低工资调整后每年会进行一次全方位的评估，以期对下一次调整最低工资提供依据和技术性支持。而在 2016 年之前，我国还没有建立起最低工资评估机制，对最低工资上调可能产生的各种效应并未给予足够的关注，关于最低工资的实证研究也争议较多。近年来，我国相关部门逐步重视最低工资影响评估在科学调整最低工资标准中的关键作用，逐步在探索和研究建立一套科学、规范、合理的最低工资评估方法和体系，国内学者也越来越注重从多维角度深入研究最低工资的影响效应和制度设计问题，但有关结论尚不统一，仍需继续跟踪研究。

我本人于 2009 年进入人社部原劳动工资研究所（现已合并更名为中国劳动和社会保障科学研究院）工作，最初从国外最低工资制度开展研究，之后逐步研究和分析中国最低工资制度。2014 年曾出版过《国外最低工资》，当时基于 2010 年前后或更早的数据或材料，系统地研究了国外实施最低工资政策历史较长、做法比较成功的发达国家和新兴国家的最低工资制定程序、调整机制、评估机制，总结和比较不同国家最低工资定位、计算概念、适用范围、主导产定模式、调整因素、评估方法等，由于近十年来全球最低工资政策出现新的动向，且中国最低工资相关研究也在逐步发展，因此意图通过撰写本书评估和剖析中国最低工资政策的有关影响效应，比较中外最低工资制度与政策设计，并分析最低工资同其他社保制度间的联系。本书第一章对我国最低工资制度的建立和发展进行总体阐述；第二章在分析境外实施最低工资政策历史较长或机制较成熟或地区最低工资实践，以及我国各地最低工资评估探索情况基础上，提出适合我国的最低工资评估框架体系；第三章就评估指标体系中最低工资实际值变动、保障基本和共享成果、最低工资相对指标及执行率情况进行评述；第四章、第五章分别对国内外有关最低工资影响的理论和文献进行综述；第六章、第七章和第八章分别整理分析有关中国最低工资影响效应研究结论，并采用实证研究分析我国最低工资对劳动者特别是低收入群体收入、企业人工成本及利润、社会就业的影响；第九章比较分析全球最低工资政策和制度细节，从立法角度对我国最低工资制度设计提出建议；第十章比较研究国际上有关精细化最低工资政策经验与做法；第十一章从制度设计的角度关注国内外最低工资与其他社保制度之间的关系，并提出相关建议。

　　本书主要运用以下研究方法：一是文献研究法。从国内外各类统计资料、研究报告、网络信息等多方面入手，查找全球各国最低工资评估理论及实践情况。二是比较分析法。通过比较不同国家或地区实践，分析适合中国的评估特点。三是社会调查法。广泛收集政府部门、企业、行业组织和专家学者对相关问题的观点和建议，并进行归纳分析。四是实证分析法。通过实证数据测算，分析最低工资对就业、工资收入、企业分配等方面的影响。

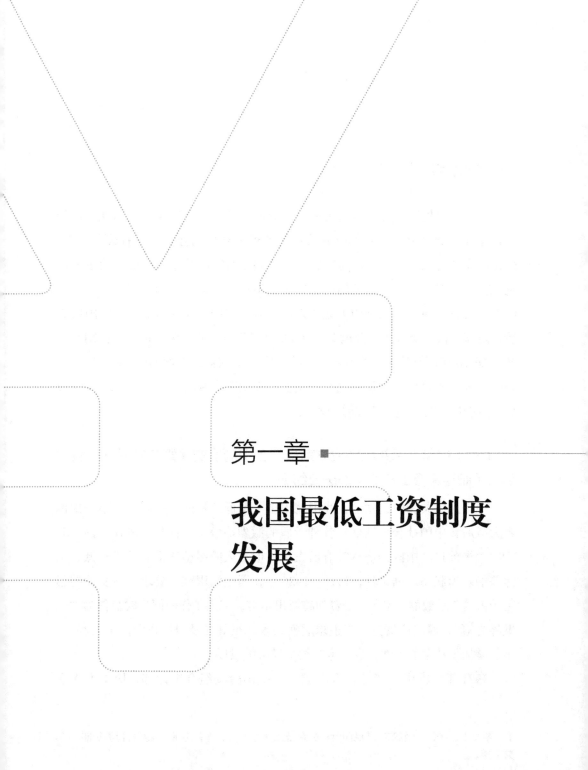

第一章

我国最低工资制度
发展

一、制度发展历程

作为政府规制劳动力市场工资收入分配的重要法定工资收入标准，最低工资是保障劳动者特别是低收入劳动者取得劳动报酬合法权益的重要手段，也是国家"提低、扩中、控高"收入分配制度改革政策中"提低"的主要措施之一。我国最低工资制度的前身和历史最早可追索至民国时期，但当时的经济发展特征使最低工资相关立法未能得到较好的发展和落实。新中国成立后，随着历次工资收入分配改革及1980年代改革开放政策的推进，特别是在20世纪90年代前后伴随着市场经济的发展，我国最低工资制度不断发展。自1993年第一次从法律层面明确了开始实行最低工资制度十余年后，2004年最低工资制度得到了进一步完善和发展。

（一）中华人民共和国成立前最低工资制度的探索与发展——首次加入《制定最低工资确定办法公约》

中华人民共和国成立前，我国就出现了最低工资的相关规定。第一次世界大战后，中国社会长期处在各种矛盾的激烈斗争中，社会经济在动荡、曲折中缓慢前进。中国经济尽管有所发展，但工人阶级整体上处于工资低、生活差的窘迫状态。据统计，1918—1926年，因生活艰难而要求加薪发动的罢工约占罢工总数的一半[①]。劳资纠纷层出不穷，工人工作时间当时被称为"全世界之冠"，雇主或资方一味追求利润，未能很好顾及付出血汗的工人利益，不仅增加了社会危害性，也严重制约了经济的发展。

1921年，中国共产党在上海成立了中国劳动组合书记部，历史上先后

[①] 蔡禹龙、张微、金纪玲：《民国时期的最低工资立法及其现代启示》,《兰台世界》2015年第1期。

召开了六次劳动大会。第一次大会于 1922 年 5 月 1 日—6 日在广州举行，通过了八小时工作制、罢工援助、全国总工会组织原则等十项决议，并拟定了《劳动法案大纲》，首次提出应制定劳动者权益的最低工资法律。1926 年冬，北伐军占领武汉三镇，以湖北政治委员会名义制定《临时工厂条例》并在湖北实行，其中规定"工厂支付给工人工资，每月不得少于十三元，但学徒不在此限。如物价增高时，由工会与工厂主协商增加"。1927 年，"四一二"反革命政变后，蒋介石为平息上海工人运动，于 4 月颁布《上海劳资调节条例》，提出"按照生活品物价指数，规定一般最低工资"。此后，广东农工厅规定"工资最低额以该厂所在地最低之生活费以上支给"，冯玉祥也于次年发布《陕甘区域内之临时劳动法》，规定最低工资"以四口人之最低生活之标准"计算。

1928 年 6 月 16 日，国际劳工组织在日内瓦经大会通过《制订最低工资确定办法公约》，规定凡批准本公约的国际劳工组织会员国，承允制定或维持一种办法，以便能为那些在无从用集体协议或其他方法有效规定工资且工资特别低廉的若干种行业或其部分（特别在家中工作的行业）中工作的工人，确定最低工资率。1930 年，当时的国民政府开始批准加入国际劳工组织第 26号公约，即《制订最低工资确定办法公约》，1931 年《中华苏维埃共和国劳动法》中明确提出"任何人之工资不得少于由劳动部所规定的真实最低工资额"。1932 年底修正公布的《中华民国工厂法》也提到关于工人"最低工资率之规定，应与各厂所在地之工人生活状况为标准"。1934 年颁布了《国营企业最低工资暂行办法》，该办法提出最低工资率按日计算，除"供给膳宿得计入工资外"，加班费和奖金不计入企业应付最低工资收入。1936 年底，当时的立法院通过了《最低工资法》，该法律规定只适用于工业部门，但未能将"国际公约"中提到的商业部门也纳入进去。最低工资也以日计算，"除雇方供给之膳宿按最近三个月之平均价值并入计算外，加班费和津贴以及红利不计入最低工资"，同时规定按地区实行，要求建立最低工资委员会，由包括劳资双方及第三方无利害冲突的代表构成。委员会设委员 9—15 人，主管官署代表 1—2 人，劳资双方代表各 3—5 人，劳资双方各推荐第三方代表 1 人，实业部或省主管官署可派代表 1 人。法律还提出标准实行 12 个月后调整，参考因素为"当地生活程度及各该行业工人情况"，并"成年工以维持其本身及足以供给无工作能力亲属二人之必要生活为准"。相对《国营企业最低工资暂行办法》而言，《最低工资法》的建立从立法形式、计算方式、参考因素、制定程序、调整频率等方面都有了很大变化，也与公约的有关要求更加接近。但基于当时社会发展阶段特征，法律规定的很多具体要求未能得到较好的实施。1948 年，在哈尔滨召开的中国第六次劳工大会中的有关决议明确提出工资要保障包括职工本人在内的两口人的生活需要，再一次明确了赡养系数计算问题，同时提出最低工资与当时物价的关系。此外，1949 年 9 月中国人民政治协商会议通过的《共同纲领》也明确提到制定最低工资需考虑企业实际。

（二）中华人民共和国成立后到 20 世纪 90 年代初期发展——改革开放为《制定最低工资确定办法公约》实施奠定基础

中华人民共和国成立后到"文化大革命"前这一阶段经历了企业工人八级工资制度、建立机关事业的职务等级制度等工资制度改革。1966 年到 1976年"文化大革命"期间是工资分配制度遭受严重破坏的时期。始于 1978 年的改革开放为我国经济发展和工资收入分配打开了新的篇章。改革开放后到 20世纪 90 年代初期，这一阶段确立以经济建设为中心，在具体的工资分配政策上，重新恢复按劳分配原则，实践中体现多劳多得，允许一部分人先富起来。出现农业上的大包干，收入上的万元户，乡镇企业和城镇集体企业得到快速发展。国有企业打破等级工资制，将分配与劳动成果、企业效益等挂钩，将之前的单纯强调按劳分配，改为以按劳分配为主体、多种分配方式并存。由于全国自上而下统一的具有计划经济时代特色的工资体系存在了很长一段时间，因此当时的最低工资制度发展缓慢甚至是处于停滞状态。1984 年，我国宣布承认《制订最低工资确定办法公约》，此次宣布加入公约是真正有实施条件的加入公约，主要得益于我国计划经济开始逐步向市场经济转型，多种类型企业经济形式源源不断出现。1984 年召开的中国共产党第十二届三中全会上通过的《关于经济体制改革的决定》提出工资改革目标，"使企业职工的工资和奖金同企业经济效益的提高更好地挂起钩来"，次年也取消了全国等级工资标准。随着市场经济逐步发展，我国最早一批沿海特区公布的有关劳动条例中均提到了最低工资标准相关规定，1989 年珠海率先提出了当地最低工资标准。

（三）20世纪90年代至2004年以前的制度发展——从法律层面明确最低工资制度

1993年，为适应市场经济发展的需要，原劳动部制定颁布了《企业最低工资规定》（劳部发〔1993〕333号），详细规定了有关最低工资的概念、制定或调整办法以及相关制度。1994年，我国历史上第一部劳动法获全国人大常委会通过，劳动者权益的保障从此有法可依。当时的《中华人民共和国劳动法》第五章第四十八条明确规定：国家实行最低工资保障制度。这标志着我国从法律层面明确了开始实行最低工资制度。规定明确了有关最低工资标准的确定和发布、支付、保障和监督等相关要求。1994年10月，原劳动部发布了《关于实施最低工资保障制度的通知》，保障了制度的顺利实施。该规定颁布实施后，很多省市分别出台了本地区的最低工资标准相关规定。1994—2004年，除西藏外，全国共计有31个省区市（深圳单列）建立了最低工资制度，发布并实施了标准。十年间，全国累计调整最低工资117次，每个省份平均调整约3.8次。

（四）2004年以来最低工资制度发展——完善和细化最低工资制度

20世纪90年代中后期，伴随着我国国有企业改革，一些下岗职工劳动权益难以得到合理保障，民营企业如雨后春笋般应运而生，非全日工、劳务派遣、临时工等劳动者就业形式也逐步扩大，有关劳动争议也时有发生。在此背景下，2004年原劳动部颁布了《最低工资规定》，废止了1993年的旧制度。与1993年的《企业最低工资规定》相比，2004年《最低工资规定》主要更新了以下六方面内容：一是适用范围由原来的完成正常劳动的企业劳动者更改为适用于完成正常劳动的企业、民办非企业单位、有雇工的个体工商户劳动者；二是标准形式新增了小时最低工资标准；三是细化了三方协商原则和程序；四是进一步明晰了调整参考因素，纳入了职工个人缴纳的社会保险费和住房公积金的考量；五是调整频率由一年最多一次更改为每两年至少一次；六是增加了有关最低工资的罚则和赔偿金问题。新的规定加大了罚则力度，按所欠工资的1至5倍支付劳动者赔偿金。随着2004年西藏开始实施最低工资制度，我国最低工资制度得到全面实施。

自 1993 年的《企业最低工资规定》、2004 年的《最低工资规定》颁布实施以来，最低工资在制度上和实践中都取得了重大进展，作为政府调节企业工资分配的重要"抓手"，最低工资是保障劳动者特别是低收入劳动者取得劳动报酬合法权益的重要手段，也是国家"提低、扩中、调高"收入分配制度改革思路中"提低"的主要措施之一。但最低工资制度在实施中也存在一些问题，理论上也遭受质疑，如部分企业把最低工资当作企业员工标准工资，导致员工实际收益受损；小、微型企业因政府提高最低工资加大了企业用工成本而产生抵触情绪；各省在最低工资调整过程中随意性较大，调整的幅度、频次、时间、程序、方法差异较大，甚至在一些年份出现一些盲目攀比现象等。为此，最低工资主管部门也在逐步加强对各地调整工作的指导，逐步完善最低工资调整机制，并建立和实施了最低工资评估机制。

二、颁布《最低工资规定》以来最低工资标准总体变动情况

2004 年以来，各地最低工资调整更加规范化和制度化，执行力度也在增强，在调整频率、幅度、档次、水平差距等方面呈现出一定规律性。

（一）调整频率由快变缓

从调整频率看，2004—2019 年，31 个省区市最低工资标准调整次数平均为 9.06 次。其中，北京调整次数最多，15 年间达到 15 次，除 2009 年冻结标准暂缓调整外，2004 年建立标准后就立即进行了调整。上海调整次数次之，达到 14 次，除 2009 年外，每年均调整。天津、江苏调整了 12 次，山东、湖南和陕西均调整了 11 次。而黑龙江和西藏调整次数最少，分别为 5 次和 4 次。2004—2015 年，按照"每两年至少调整一次"的要求，各地适应劳动力市场变化和居民消费价格指数上涨等的实际，每个省市平均调整 7.48 次（在爆发金融危机的 2009 年，各地均暂缓调整）。2016 年起，根据有关指导要求，基于经济下行压力背景，各地最低工资标准调整频率放缓，2016—2019 年平均调整次数为 1.58 次，基本为 2—3 年调整一次。每年调整的地区数量减少，特别是 2019 年仅有 8 个地区进行了调整。

（二）调增幅度由大变小

从每年调增地区的调增幅度看，2010—2019 年，全国依次分别有 30、25、25、27、19、27、9、20、16 和 8 个地区调整了最低工资标准，调增地区对应平均调增幅度分别 23.6%、22.1%、20.1%、17%、14.1%、14.9%、10.7%、11.05%、13.61%[①] 和 10.59%。其中，2010—2013 间调增幅度最大，基本维持在 20% 左右。

从全国最低工资标准各档次平均值平均增幅看，2004 年到 2019 年的 15 年间，全国各档次最低工资平均值由 2004 年的 386 元增加到 2019 年的约 1622 元，年均增长 10.1%。其中由于受宏观经济环境及相关导向的因素影响，不同时期增幅差异较大。如 2004 年到 2008 年，年均增幅为 11.9%；2010 年到 2013 年均增幅为 14.9%，而 2014 年到 2019 年则下降到年均 5.7%，特别是 2019 年相比 2018 年最低工资标准各档次平均值平均增幅仅为 2.36%。

（三）地区差距逐步缩小

从最低工资档次数变化看，各地顺应区域经济社会发展差距缩小的趋势，加大对低收入群体的保障力度，最低工资标准的档次逐年减少。2004 年全国各省市月最低工资标准档次为 130 个，2012 年减少至 104 个，2019 年更是减少为 97 个档次。

从调整水平地区差距看，2004 年，全国最低工资标准最高的为广州市的 685 元，最低的为黑龙江的 235 元，最高是最低的 2.9 倍；2012 年，全国最低工资标准最高的为深圳的 1500 元，最低的为适用江西部分地区的 610 元，31 个省区市中 28 个省区市最高档标准在 1000 元以上，只有甘肃（980 元）、贵州（930 元）、江西（870 元）最高档在 1000 元以下，最高是最低的 2.45 倍；2015 年，最高的深圳市已达到 2030 元，最低的辽宁部分地区为 900 元，最高的是最低的 2.25 倍；2016 年到 2019 年，全国最高和最低档次最低工资标准值差距分别为 2.19、2.30、2.16 和 2.10 倍。总体而言，数据显示地区之间差距在缩小。

---

① 考虑到在 2018 年最低工资标准调整过程中，安徽省最低工资标准内涵发生变化，不再包括个人缴纳的社保和住房公积金，并且在其公开政策解读中明确个人月缴纳相关费用最低标准为 357 元，此处计算对安徽按照同口径计算。

三、最低工资制度发展中的问题

中国的最低工资制度伴随着市场经济发展而开始建立，带有根本性、基础性的意义。相对其他政策而言，最低工资制度对低收入者增收影响最为突出，受到社会各方面广泛关注。自 20 世纪 90 年代以来，我国最低工资制度不断地发展和完善，对社会稳定和经济发展起到了很好的促进作用。当然，在实施过程中也存在一些争议或问题。

一是关于功能定位发生异化的观点持续存在。2004 年颁布的《最低工资规定》提出，我国最低工资定位是保障劳动者个人及其家庭成员的基本生活。而现在有的专家提出最低工资的功能不仅仅保障生活，还要达到分享经济发展成果的效果。很多专家认为最低工资的定位不仅仅是调整工资分配，随着经济不断创新与发展，最低工资的定位需要进一步讨论。也有专家认为最低工资承载的功能过多，比如最低工资标准同失业保险金、特殊时期工资支付、公益岗位工资标准等一系列工资支付政策或支付行为产生联动。还有专家认为中国最低工资应从保障劳动者及其赡养人口基本生活逐步转向保障劳动者及其赡养人口基本生活和一定购买力，兼顾体面劳动和企业承受能力的定位。

二是部分阶段标准增长速度过快。金融危机后，2010 年至 2013 年，各地最低工资水平普遍提高，调增的幅度也相对较大，基本超过 20%。其中，2012 年数据显示，各省最低工资和人均 GDP 比较，平均增幅同期高于人均 GDP 有 16 个地区。2014—2019 年，全国分别有 25、27、9、20、16 和 8 个地区调整了最低工资标准，调增地区对应平均调增幅度分别为 14.1%、14.9%、10.7%、11.05%、11.39%[①] 和 10.59%。

三是相关计算口径和概念定义有待进一步明确。目前除北京、上海、安徽等地最低工资不含劳动者个人应缴纳的各项社会保险费和住房公积金外，其余大部分省、市最低工资计算口径均包含社保。计算口径不一，给最低工资标准的分析比较与执行造成许多不便。

---

① 安徽按照不增加 357 元个人社保公积金计算。

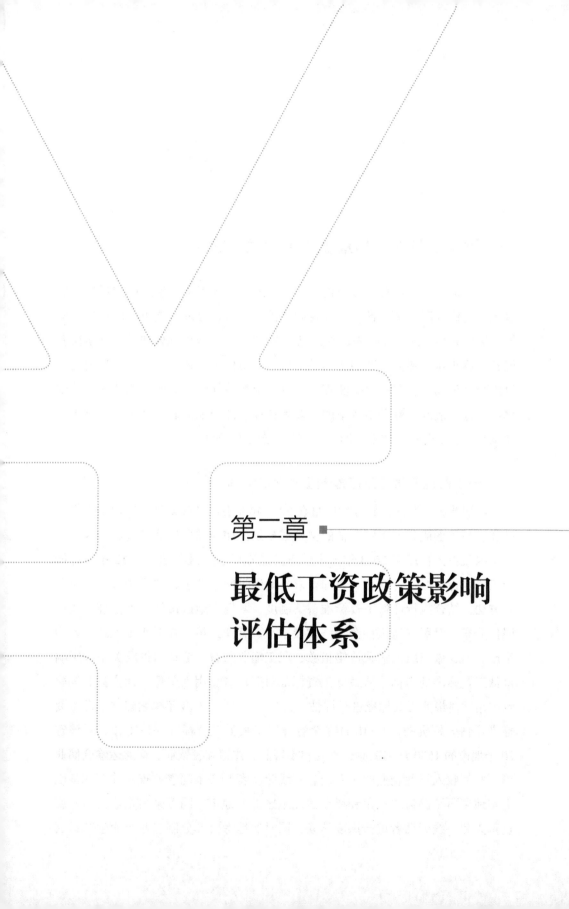

第二章

最低工资政策影响评估体系

一、近年来我国各地最低工资评估现状

近年来，在国家有关部门指导下，各地在最低工资调整之前就最近一次最低工资标准调整进行评估，并在此基础上科学、合理地提出新的最低工资标准调整方案。部分先行先试地区已由2013—2014年的探索或试评估阶段发展到了逐步建立和完善评估机制的阶段。在最低工资评估方面，多数地区通过组织专项调查、多源数据测算，加以征求相关部门意见的方式获取相关素材后，进行最低工资调整方案的比较和选择。部分地区通过聘用第三方机构专家对最低工资实施效果及影响效应进行全方位评估。

（一）各地探索与改进最低工资评估机制

早期调研中发现，部分地区早在2012年左右已开展最低工资评估工作并已经或初步形成最低工资评估的文件或规定。如为掌握最低工资标准执行情况，内蒙古人社厅于2013年上半年下发通知要求全区各地对2012年当地最低工资执行情况进行评估。通知要求各地通过问卷调查、抽样调查和座谈会等方法，结合执行最低工资标准备案制度，掌握本地区最低工资标准行业和岗位分布，对照本地区社会经济发展水平、就业人员、在岗职工人数、人均生产总值、城镇居民消费价格指数、职工赡养系数、劳动力供求关系等影响最低工资标准的指标，从最低工资标准对劳动者、用人单位、社会就业等影响的角度对最低工资标准进行评估。又如广东省于2014年探索建立最低工资标准评估分析机制，7—10月在全省开展了最低工资标准评估工作。对该省20个地市的1500户制造业、批发和零售业、住宿和餐饮业、交通运输仓储业等一些低收入行业企业的1万余名一线劳动者开展了问卷调查，并在此基础上实地调研了涵盖珠三角和粤东西北地区部分地市，同百余名企业人力资源负责人和一线劳动者进行深度访谈，同时实地考察部分制造业企业生产运营及对最低工资调整的承受能力情况。最终在多方了解情况和听取意见的基础上，结合统计部门的相关数据对省内不同类别最低工资标准进行评估。上述两地的最低工资标准评估举措走在全国前列，也为本地合理调整最低工资标准提供了相对扎实和翔实的决策参考。

2013 年，课题组曾组织和开展调查问卷分析[①]，被调查地区均认为有必要对最低工资调整工作进行事前或事后评估，其中近 8 成被调查地区认为该评估非常有必要，并提出了有关建议。

1. 评估的内容

被调查地区认为最低工资评估应着重评估四个方面：一是企业承受力（人工成本）；二是就业情况；三是收入结构和差距变化；四是本地区的整体竞争力。其中，两个地区特别提出还应评估对外来流动人口的影响和低收入人群的直接受益情况。

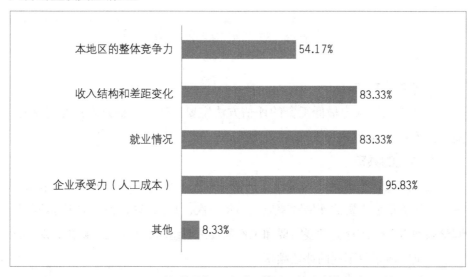

图 2-1 对评估最低工资时应着重评估内容的看法

---

① 反馈问卷的地区以东部、中部省份为主。不包括甘肃、新疆、青海、西藏、海南、陕西、黑龙江、云南和宁夏等 9 省区。

2. 评估的主体

四分之三的被调查地区认为最低工资的评估主体（机构）应是人社部门会同工会、雇主组织、学者专家等多方组织成立的专业委员会。

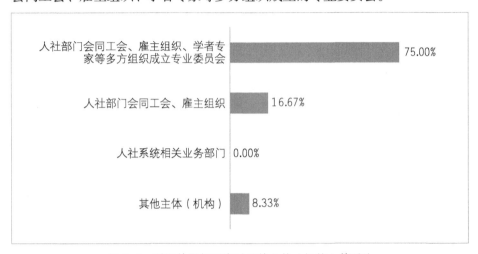

图 2-2　对评估最低工资时评估主体（机构）的看法

3. 评估的方法

被调查地区认为最低工资的评估方法主要应通过三种方式：专门调查、实证分析和实地调研，并以前两种为主。

4. 评估的频率

近 6 成被调查地区认为最低工资的评估频率应为两年一次，近 4 成被调查地区认为最低工资的评估频率应为一年一次，2 个地区认为评估工作应根据调整频率以及经济社会发展需要和工作需要适时组织，1 个地区认为，对不同评估维度对应采取不同的评估频率。

5. 评估的数据支持

被调查地区认为最低工资评估所采用的数据应来源于两个方面：一是专题调查数据（人社系统、雇主组织、工会等多方组织专门调查）；二是统计局相关数据。另外 1 个地区认为数据还可来源于委托的第三方机构。

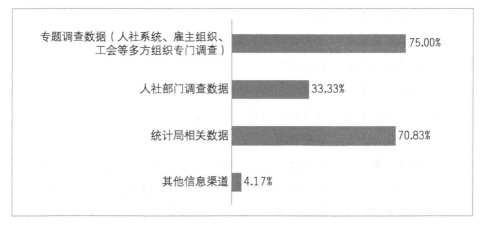

图 2-3　对评估最低工资时数据来源的看法

2016 年以来，全国大多数地区在最低工资标准调整前进行了较为详细的评估。人社部有关部门加强了对全国各地区的最低工资标准调整前的评估工作的统筹指导，特别是全国不同地区间最低工资标准与相关指标协调关系的引导和规范逐步夯实。一些地区也加强了人社部门和协调劳动关系三方机构的沟通与联系，共同提高当地最低工资标准评估和调整的科学合理性。如上海市和北京市工会部门每月跟踪调查困难职工收支情况，做实源头参与、加强制度维权，更好地维护职工劳动经济权益，进一步加强参与最低工资标准制定工作，为能够有理有据地建议最低工资标准调整提供了有力的数据支撑；此外，也有少数地区同科研院所、管理咨询公司等机构进行合作或委托第三方机构开展最低工资标准的评估工作，逐步摸索和创新最低工资评估体制机制。

（二）各地最低工资标准评估相关结论

2012—2014 年，各地主要从宏观定性角度开展研究，也进行了部分量化分析。

1. 最低工资政策调整对劳动者的影响

已开展相关调研的地区认为最低工资政策所影响到的劳动者群体主要有以下几类：

◆公益岗位劳动者，这些由政府购买、财政出资的岗位通常是按当地最低工资标准来支付工资；

◆ 见习期、熟练期、试用期等新入职劳动者以及小时工、钟点工和劳动技能比较低的灵活就业人员；

◆ 一些低端辅助类工作岗位（如保洁员、库房管理员、值守人员等），这些岗位多数雇用外来务工人员或劳务派遣人员；

◆ 部分已破产企业的留守人员；

◆ 部分经济效益一般的企业、欠发达地区企业中的基层员工或一线员工。企业支付的工资标准一般是依据最低工资标准适当进行上浮，或者依据最低工资标准确定基本工资，再适当发放效益工资或奖金。

其中，前四类人员可以认为直接受到最低工资标准调整的影响，最后一类劳动者间接受影响，其实得工资报酬普遍高于当地最低工资标准。

关于最低工资标准所影响的劳动者数量和比例，除公益岗位有相对确切的数字外，部分地区有一些大致的测算。如，内蒙古自治区各盟市人力资源社会保障部门统计数据显示，2012年全区最低工资标准所直接涉及的职工主要集中在公益性岗位的居民服务业、小规模的住宿餐饮业等行业。这部分职工有2万人，约占全区职工总数的0.7%，占全区企业职工总数的1.3%。

北京市利用劳动力市场工资价位调查的数据测算出，最低工资标准上调所涉及的职业主要有8个专业技术人员岗位、19个办事人员和商业服务业人员工种[1]以及19个生产设备操作人员工种[2]。

对于社会上普遍关注的农民工和青年就业群体，天津、内蒙古、江西等地的评估结论都认为最低工资标准上调对其影响不大，因为其现工资收入均远高于最低工资标准。

---

[1] 包括行政业务人员、营业员、收银员、推销员、仓库管理员、理货员、中餐烹饪工、中式面点师、康乐服务员、餐厅服务员、导游、客房服务员、物业管理员、保洁员、勤杂工、电梯工、保安员等。
[2] 包括果类产品加工工、蔬菜加工工、实验动物饲养人员、基础配件装配工、部件装配工、电子专用设备装配工、专用设备维修工、维修电工、电子元件制造工、裁剪工、缝纫工、整烫工、药品生产制造工、印刷操作工、汽车驾驶员、砌筑工、产品化验员、包装工和简单体力劳动工人等。

2.最低工资政策调整对用工主体的影响

已开展相关调研的地区认为，最低工资政策所影响到的企业主要包括中小劳动密集型企业、欠发达地区或远郊区县的小部分企业，而私营企业和个体工商户在最低工资政策执行方面相对较差。

从行业上看，重点受影响的是居民服务业、住宿餐饮业、交通和仓储业、商贸零售业和纺织、制衣、家电等制造业企业，部分地区还反映铁路、煤炭等企业下设的集体企业问题比较突出。

最低工资标准影响企业的方式主要有：一是对于以最低工资标准作为劳动者工资支付标准或者基本工资支付标准的企业，人工成本有一定的上涨。二是对于以最低工资标准作为加班工资基数、社保缴费基数以及部分津贴、福利项目的标准的企业，人工成本有一定的上涨。三是最低工资标准一旦调整，企业工资体系中最低档工资标准相应提高，从而推动企业中各薪等、薪级的工资水平提高，即所谓的"涟漪效应"推动的企业人工成本上升。

至于最低工资标准上升对企业人工成本以及总成本推动的幅度，深圳市曾经根据相关调查统计数据做过推算：企业工资平均占人工成本的75%左右，人工成本约占经营成本的30%。据此推算，仅考虑直接因素，最低工资增长10%，企业人工成本将增加7.5%，企业经营成本将增加2.25%。内蒙古自治区、山西省等地估算认为，总体上最低工资调整对企业人工成本的影响不大。

3.最低工资政策对就业及收入结构的影响

少数地区考虑过最低工资标准调整对总体就业率、不同群体就业率及工作时间的影响。山西省、江西省、深圳市均认为其对总体就业影响不大，当前劳动力市场的首要问题仍然是招工难的问题。深圳市调查发现，最低工资标准上调后，该市人力资源市场普遍反映用工形势好于往年同期。

个别地区还评估了最低工资调整对收入分配、差距等方面的影响。北京市认为最低工资标准很难对地区总体收入分布、物价、收入差距及收入结构产生过多影响。吉林省认为调整最低工资标准涉及的人员比较集中，所以明显提高了低收入者的工资水平，但对本地区总体收入分布及收入结构影响不大。深圳市认为在最低工资标准上调的同时，员工薪酬差距仍然在扩大，显示最低工资政策最主要的功能在于保障，即保障低收入群体获得劳动报酬的权益和基本生活水平。在推进收入分配制度改革、缩小收入差距的整体政策框架内，最低工资政策的作用相对有限。

（三）各地探索最低工资评估过程中存在的问题

尽管过去部分地区最低工资标准调整零评估或零散评估的局面正在逐步改善，但是由于缺乏专业指导或欠缺先进经验借鉴等原因，很多地方人社系统相关人员在最低工资评估过程中没有形成系统化、规范化、指标化的体系。

1. 评估主体部门有待进一步多元

目前评估最低工资工作的主体部门基本只有地方人社系统相关部门。早在 2013 年前后的调研中发现，多数地区最低工资调整方案先由人社部门拟定然后再征求其他部门意见。在评估最低工资方面，其他部门或组织所做的实际相关工作较少，尤其是企联和工商联部门的源头参与工作不够充分。此外，地方其他科研机构、学者团体等人员更鲜有参与评估合作。当然，也有部分地区工会部门逐步在做实参与最低工资调整工作。如 2014 年调研中发现，上海市总工会在体制机制安排上实现了最低工资标准协商程序制度化、工作人员专职化、数据来源系统化、标准测算模型化，在上海市最低工资标准制定过程中发挥了重要作用。此外，北京市总工会也从 2016 年开始加强源头参与最低工资制定工作，充分将最低工资工作作为制度维权的重要切入点，依托工会自有组织体系及人员，建立覆盖全市的调查网络，自主开展最低工资标准确定及调整影响因素的日常监测调查工作，运用科学、系统的分析方法处理调查数据，有理有据地提出最低工资标准调整建议，提升工会参与制定、调整最低工资标准的能力和水平，能够做到"主动发出声音"，进一步推动建立市劳动保障行政部门会同工会、企业代表组织共同研究拟订、政府最终决策的最低工资标准制定机制。但总体而言，大多数地区的工会和企联、工商联部门在当地的最低工资标准制订和调整过程中研究程度不深、参与力度不足，应继续加强协作，进一步参与到最低工资评估部门行列中，夯实最低工资标准调整工作中的三方协商机制。

2. 评估客体范围有待进一步丰富

总体来看，各地在评估实践中关注的评估对象范围较小，重点在最低工资覆盖范围、工资分布等领域。而对于最低工资对社会就业情况、企业人工成本、企业利润、企业薪酬结构、工人工作时间等方面所造成的影响实证研究很少。我们在 2013 年的调研①中发现：超过 60% 的地区曾经调查或估算过最低工资标准影响的劳动者类型、数量及特点，仅有 3 成的地区曾经调查过或正在尝试评估过最低工资对低工资群体、农民工或青年劳动者群体的收入，有近 3 成的地区调查过或正在探索调查最低工资标准调整对低收入行业、企业（或中小劳动密集型行业、企业）人工成本的影响，极少数地区曾评估过最低工资调整对整体就业率、不同群体就业率及工作时间的影响，极少地区曾评估过最低工资对收入分配、薪酬差距、收入结构等方面的影响。而从近年各地评估情况来看，少数地区重视并加强最低工资调整前多方调查和评估影响，但不少地区在评估维度上仍然不够全面。2018 年前后，相关课题组在调研中发现，部分经济发达地区在最低工资评估方面有进一步深入的研究，但仍有部分地区最低工资在评估过程中关注的指标和数据相对单一，未能充分利用本系统内部的调查数据进行深入挖掘和剖析相关影响效应。

3. 评估方法有待进一步拓展

对于评估方法，2013 年前后全国各地主要采用了三种方式：一是借助常规开展的劳动力市场工资价位调查数据或者企业薪酬试调查的数据进行深入挖掘和分析，如北京市和江苏省。二是选择重点群体开展专项调查，如山西省重点调查年收入在 3 万元以下的企业以及服务餐饮等行业的企业，山东省针对边远贫困地区开展调查，内蒙古一些地区选择代表性行业和流动性较强的职业及劳务人员进行调查。三是开展普遍调研或进行抽样调查，如江西、深圳等地区。总体来看，大多数地区采用统计局数据估算、抽样调查方式。有的地区在评估过程中样本调查量过低造成数据参考价值不高。而 2017—2019 年的调研发现，不少地区如江西、天津、深圳等地已经在借助咨询机构或科研院所的力量，采用更为科学的抽样方法，专门调查最低工资对企业或

---

① 课题组于 2013 年 5 月下旬起向全国 31 个省（区、市）以及深圳市、大连市发放了共计 33 份调查问卷。问卷调查得到了各省（区、市）人力资源和社会保障厅（局）的大力支持。共回收问卷 24 份。反馈问卷的地区以东部、中部省份为主。不包括甘肃、新疆、青海、西藏、海南、陕西、黑龙江、云南和宁夏等 9 省区。

劳动者的影响，也将企业薪酬调查数据有机结合，在收入差距、职工薪酬、工作时间等方面开展进一步的影响效应分析。同时，个别地区也加强了最低工资标准的国际比较和本省内不同区域标准的协调性评估以及不同形式支付最低工资标准间的合理性。当然，也不乏一些地区仍采用较多定性的最低工资评估分析，部分分析方法及依据缺乏合理性，有待进一步用好用足薪酬相关数据和分析方法。

从国家层面和地方层面建立评估体系的角度而言，中国最低工资评估仍有很多方面需要进一步深入探讨：一是关于最低工资和社会平均工资比例。很多人认为国际经验值是 40%—60%。是最低工资推动了社会平均工资增长，还是最低工资跟着社会平均工资走，目前尚无统一定论，需要进一步研究。二是最低工资调整对收入分配格局究竟有多大影响？最低工资对企业人工成本究竟有多大影响？是否有一个精确的计算方法或模型能测算出，最低工资调整一定比例，影响人工成本多少？另外，最低工资对不同群体的影响分析，特别是对居民服务业、建筑业等一些低收入行业的影响需要进一步研究。三是对社会就业率、不同群体的影响需细研究。四是最低工资对地区整体竞争力的影响也没有明确定论或成熟的研究思路。

二、国外及我国香港地区最低工资评估实践

作为一项工资保障制度，国外最低工资最早建立可追溯至十九世纪末期，之后越来越多的国家开始建立最低工资标准，并发挥了重要的作用。学习借鉴国外的成功经验和做法对我国改进和完善最低工资标准具有重要的意义。在 2013 年北京召开的中国最低工资影响及评估研讨会[①] 上，国际劳工组织专家马特认为，最低工资评估从中央层面、地方层面都会起到积极的指导和技术作用，同时，也有助于国际比较和政策学习。从国际经验考虑，建议从 6

---

① 2013 年 11 月 12 日至 13 日，由国际劳工组织、人社部国际合作司联合主办，劳动工资研究所承办的主题为"中国最低工资影响及评估"的座谈会在北京召开。会议讨论了有关中国最低工资制度的进展与问题、最低工资对就业和工资影响及实证分析、国际最低工资影响研究和实践经验等相关问题，在研究基础上提出了具体、务实的分析建议，并提出了最低工资的评估体系。

方面入手建立最低工资评估体系：即平均工资、薪酬差距、企业劳动生产率、最低工资实际值变动情况、最低工资实施效果或执行率、就业率等共 6 个指标。涉及第一个指标，他指出有关最低工资占比数据，在中国我们可能更多的使用平均工资，很多国家用的是中位数。所以，无法和中国各界所说的最低工资占平均工资数据对比。同时，他认为，最低工资政策是总体工资政策的一部分并对宏观经济产生影响。无论是从劳动力成本和国际竞争力角度、劳资双方收入的功能性分配角度，还是个体之间收入差异、家庭消费支出等方面都会影响到宏观经济。从最低工资水平考虑，马特先生提到中国有些省份数据在全球也处于相对较高水平。国际劳工组织收集的服装业的信息显示，包括孟加拉国、印度等国最低工资水平均低于中国一些地区。

国际专家的经验和观点值得我们参考，国外实际经验也对我国建立和完善评估机制有参考作用。本部分以一些实施最低工资政策历史较长或最低工资标准审议和评估做法比较成熟的国家、地区为例，简要介绍该国、地区的最低工资审议、评估机制，以期对我国最低工资评估框架体系研究提供经验借鉴。

加拿大各省最低工资委员会的主要职责是对最低工资进行评估，搜集整理各有关部门提供的资料和数据进行相应的咨询、调查和研究，建议最低工资率或直接设立最低工资率，定期向省劳工部长或省议会副总督提交有关最低工资的评估报告。如萨斯喀彻温省要求委员会最少每两年调整一次最低工资，为部长提出不具约束力的建议。新斯科舍省法律规定最低工资审议委员会要进行年度审议最低工资，向劳工和劳动力发展部部长提供有关该省劳动者最低小时工资不具约束力的建议。各最低工资委员会在做出报告之前，要大量搜集各方面的资料，充分听取社会各方面的意见，包括雇员代表、雇主和政府机构，以及社会群体个人的意见。如萨斯喀彻温省最低工资审议委员会 2009 年审议报告收到 44 份书面报告，其中 5 份来自各种商会、3 份来自雇工协会、10 份来自独立的商业机构、1 份来自政府机构、25 份来自对最低工资问题感兴趣的省内居民。可以看出，加拿大最低工资评估制度比较全面地反映了各方面的意见。审议报告中评估内容大体分三类指标：第一类是最低工资与相关经济指标的关系，包括最低工资的历史数据分析及与其他各省的横向比较、最低工资与物价的数量关系、最低工资与平均工资的数量关系、最低工资与行业销售总额等经济指标的关系。第二类指标是领取最低工资人员的分析，包括性别、年龄、行业等。第三类指标是增加最低工资的测算，如提高最低工资，薪资总额、保险及社会福利的变化等。

英国自1999年全国最低工资实施以来，低薪委员会每年都会对最低工资对经济和社会的影响进行评估，评估的内容包括收支、劳动力市场和竞争力三大方面。其中，收支包括收益分配、薪酬差距与薪酬结构等内容；劳动力市场包括工作时数、就业与失业情况；竞争力方面包括生产率、价格、利润和企业生存状况等内容。低薪委员会在开始每一年的评估时，并未提前确定诸如以达到某一个中位数工资的百分比作为目标。在厘定和评估全国最低工资水平时，低薪委员会主要根据政府辖下国家统计局提供的数据，进行统计及经济分析，委托机构进行调查及相关研究，留意国际间最低工资的发展动向等。该委员会每年均会发布一份《最低工资报告》，此报告内容涵盖最低工资的评估情况及对下一次最低工资调整的建议方案。目前被认为是数据最丰富、内容最翔实的最低工资报告。

法国最低工资专家组是就最低工资的调整向政府提出建议的机构。政府赋予其的主要职能是考虑并寻找经济活动、低收入劳动者的就业以及企业的用工成本等诸多因素之间的最优均衡。它负责最低工资标准的评估，并为最低工资的调整提供必要的信息。最低工资专家组有权在较广泛的范围内进行调查，且它行使职权时独立于政府。如果认为有必要，专家委员会可以建议政府降低最低工资的增长幅度，而不是按照通常的情形调高最低工资标准。

韩国《最低工资法》没有明确规定特定的政府部门负责最低工资制度的政策评估，但在最低工资委员会每年进行最低工资的调整时，并会组建技术委员会进行调整因素的调查。其中一个技术小组负责工资水平信息的搜集和分析。此技术小组会对往年的工资报告（包括全国的、行业的、地区的）和宏观经济数据（通货膨胀率、消费者价格指数、GDP）进行技术分析，并对往年的最低工资进行评估。通过综合考虑最低工资标准、行业平均工资、经济发展水平、市场就业状况等多项因素，以确定上一年度的最低工资标准是否合理，并为新一年标准的确定提供参考依据。

我国香港地区自2011年开始实行法定最低工资，也成立了最低工资委员会，并在《最低工资条例》中规定该委员会的主要职能是"应行政长官的要求，向行政长官会同行政会议报告它就定明每小时最低工资额的款额做出的建议"，需在防止工资过低或尽量减少底薪职位流失的目标之间，取得适当平衡及维持香港的经济发展及竞争力。在提出最低工资调整额建议前，委员会需要咨询雇主或雇员代表的建议，考虑咨询过程中各类组织、机构提交的意见，并分析及考虑来自认可研究或调查的数据，及考虑该等研究或调查所包含的任何资料。该委员会需至少每两年针对最低工资标准做出检讨，检讨内容会参考整体经济状况、劳工市场情况、企业竞争力和社会共融等四个方面的一系列指标数据，包括大量公布频率较高及较新的指标。同时，委员会也会考虑其他相关非量化因素，如，对雇员生活质量的影响、保留市场一定程度工资调节空间、对产品及服务质量的影响等因素。最终，委员会再根据一系列考虑因素和影响评估提出下一次法定最低工资的建议水平。其中，在评估最低工资的影响部分时，明确分析最低工资的涵盖群体范围。此外，对雇员的影响包括对关注雇员工资、薪金、就业收入变化、工资差距、薪酬结构等指标，对企业的影响包括整体营业率、招聘意欲、创业精神和经营环境及意欲等指标，对劳动市场的影响包括就业情况、就业性质、工作时数、就业意欲、劳资关系等 5 个指标。

表 2-1　选定国家或地区最低工资调整前审议和评估实践概况

		加拿大	英国	法国	韩国	中国香港地区
评估主体	主体部门	各省最低工资委员会/省议会	低薪委员会	集体谈判委员会——最低工资专家小组	最低工资委员会	最低工资委员会
	人员构成	各省最低工资委员会包括有政府任命的成员、雇主和雇员代表，并有公正的主席，一般是劳工局的工作人员	由9名成员组成，分别具有雇员，雇主和学术背景。每位委员均以个人身份，而不是作为组织的代表而工作	由40名成员组成，其中4名来自政府，18名来自5个全国工会，18名来自雇主协会	由27名成员组成，包括9位工人代表、9位雇主代表及9位代表公众利益的独立委员（包括主席及副主席）	包括主席及不多于12位分别来自劳工界、商界、学术界和政府的人士。主席及非官方成员均以个人身份获委任

续表

	加拿大	英国	法国	韩国	中国香港地区
咨询或征求意见的相关部门、人士	商会、行业协会、雇主协会、商业机构、政府机构、普通民众	工会、咨询公司、科研机构、行业协会、政府机构、调查机构	工会、雇主代表、行业协会团体、政府机构等		众多企业、各类商会、行业协会、特殊群体关注团体、工会
评估内容	3类指标：最低工资与相关经济指标的关系、领取最低工资人员的分析、增加最低工资的测算	4类指标：受益人群特征，最低工资对收支、劳动力市场和竞争力的影响评估	3类指标：最低工资与经济活动、低收入劳动者的就业以及企业的用工成本影响或关系	3类指标：最低工资标准与行业平均工资、经济发展水平、市场就业状况等多项因素的关系	4类指标：受益人群特征，最低工资对雇员、雇主、社会的影响评估
评估频率	各省不一，基本根据调整频率确定	每年1次	根据调整频率确定	每年1次	目前是每两年1次

表 2-2　香港最低工资委员会 2020 年审议
最低工资水平考虑的一系列可量化指标

整体经济状况	本地最新经济表现及预测	名义及实际本地生产总值	劳工市场情况	劳工供求	劳工统计数字
		按主要开支组成部分划分的实际本地生产总值			职位空缺数目
		综合消费物价指数及甲类消费物价指数			曾工作的失业人士的离职方式
		大型机构单位对短期业务表现及就业人数的展望		工资水平及分布	工资水平及分布
		本地生产总值及物价预测		工资差距	工资差距
竞争力	企业的经营特色	按行业分析的经营情况		就业特征	按就业身份分析的就业人数
		非住宅物业租金指数			按就业性质或合同类别分析的雇员人数
		零售业总销售额			按基本工资计算基础分析的雇员人数
		食肆总收益			按薪酬组合分析的雇员人数
		业务收益指数		工作时数	工作时数分布
	创业精神、营商意欲及偿债能力	机构单位数目			获支薪的超时工作时数
		劳工需求			在统计前 7 天内的工作时数
		新增商业登记数目	社会共融	生活水平	工资指数 / 就业人士平均薪金指数
		取消商业登记数目			按十分位数划分的全职雇员就业收入
		破产及强制公司清盘个案			平均每月就业收入

续表

竞争力	香港的相对经济自由度及竞争力	香港经济自由度及竞争力排名	社会共融	提升就业意欲	劳动人口参与率
		有香港境外母公司的地区总部/地区办事处数目			长期失业人数
		外来直接投资的情况			领取失业综援的个案数目
	生产力增长	香港及其他地方的劳工生产力增长		劳资关系	劳资纠纷及申索个案数目
	劳工成本	香港及其他地方的单位劳工成本变化			

基于对以上选定国家、地区最低工资评估和审议的实践情况分析，我们认为这些国家或地区具有很多共性的经验，值得我国学习和借鉴。

一是多方协作的必要性。国际劳工组织报告曾指出，各国对于理想的最低工资水平的认知各不相同，首选的办法应当是邀请社会伙伴共同确定一个适度的水平。国际劳工组织第 131 号公约要求在制定过程中要有平等的雇主组织的代表，劳动者代表以及公认的、有能力的、独立的专家代表国家的整体利益。第二个好的做法是，使用可信的数据和其他实证信息作为社会伙伴协商的基础。没有三方协商机制和实证经验进行的决策可能会使最低工资调整及评估出现失误，或者太高或者太低。大多数国家或地区在评估最低工资实施效果或影响情况时，作为评估主体部门的专业委员会人员均来自不同机构，分别代表多方利益，力求达到各项权衡。此外，该类委员会均会咨询或征求来自社会各方的意见，然后在此基础上做出审议或评估报告。

二是数据来源的丰富性。基于多方机构、人士的意见咨询和考量，很多国家、地区在全面评估最低工资的影响情况时，充分利用了来自各方的数据结果。如英国低薪委员会每年发布的最低工资报告中采用的众多数据来自国家统计局年度工时及收入调查数据、劳动力调查数据、国际组织相关最低工资数据库、第三方统计调查机构提供的数据、专家学者提供的调查数据，以及其他机构如工会、行业协会等提供的数据等。

三是方法使用的多元性。英国、中国香港地区等地在评估最低工资时，基本上采用多种方式进行评估。正如国际劳工组织所总结的三个互相补助而不是彼此排斥的方法。首先，最直接、毫无疑问也普遍使用的方法，是依靠整理和分析可以得到的劳动力市场和经济趋势的各项指标分析；其次是专门调查；最后是正规的经济模型和统计评价技术的运用。其中，最后一个方法在目前众多发达国家或地区运用较成熟。例如，英国 2011 年最低工资评估报告指出，经过委托的研究机构采用实证分析表明最低工资水平会在经济滑坡时期对年轻人的就业产生负面影响，显然提高年轻人的最低工资水平是不合理的，因此，该国低薪委员会建议 2011 年提高年轻人（18—20 岁）最低工资额 1.2%，16—17 岁工人提高 1.1%，比成人最低工资额增长要少。

四是指标设置的全面性。大多数国家或地区设置的评估指标基本上包括最低工资受益群体特征及最低工资对就业、劳动力市场、工资收入、企业用工成本等方面的影响指标。即包含了最低工资的实施效果（最低工资受益群体分布及特征、最低执行情况）和最低工资的影响评估（就业、失业、工作时间、工资分布、不同群体的收入、薪酬结构、企业效益、企业人工成本）共两大类指标。其中各类指标里有更细的分类指标。各国、地区分类标准不一。如英国是从收入及薪酬、劳动力市场、竞争力三方面评估影响，而中国香港地区则从雇员、雇主、社会三个不同维度评估。

五是促进调整机制的科学性。最低工资评估机制对于调整最低工资具有关键的作用。很多国家、地区在最低工资调整后每年（或最低工资调整前）会进行一次全方位的评估，以期对下一次调整最低工资提供依据和技术性支持。因此，大多数国家评估机制与调整机制相辅相成，评估频率基于调整机制的调整频率决定，起到了增强调整机制的科学性作用。如加拿大、英国等国或中国香港等地区相关的最低工资委员会或类似的专家小组在提交最低工资的审议报告前，最低工资评估的相关内容是非常重要的报告内容，特别是中国香港地区明确提出调整考虑的四类因素中，影响评估是其中一类因素。换言之，最低工资评估也作为调整因素的重要组成部分。

三、研究建立最低工资评估指标体系

基于上述国内外有关最低工资影响评估的调查研究及比较分析、国外最低工资评估制度成熟国家的实践，以及处于摸索阶段的国内人力资源和社会保障部门就最低工资评估体系建立所提出的建议，我们认为可以在借鉴成熟经验的基础上，探索建立适合我国国情的最低工资评估框架体系。

（一）建立最低工资评估框架体系的必要性和可行性

2016 年前，我国国家层面或者地方层面均未设立系统性的最低工资评估制度。实践证明，科学、全面的评估机制对合理、规范调整最低工资起着至关重要的作用。我们认为，目前有必要，也有条件尽快建立和完善国家层面和地方层面的最低工资标准评估机制，一方面发挥人社部的指导作用，另一方面也能促使各地最低工资标准适度、规范地增长。

1. 必要性

从地方层面上讲，建立最低工资评估体系是科学指导最低工资调整的需求。同时，也是提高最低工资执行力度的工具。最低工资标准评估的核心内容是该标准的实施是否得当，既关系到能否切实保障劳动者及其家庭人口的基本生活，又关系到是否对小微企业人工成本甚至是企业效益造成负面影响，同时，也关系到整个社会的就业、宏观经济、收入分配等多方面的平衡。只有在科学、明确评估的基础上，结合其他调整因素，才能正确把握最低工资标准的设定。同时，在设定适当的条件下，企业才愿意支付给劳动者不低于最低工资的工资水平，从而提高最低工资的执行率。

从中央或国家层面上讲，建立最低工资评估体系是主管部门合理调整国家最低工资政策、把握宏观政策导向的需要，也是为各地最低工资政策提供协调作用的有利举措。目前，最低工资制度作为唯一的具有法制效应的宏观性工资指导制度，在经济发展、居民增收、劳动者体面劳动等方面均起到了积极有效的作用。人力资源和社会保障部相关部门作为国家宏观指导部门，从整体、全局的角度评估、分析最低工资制度的实施效果及影响程度，可以有力地保障调控手段起到实际作用。此外，作为国家层面的指导部门，对地方层面不协调、不统一的最低工资局面需要从全国综合协调平衡的角度，就各地最低工资标准的调整采取适当方式进行指导，对不同区域劳动力市场流动、工资收入分配总体情况均有积极效果。因此，我国建立最低工资评估体系可避免不同地区间最低工资差异过大引起的劳动力流动异常或不均衡，也有利于构建合理的收入分配格局。

从国际层面上讲，建立最低工资评估体系是国家层面进行最低工资国际比较和政策学习交流的需要。国际上很多国家、地区或经济组织最低工资相关的评估报告或研究报告中，往往采用很多实证进行数据分析说明。如，国际劳工组织每两年一度发布的《全球工资报告》均会提出选定国家最低工资评估的相关影响数据资料，由于 2016 年前中国评估机制暂未建立，评估过于零散化，之前报告中很少涉及中国的最低工资实施情况。当前越来越多的国家重视最低工资的研究和评估，不断完善机制，确保发挥最低工资制度的消除贫困作用，并减少负面影响。因此，我国建立和完善最低工资评估体系有利于进行一些国际比较，更进一步把握好最低工资的定位和理念。

2. 可行性

一是各地最低工资评估实践探索奠定了基础。调研发现，很多地区 2012 年以来在调整最低工资前已经在通过抽样调查、专门调查等方式进行定性或定量的尝试性评估。尽管未形成体系化、统一化、标准化的最低工资评估机制，但是为下一步健全、建立机制探明了方向。

二是评估所需的数据来源逐步增加。随着近年来人社部门和统计部门逐步开展的国家薪酬调查不断推进，以及一些科研机构同国际社会合作进行的微观数据调查也在逐步展开，最低工资评估所需素材逐年积累，为下一步实证分析打好基础。

三是多方机构研究力度逐步增强。近几年，人社部、社科院、发改委、财政部、各大院校、咨询机构、科研机构等各类组织利用不同的数据来源、不同的研究方法，透过不同的研究维度和视角分析最低工资制度的实施情况，这也为多方协作的最低工资评估机制创造了良好的氛围。

四是有成熟经验可借鉴。国外一些发达国家或我国香港地区已经建立了比较完备的最低工资评估体系或机制。可在此基础上取长补短，摸索建立适合我国的最低工资评估框架。

（二）评估体系建立

国际劳工组织 2010/2011 年报告 [①] 指出，法定最低工资在保护低工资劳动者方面所发挥的作用是经过事实验证的，包括经济衰退期和疲软的恢复期。该组织鼓励各国应通过最低工资等措施提高消费需求，实现经济稳定，并强调最低工资应当定期进行评估和调整。该组织 1970 年确定最低工资的建议书（第 135 号）强调了数据和影响分析的重要性："在本国条件允许的条件下，应动用足够的资源，搜集对有关的经济因素……及其可能的发展进行分析研究所必需的统计数字及其他资料。"本部分基于国内外理论、实践情况，尝试搭建我国最低工资评估框架体系。

1. 评估目的

我们认为，最低工资评估的根本目的是提出更科学、合理的最低工资标准，完善调整机制。一般来说，评价最低工资影响（或者别的政策）的目的是通过回答两个问题来引导政策：一是该政策是否达到了其预期目标？二是该政策是否存在负面效果？回答好以上两个问题，对于下一步调整方案的提出均会起到辅助或支持性作用。

最低工资评估的直接目的是保证最低工资调整的水平保持在"合理"或"适度"的水平上。即，最大限度地保证其保障性或"工资底线"，也最大限度地提高其正面影响，而同时又避免其负面影响。所以，如何平衡不同维度的因素是重中之重。

2. 评估原则

一是分级评估，上下结合。根据 2004 年发布的《最低工资规定》，目前各省最低工资标准的确定和调整方案，由省、自治区、直辖市人民政府劳动保障行政部门会同同级工会、企业联合会 / 企业家协会研究拟订，并将拟订的方案报送劳动保障部（现人力资源和社会保障部）。也就是说，国家人社部和地方人社厅（局）相关部门分别承担着宏观把握和微观设计的职责。因此，最低工资评估也应从国家层面和地方层面（省、直辖市一级）分别进行评估。

二是全面评估，重点关注。最低工资的提高或调整影响到方方面面，所

---

① 国际劳工组组织（ILO），《2010/2011 全球工资报告》。

以从全面的角度评估是非常有必要的。然后，需从广泛的涉及面中选取重点的关注点或指标来分析最低工资的实施效果和影响情况。

三是多方参与，形成合力。积极借鉴国外最低工资评估体系中多方协作评估的机制，吸取各类机构或团体的经验，才能达到最初设立最低工资的理念。即，多方面因素的权衡。

四是科学评估，系统分析。最低工资评估需从定性、定量不同角度或维度进行描述和测算。要采用真实可靠的数据来源，并根据成熟经济理论和科学的计量方法来分析。

3. 评估主体

为了使最低工资评估能够全面、科学，评估主体构成人员应来自不同领域、不同部门，代表不同利益或能站在第三方角度立场，掌握政策背景、专业知识，拥有实证分析能力并能够客观、合理地提供最低工资相关建议。鉴于上述三个评估原则，我们认为评估主体应包括以下几类人员：

一是国家层面和地方层面主管最低工资标准的相关部门人员。各地方层面的人社厅（局）劳动关系处（或类似部门）人员在测算最低工资调整方案时起着非常重要的作用，并了解最低工资实施具体情况，同时，也长期关注最低工资的动态。

二是国家层面和地方层面劳方、资方相关机构人员。《最低工资规定》中提到人社部门需会同工会、企联和工商联等三方协调机构人员共同提出最低工资调整方案。那么，从评估的角度看，这类机构人员也需要参与，并从各自熟悉、追踪的群体或领域来分析最低工资实施情况。

三是科研机构、高校专家、学者。首先从研究角度看，科研院所人员在研究领域具有较强的学术性和理论性素养。相对于政府部门人员，在严谨的研究方法、研究技术方面有着明显优势。其次，这类部门人员不具有政府背景色彩，没有明显的利益代表方向。换句话说，作为第三方机构，对于客观研究最低工资实施状况有至关重要的作用。

此外，最低工资评估主体部门在评估过程中，可征求或咨询来自其他类人员的意见，如人力资源服务机构人员、人力资源管理咨询机构人员等。此外，一些行业协会、职业协会、特殊群体协会团体等相关群团单位人员均可提供最低工资评估的素材，最低工资评估主体部门需尽量扩大征询范围，尽可能地收集证据和材料。

4. 评估客体

我们在评估最低工资政策实施时要求有明确的最低工资政策的设定目标。基于中国目前最低工资相关政策及理念，我们认为最低工资评估客体应是最低工资实施效果和最低工资造成的影响情况。本研究中最低工资评估主要关注的是：（1）最低工资受益人群占比及特征。（2）最低工资是否保护了低薪劳动者？（3）最低工资是否防止了过大的工资收入分配差距？（4）最低工资是否冲击了企业人工成本？（5）最低工资是否影响了就业情况？

5. 评估维度及指标

从最低工资对各方面影响的传导途径看，最低工资最初引起企业相关成本提升，进而可能引发提高产品价格、削减人工成本或降低利润。而在削减人工成本的条件下，可能存在裁员、增加工时、调整薪酬结构等应对措施。从而形成了最低工资对劳动者、企业以及整个社会的影响。如下图。

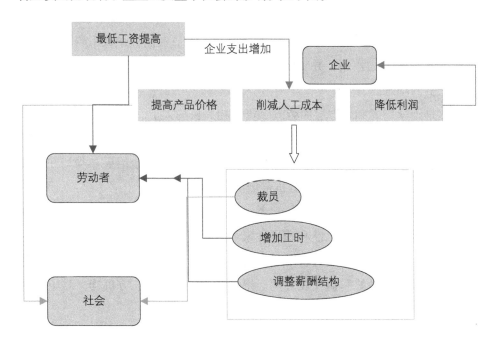

图 2-4　最低工资对各方面影响的传导途径示意

根据最低工资国内外理论、实证综述，以及成熟国家的经验，我们所设计的最低工资评估框架主要包括各类评述指标和影响指标，实施评述指标从受益人群特征、基本保障效果、共享经济发展成果、最低工资实际值以及最低工资执行率五个方面跟踪。影响评估从三个维度考虑，即最低工资对劳动者、企业、社会的影响。

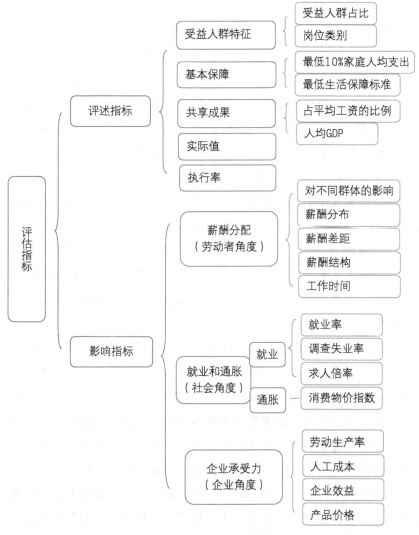

图 2-5　最低工资评估框架体系指标示意图

其中，"受益人群特征"可通过"受益人群占比"和"岗位类别"具体指标反映。有关受益群体尚无通用定义。在英国，对"最低工资岗位"做出了界定，即"当年岗位工资相当于最低工资标准上浮5%或不足5%的岗位"；在中国香港地区，"低薪雇员"界定为"每小时工资属于整体分布中最低十分位数的雇员"。英国和中国香港地区在评估受益人群特征时均采用薪酬调查数据或收入及工时调查数据。通过界定，可推算出"受益人群占比"指标值，并可筛选出"岗位类别"。

有关"基本保障"的指标可通过最低工资水平与"最低10%收入组人均消费支出水平""最低生活保障标准"的比较来反映；"共享成果"指标可通过"最低工资相当于平均工资或中位数的比例"和"最低工资相当于人均GDP的比例"来反映。值得一提的是，国内很多地方人社系统工作人员或一些相关专家、学者均常提到"最低工资占平均工资的比例"以国际惯例40%—60%为依据。实际上，国外所提的该指标是指最低工资相当于工资中位数的比例，与我国常用口径不一致，所以从精确角度上讲两个指标没有可比性。如果下一步国家薪酬数据库逐步完善，可以采用"最低工资相当于工资中位数比例"指标。另外，有关平均工资的数据，目前国家统计局没有全口径（含私营和非私营）平均工资数据，所以这个也是值得期待逐步完善的方面。

有关"最低工资实际值"和"最低工资执行率"分别可体现最低工资的实际变化情况以及最低工资政策落实的基本情况。后一个指标可通过薪酬调查数据推算得出。

有关最低工资对薪酬分配方面的影响，可通过"对不同群体的影响""薪酬分布""薪酬差距""薪酬结构""工作时间"等指标来反映。对于最低工资对社会就业的影响，可通过"就业率""调查失业率""求人倍率"等指标来反映。最低工资对社会经济通胀的影响通过观察"消费物价指数"变动情况来反映。对于最低工资对企业承受力的影响，可通过"劳动生产率""人工成本""企业效益""产品价格"等指标变动情况来反映。其中，"劳动生产率"指标体现在企业可以监控或激励员工投入额外努力、调整工作组织提高资本—劳动力组合、投资新设备替代人工操作、投资新技术提高资本质量，或投资教育和培训以改善劳动力质量。"企业效益"可关注"成本费用利润率"或者基于国家薪酬调查数据可计算得出的"销售利润率"情况测算。

6. 评估方法

从研究角度看，最低工资评估方法分为定性和定量的分析。从数据来源看，最低工资评估方式基本分为三种：

一是可通过基于现有的国家统计局等相关部门数据材料整理和测算分析。利用搜集到的有关定量和定性的资料，直接推测最低工资的效果。计算和比较均较直接，没有特殊的分析技术或正规的经济模型可供使用。在使用这类资源评价时，通常需要采用广泛的定量和定性资料，而不只是依赖一个或几个有关效果的指标。如最低工资占平均工资的比例增加不能只用一种可能的原因解释。

二是可通过一系列专门调查获取的一手材料来进行评估。如在建议最低工资调整方案前可选定一定范围企业调查，摸清最受影响的企业对较高的人工成本如何进行调整。可通过调查问卷收集产量、产值、人工成本、利润和产品价格的波动情况等材料，掌握变动情况，从而分析最低工资产生的影响。

三是进行计量经济学分析。为了严格区分最低工资的影响和影响经济规模的其他因素，评估工作有时候需要借助计量经济学方法，分离和测量单一因素或变量的影响。通过复杂的回归分析，识别这些变量中每一个变量对经济的贡献，据此做出评估。

7. 评估程序和评估频率

我们认为最低工资评估分为调整前评估和调整后评估。二者均是为了达到最低工资调整的科学、合理性。根据众多国家实践经验考虑，地方最低工资评估频率应基本和最低工资调整频率保持一致。鉴于《最低工资规定》中明确的每2年至少调整一次最低工资，一些省份当年年内不一定调整，所以，国家层面的最低工资评估可考虑至少每两年开展一次。

各地最低工资调整方案审议前，需进行上一次最低工资评估或过去一段时间最低工资实施情况的评估。在此基础上根据最低工资调整所需考虑的因素进行有关数据测算，同时进行相关指标的评估测算，再进一步提出最低工资标准的建议方案。

第三章

我国最低工资标准
变动评述

一、近年来最低工资实际值变动情况

（一）2019 年最低工资标准调整情况

就 2019 年最低工资标准调整情况看，总体而言，2019 年最低工资标准调整顺应了经济发展形势。2019 年，全国共有 8 个地区调整最低工资标准，调增地区平均间隔 25 个月，平均调增幅度为 10.59%[①]。2018 年底，全国月最低工资标准共有 98 个档次，2019 年底，全国月最低工资标准共有 97 个档次，（陕西由 4 档减少为 3 档），档次平均值为 1621.55 元，2019 年相比 2018 年最低工资标准各档次平均值平均增幅为 2.36%，与 2019 年经济发展态势比较匹配。

2019 年底，全国最低工资标准共有 97 档，除北京、天津、上海、深圳、西藏、青海 1 档，重庆 2 档、福建 5 档外，其他省区市均为 3 至 4 档。月最低工资标准最高的是上海的 2480 元，最低的是安徽第四档次的 1180 元。小时最低工资标准最高的是北京的 24 元，最低的是黑龙江部分地区的 12 元。

表 3-1　截至 2019 年底全国月最低工资标准情况（单位：元）

地区	标准实行日期	月最低工资标准				
		第一档	第二档	第三档	第四档	第五档
北　京	2019.07.01	2200				
天　津	2017.07.01	2050				
河　北	2019.11.01	1900	1790	1680	1580	

[①]　8 个地区调整前各档次月最低工资标准平均值是 1533 元，调整后各档次月最低工资标准平均值是 1695 元，调增幅度为 10.59%。

续表

地区	标准实行日期	月最低工资标准				
		第一档	第二档	第三档	第四档	第五档
山　西	2017.10.01	1700	1600	1500	1400	
内蒙古	2017.08.01	1760	1660	1560	1460	
辽　宁	2019.11.01	1810	1610	1480	1300	
吉　林	2017.10.01	1780	1680	1580	1480	
黑龙江	2017.10.01	1680	1450	1270		
上　海	2019.04.01	2480				
江　苏	2018.08.01	2020	1830	1620		
浙　江	2017.12.01	2010	1800	1660	1500	
安　徽	2018.11.01	1550	1380	1280	1180	
福　建	2017.07.01	1700	1650	1500	1380	1280
江　西	2018.01.01	1680	1580	1470		
山　东	2018.06.01	1910	1730	1550		
河　南	2018.10.01	1900	1700	1500		
湖　北	2017.11.01	1750	1500	1380	1250	
湖　南	2019.10.01	1700	1540	1380	1220	
广　东	2018.07.01	2100	1720	1550	1410	
其中：深圳	2018.07.01	2200				
广　西	2018.02.01	1680	1450	1300		
海　南	2018.12.01	1670	1570	1520		
重　庆	2019.01.01	1800	1700			
四　川	2018.07.01	1780	1650	1550		
贵　州	2019.12.01	1790	1670	1570		
云　南	2018.05.01	1670	1500	1350		

续表

地区	标准实行日期	月最低工资标准				
		第一档	第二档	第三档	第四档	第五档
西 藏	2018.01.01	1650				
陕 西	2019.05.01	1800	1700	1600		
甘 肃	2017.06.01	1620	1570	1520	1470	
青 海	2017.05.01	1500				
宁 夏	2017.10.01	1660	1560	1480		
新 疆	2018.01.01	1820	1620	1540	1460	

注：加底色地区为已调整最低工资地区。

表 3-2 截至 2019 年底全国小时最低工资标准情况（单位：元）

地区	标准实行日期	小时最低工资标准				
		第一档	第二档	第三档	第四档	第五档
北京	2019.07.01	24				
天津	2017.07.01	20.8				
河北	2019.11.01	19	18	17	16	
山西	2017.10.01	18.5	17.4	16.3	15.2	
内蒙古	2017.08.01	18.6	17.6	16.5	15.5	
辽宁	2019.11.01	18.3	16.3	15	13.2	
吉林	2017.10.01	17	16	15	14	
黑龙江	2017.10.01	16	13	12		
上海	2019.04.01	22				
江苏	2018.08.01	18.5	16.5	14.5		
浙江	2017.12.01	18.4	16.5	15	13.6	
安徽	2018.11.01	18	16	15	14	

续表

地区	标准实行日期	小时最低工资标准				
		第一档	第二档	第三档	第四档	第五档
福建	2017.07.01	18	17.5	16	14.6	13.6
江西	2018.01.01	16.8	15.8	14.7		
山东	2018.06.01	19.1	17.3	15.5		
河南	2018.10.01	19	17	15		
湖北	2017.11.01	18	16	14.5	13	
湖南	2019.10.01	17	15	13.5	12.5	
广东	2018.07.01	20.3	16.4	15.3	14	
其中：深圳	2018.07.01	20.3				
广西	2018.02.01	16	14	12.5		
海南	2018.12.01	15.3	14.4	14		
重庆	2019.01.01	18	17			
四川	2018.07.01	18.7	17.4	16.3		
贵州	2019.12.01	18.6	17.5	16.5		
云南	2018.05.01	15	14	13		
西藏	2018.01.01	16				
陕西	2019.05.01	18	17	16		
甘肃	2017.06.01	17	16.5	15.9	15.4	
青海	2017.05.01	15.2				
宁夏	2017.10.01	15.5	14.5	13.5		
新疆	2018.01.01	18.2	16.2	15.4	14.6	

注：加底色地区为已调整最低工资地区。

（二）2010—2019年最低工资实际值变动情况

扣除物价因素后的各地最低工资实际变动情况差异比较大。2010—2019年，安徽和重庆实际年均增幅最高，达到10%左右，陕西（8.5%）增幅也相对较高，而浙江、西藏、青海增幅相对较低，都不足5%。

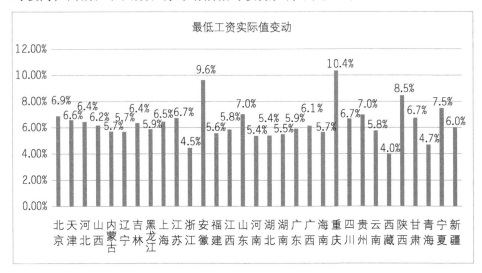

图3-1　2010—2019年最低工资标准年均实际增速（扣除物价因素）

二、近年来最低工资保基本效果分析

（一）最低工资与低收入家庭人均消费支出比较

国际劳工组织（ILO）第135号建议书中明确了"最低工资的根本目的是为工资劳动者得到可容许的最低水平工资提供必要的社会保护"，并"应当成为旨在战胜贫困、保证满足全体工人及其家庭需要"，即最低工资最基本的目标是减少贫穷，确保最低生活水平[①]。全球各国在设定最低工资时，其定位和目标各有不一。英国在2016年之前强调的最低工资是"工资下限"理念，该国推行全国最低工资是为了防止工人受剥削，同时也确保公司在经营业务时

---

① 参见 ILO1976 年关于就业、收入分配与社会进步和国际劳动分工问题的三方世界会议所通过的《行动纲领与原则宣言》。

以货品及服务质量来竞争，而非主要靠压低工资以求削价竞争。之后英国于2016年起国家最低工资标准中针对25岁以上劳动者增设一个强制性"生活工资标准"，政府旨在将英国目前"低工资、高税收、高福利"社会导向转向"高工资、低税收、低福利"社会；法国制定最低工资的理念是"生活工资"，有两个主要目标：一是给予最低劳动收入的劳动者购买力的保证；二是保证低收入人群在国民经济中的劳动参与。在我国，最低工资标准设置的基本功能定位是：劳动者在提供正常劳动条件下，能够保障劳动者个人及其家庭成员的基本生活。近年来，党和国家提出社会政策要托底，就是要守住民生底线，做好就业和社会保障工作，切实保障群众基本生活。作为政府调节企业工资分配的重要"抓手"，最低工资是保障劳动者特别是低收入劳动者取得劳动报酬合法权益的重要手段，也是国家"提低、扩中、控高"收入分配制度改革政策中"提低"的主要措施之一。那么，最低工资调整是否满足了劳动者最基本的生活需求？

评估最低工资标准的调整是否科学合理，最基本的是要立足于最低工资标准功能定位，即需看最低工资标准是否能够满足低收入群体家庭基本生活需求，如以该地区按照五等分法分组的城镇居民20%低收入户或按照七分法分组的10%低收入户的平均现金消费支出水平来评估是否满足。本部分以广州市为例，根据广州市统计局数据，测算该市2010—2018年最低工资保障低收入群体基本生活同当地最低工资比较情况。数据显示，尽管最低工资难以保障最低20%收入户家庭消费支出总额，但对于居民衣食住行而言，大部分年份最低工资对于保障基本生活有富余或差距不大，当然相信如果是以10%低收入群体作为观察对象的话，那么最低工资标准对于实现保障基本生活的功能问题不大。

表3-3 广州市2010—2018年最低工资保障低收入群体基本生活分析表（单位：元）

年份	低收入户每一位就业者负担人数（人）	低收入户年消费性支出	低收入户月人均现金消费支出	低收入户月人均衣食住行	低收入户家庭消费性支出	低收入户家庭衣食住行支出	最低工资	最低工资—低收入户家庭消费支出	最低工资—低收入户衣食住行支出
2010	1.80	11768	981	701	1765	1262	1100	−665	−162
2011	1.83	13050	1088	832	1990	1523	1300	−690	−223
2012	2.07	14146	1179	853	2440	1765	1300	−1140	−465
2013	2.07	15516	1293	935	2677	1935	1550	−1127	−385
2014	1.77	19077	1590	799	2814	1414	1550	−1264	136
2015	1.78	21748	1812	905	3226	1611	1895	−1331	284
2016	1.85	23835	1986	949	3675	1755	1895	−1780	140
2017	1.73	25439	2120	1279	3667	2213	1895	−1772	−318
2018	1.73	26463	2205	1337	3815	2313	2100	−1715	−213

说明：表中低收入户指按照收入五等份分组的城市居民低收入家庭，即最低20%收入户。

（二）最低工资与最低生活保障标准比较

从功能定位上看，最低工资标准和最低生活保障标准 ① 两者都有保障基本生活功能。城镇居民最低生活保障标准定位为保障居民个人基本生活，最低工资标准除了保障劳动者个人外，还需保障其赡养人口基本生活。因此将最低生活保障标准作为基本生活的一个参考标准，具有一定合理性。

我们选取 31 个地区数据分析比较，测算结果显示，除西藏外，30 个地区最低工资标准均超过考虑赡养系数的最低生活保障标准之和。同时，测算结果显示，湖北、广东稍高于（200 元 / 月以内）考虑赡养系数（各地按照系数为 1.5 测算）的最低生活保障标准，从一个侧面说明这些地区最低工资标准与最低生活保障标准调整的协调性有待进一步加强。

表 3-4　2019 年分地区最低工资标准与低保标准比较（单位：元）

地区	平均低保标准	最低工资标准档次平均值	平均每一位就业者负担人口系数	低保标准 × 赡养系数 + 个人社保缴费最低额	最低工资一低保标准
北京市	1100.00	2200.00	1.5	1650.00	550.00
天津市	960.00	2050.00	1.5	1780.00	270.00
河北省	651.77	1737.50	1.5	1317.65	419.85
山西省	529.83	1550.00	1.5	1134.75	415.25
内蒙古自治区	672.33	1610.00	1.5	1348.50	261.50
辽宁省	606.33	1550.00	1.5	1249.50	300.50
吉林省	519.47	1630.00	1.5	1119.20	510.80
黑龙江省	568.83	1466.67	1.5	1193.25	273.42
上海市	1130.00	2480.00	1.5	1695.00	785.00
江苏省	696.50	1823.33	1.5	1384.75	438.58

① 城市居民最低生活保障标准，按照当地维持城市居民基本生活所必需的衣、食、住费用，并适当考虑水电燃煤（燃气）费用以及未成年人的义务教育费用确定。

续表

地区	平均低保标准	最低工资标准档次平均值	平均每一位就业者负担人口系数	低保标准 × 赡养系数 + 个人社保缴费最低额	最低工资—低保标准
浙江省	777.47	1742.50	1.5	1506.20	236.30
安徽省	578.90	1347.50	1.5	868.35	479.15
福建省	611.63	1502.00	1.5	1257.45	244.55
江西省	614.57	1576.67	1.5	1261.85	314.82
山东省	554.47	1730.00	1.5	1171.70	558.30
河南省	530.93	1700.00	1.5	1136.40	563.60
湖北省	622.90	1470.00	1.5	1274.35	195.65
湖南省	486.27	1460.00	1.5	1069.40	390.60
广东省	774.53	1695.00	1.5	1501.80	193.20
广西壮族自治区	620.07	1476.67	1.5	1270.10	206.57
海南省	536.13	1586.67	1.5	1144.20	332.47
重庆市	557.33	1750.00	1.5	1176.00	410.67
四川省	526.90	1660.00	1.5	1130.35	619.65
贵州省	607.93	1676.67	1.5	1251.90	408.10
云南省	588.27	1506.67	1.5	1222.40	454.27
西藏自治区	820.30	1650.00	1.5	1570.45	−63.78
陕西省	578.53	1700.00	1.5	1207.80	442.20
甘肃省	519.07	1545.00	1.5	1118.60	581.40
青海省	569.00	1500.00	1.5	1193.50	351.50
宁夏回族自治区	570.00	1566.67	1.5	1195.00	305.00
新疆维吾尔自治区	448.57	1610.00	1.5	1012.85	553.82

三、最低工资在低收入劳动者共享经济社会发展成果方面的作用及对企业承受力的影响

（一）与地区人均生产总值变动比较

关注最低工资与人均地区生产总值变动的比较，可分析判断最低工资在低收入劳动者共享经济社会发展成果方面的作用及对企业的影响程度。数据显示，就全国来看，2010—2015 年，最低工资实际增速快于人均地区生产总值实际增速 1.55 个百分点左右，说明最低工资标准已经达到了让低收入劳动者共享经济发展成果的效果，甚至是一定程度上影响到了企业承受能力。2010—2019 年，31 个地区中，有 27 个地区的人均 GDP 年均增幅（2019 年采用前三季度 GDP 增幅概算，下同）快于同期最低工资标准实际增幅，最低工资标准快于同期劳动生产率增速的状况总体得到明显改善。特别是 2016—2019 年，最低工资实际增速低于人均 GDP 增速 3.6 个百分点。经过近几年，特别是 2016—2019 年最低工资标准的稳慎调整，其快于同期人均 GDP 增速的状况得到明显改善。

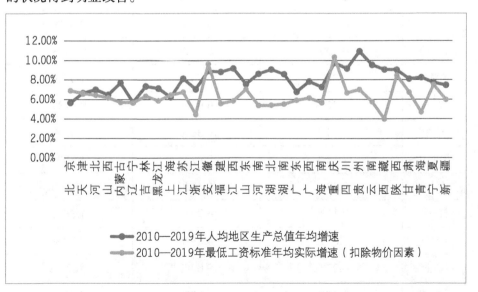

图 3-2　2010—2019 年分地区最低工资标准实际增幅与人均地区生产总值增幅比较

　　分地区看，地区之间存在差异，最低工资标准调整可能对于少数地区企业承受能力带来负面影响。2010—2019年，人均地区生产总值增速较最低工资标准实际增速平均快1.61个百分点，其中部分地区相差幅度较大，从一个侧面提示这些地区最低工资标准调整对于当期企业承受能力整体上几乎没有负面影响；另外，人均地区生产总值增速慢于最低工资标准实际增速的地区为4个。部分地区最低工资标准实际增速均快于人均地区生产总值增速，从一个侧面提示这些地区最低工资标准调整可能对于工资收入在最低工资标准附近的劳动密集型企业承受能力带来负面影响。

表3-5　2010—2019年分地区最低工资标准实际增幅与
人均地区生产总值增幅比较

地区	2010—2019年人均地区生产总值年均增速（2019年以前三季度数据计算）	2010—2019年最低工资标准年均实际增速（扣除物价因素）	最低工资实际增速快于人均地区生产总值增速
北 京	5.65%	6.89%	-1.24%
天 津	6.64%	6.61%	0.03%
河 北	6.99%	6.45%	0.55%
山 西	6.49%	6.17%	0.31%
内蒙古	7.67%	5.70%	1.97%
辽 宁	5.72%	5.68%	0.04%
吉 林	7.34%	6.35%	0.99%
黑龙江	7.13%	5.87%	1.26%
上 海	6.23%	6.46%	-0.23%
江 苏	8.11%	6.73%	1.38%
浙 江	7.04%	4.46%	2.58%
安 徽	8.90%	9.63%	-0.72%
福 建	8.81%	5.57%	3.24%
江 西	9.17%	5.85%	3.33%

续表

地区	2010—2019 年人均地区生产总值年均增速（2019 年以前三季度数据计算）	2010—2019 年最低工资标准年均实际增速（扣除物价因素）	最低工资实际增速快于人均地区生产总值增速
山 东	7.55%	7.04%	0.51%
河 南	8.61%	5.37%	3.24%
湖 北	9.06%	5.41%	3.65%
湖 南	8.58%	5.52%	3.06%
广 东	6.77%	5.91%	0.86%
广 西	7.82%	6.14%	1.68%
海 南	7.25%	5.66%	1.59%
重 庆	9.75%	10.35%	-0.60%
四 川	9.17%	6.67%	2.50%
贵 州	10.92%	7.00%	3.92%
云 南	9.54%	5.77%	3.78%
西 藏	9.07%	3.99%	5.08%
陕 西	9.04%	8.47%	0.57%
甘 肃	8.11%	6.74%	1.37%
青 海	8.24%	4.70%	3.55%
宁 夏	7.72%	7.49%	0.23%
新 疆	7.45%	5.98%	1.47%

（二）与城镇私营单位就业人员平均工资比较

比较最低工资标准与城镇私营单位就业人员平均工资的增幅，有助于评估最低工资的共享成果成效及是否对企业承受能力带来负面影响。从一个较长时间段来看，整体上最低工资标准增速低于城镇私营单位就业人员平均工资增速。

总体来看，在 2010—2019 年一个较长时间段内，30 个地区中有 23 个地区的最低工资标准增长低于同期当地城镇私营单位就业人员平均工资增长。

分地区来看，最低工资标准调整对于不同地区企业的影响程度呈现出分化特征。重庆、宁夏、安徽是最低工资标准年均增幅超过同期私营单位就业人员平均工资较多的地区，说明这几个地区的最低工资标准可能会对工资收入在最低工资标准附近企业的承受能力带来一定负面影响。

表 3-6　2010—2019 年分地区最低工资标准与当期城镇
私营单位就业人员平均工资 [①] 增幅比较

地区	2019 年相比 2010 年城镇私营单位就业人员平均工资年均增速	2019 年相比 2010 年最低工资档次平均值年均增速	最低工资标准增速快于城镇私营单位就业人员年均增速
北京市	13.18%	9.68%	−3.50%
天津市	11.70%	9.31%	−2.38%
河北省	9.62%	9.04%	−0.58%
山西省	10.23%	8.48%	−1.75%
内蒙古自治区	8.08%	8.27%	0.19%
辽宁省	8.77%	8.14%	−0.63%
吉林省	9.06%	8.97%	−0.09%
黑龙江省	9.20%	8.25%	−0.95%
上海市	11.60%	9.31%	−2.28%
江苏省	10.91%	9.48%	−1.43%
浙江省	10.44%	7.04%	−3.40%

---

① 2019 年城镇非私营单位就业人员平均工资、城镇私营单位就业人员平均工资按照 2018 年相比较 2017 年同口径数据的增幅概算；同时，为保证同口径可比，对于 2010 年、2018 年个别地区最低工资标准不包含个人社保缴费等情况，均按照统一口径增加了个人社保缴费等额度后进行比较。下同。

续表

地区	2019 年相比 2010 年城镇私营单位就业人员平均工资年均增速	2019 年相比 2010 年最低工资档次平均值年均增速	最低工资标准增速快于城镇私营单位就业人员年均增速
安徽省	11.45%	12.11%	0.66%
福建省	11.79%	8.02%	−3.77%
江西省	11.37%	8.51%	−2.86%
山东省	12.30%	9.57%	−2.73%
河南省	11.97%	8.01%	−3.96%
湖北省	9.84%	8.09%	−1.75%
湖南省	10.88%	8.09%	−2.79%
广东省	12.17%	8.70%	−3.47%
广西壮族自治区	9.84%	8.95%	−0.89%
海南省	12.89%	8.74%	−4.15%
重庆市	11.36%	12.91%	1.55%
四川省	11.01%	9.27%	−1.74%
贵州省	9.36%	9.57%	0.21%
云南省	10.80%	8.33%	−2.47%
陕西省	11.96%	11.04%	−0.93%
甘肃省	12.73%	9.33%	−3.40%
青海省	9.78%	7.85%	−1.94%
宁夏回族自治区	8.80%	10.11%	1.31%
新疆维吾尔自治区	9.06%	8.70%	−0.36%

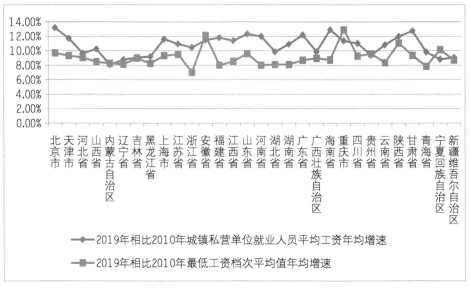

图 3-3　2010—2019 年分地区最低工资标准与当期城镇私营单位就业人员平均工资增幅比较

（三）最低工资相对水平指标分析——凯茨指数

凯茨指数是美国经济学家最早在 1970 年提出的反映最低工资相对水平的计算公式，原本需要复杂的劳动力市场统计数据来估算，而后很多学者采用简化后的凯茨指数用于分析最低工资政策，即最低工资标准 / 工资中位数或平均工资的比值，简化后的凯茨指数又经常用来反映最低工资效力的大小。实践中，各国在计算该指数时一般采用工资中位数计算，这样能避免高估或低估最低工资相对水平。我们研究国外该类指标发现，国外采用的"最低工资占全职劳动者收入中位数比例"基本维持在 35%—50% 左右。

表 3-7　选定国家最低工资占全职劳动者收入中位数的比例

（2008—2010 年）

（单位：%）

	2008	2009	2010
比利时	50.4	50.8	51.7
加拿大	42.5	43.8	45
法国	60.6	59.8	60.1
希腊	44.9(52.4)	41.9	41.9

续表

	2008	2009	2010
爱尔兰	52.8	51.1	51.9
日本	34.6	36.2	37
荷兰	42.5(49.6)	43.5(46.9)	43.6(47.1)
新西兰	60	60	59.1
葡萄牙	40.3(47)	46(53.7)	48(56)
西班牙	38.3	37.8(44.1)	37.6(43.8)
英国	52(46.1)	52.2(46.1)	46.1
美国	32.4	35.5	38.8

数据来源：OECD最低工资数据库及全职劳动者收入中位数数据库估算所得，以及英国低薪委员会《国家最低工资报告2012》《国家最低工资报告2011》《国家最低工资报告2010》。

〈注〉a：在估算过程中，收入数据含社保费。

b：表中荷兰数据中括号中比例是含8%的假日薪酬估算所得。

c：表中葡萄牙数据中括号中比例是年收入中含额外2月薪水而估算所得。

d：表中英国数据是分别基于劳动力调查（LFS）和工时和收入调查（ASHE）不同数据估算所得，并比时薪计算。

我们也尝试在调查分析中寻找最低工资占中位数的比重，如2013年江苏省采用当地薪酬调查数据计算后，各城市最低工资占工资中位数比例大多在43%—48%之间（平均占比46.9%），其中，盐城市占比最高，达到近51.5%。扬州和泰州占比相对较低，分别达到41.4%和43.8%。也就是说我国最低工资占工资中位数的比值已经达到40%以上。

四、最低工资执行率

根据马双（2012）采用全国1998—2007年规模以上制造业企业报表数据统计分析发现，平均工资低于当地最低工资标准的企业占比，1998年约为 18%，到 2007 年仅有 6%。2004 年该占比突然从 2003 年的 12% 下降为 8%，这可能是由于 2004 年《最低工资规定》出台后，监管力度突然增强。根据中国健康与营养调查（CHNS）数据分析，2000 年以来，被支付工资水平低于当地最低工资标准的群体比例不高。2000 年和 2004 年 [1] 城市低于最低工资收入群体分别占比 4.45% 和 4.47%。随着新的最低工资规定颁布及推进，2006 年该群体占比低于 2004 年数据。此外，在新劳动合同法 2008 年颁布后，雇佣情况趋于标准化、统一化，同时由于金融危机的影响，2009 年各省最低工资冻结一年。但是，在 2009 年暂缓调整一年后，最低工资从 2010 年开始快速增长，低薪群体又增加到 4.13% [2]。那么根据当时调研，江苏省领取低于当地最低工资标准人群比例在 2013 年为 4.22%，而 2010 年只有 3.04%。调查分析低于最低工资标准的人群分布发现，劳务派遣人员占大多数，且多为小学及以下学历人员。从所属企业分析看，约一半来源于制造业企业，且以中小微型企业为主。

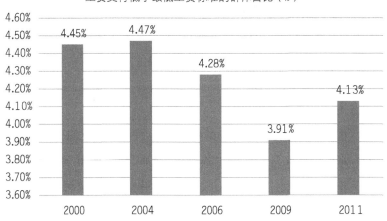

工资支付低于最低工资标准的群体占比（%）

图 3-4　被支付低于最低工资群体比例 [3]（%）

---

① 数据基于 CHNS 调查估算得出。
② 2009 年，国家提出冻结最低工资一年，所以最低工资占比指数下降。
③ 所有数据均来源于 CHNS 数据（2000—2011 年，其中某些年份数据缺失）。

第四章

国外关于最低工资
政策影响效应研究
综述

一直以来，国际上部分学者的研究方向主要集中在最低工资对就业和收入影响的理论模型和实证分析上。主要体现在失业模型（Stigler，1946）、人力资本投资模型（Cubitt & Hargeraves,1996）、效率工资模型（Aizenman,1997;Agenor &Aizenman,1999;Agenor,2001）、企业反应模型（Fraja，1999），对于最低工资的影响研究越来越精细化，且持续存有争议。本部分从最低工资对就业、收入分配、技能、价格和企业利润等方面的影响进行文献汇总分析，以期对中国建立和完善最低工资评估机制提供参考。

一、最低工资对就业的影响

最低工资对于就业的影响一直是最低工资政策评估中的突出问题，而且它也是经济学领域研究频率最高的题目之一。从政策角度出发，考虑到最低工资在提高收入方面所具有的潜在积极作用可能会被其对就业所造成的不良影响而抵消，因此对这一问题的研究显然非常重要。但同时，对于经济学家来说，就业对于最低工资的影响也同样非常重要，因为他们提供了测试劳动力市场可供选择模型的手段。

1977年美国开展了一次史上最大规模的针对最低工资对就业的影响的研究，并建立了最低工资研究委员会。经济学家们就最低工资对就业的影响在以下方面达成了"一致意见"。即，最低工资上升导致青少年就业弹性在 -0.1 至 -0.3 的范围内变化。之后，最低工资对就业的影响研究一直持续到现在。

美国学者对最低工资造成就业方面的影响论文最多，很多研究在研究方法、研究对象上有很大的差异。1995年以来，特别是2000年以后，国际上越来越多的组织或国家注重研究最低工资对就业的影响。

（一）最低工资对青少年就业的影响

Neumark 和 Wascher（1992）采用综合固定样本组数据研究，发现最低工资提高对青少年就业弹性系数为 -0.1 至 -0.2；他们 1995 年采用多项对数分析研究发现，最低工资提高后，青少年辍学工作的可能性上升，青少年辍学成为闲散人员可能性上升，已就业低薪青少年成为闲散人员可能性上升。Burkhauser（2000a）研究发现联邦及州最低工资提高后，青少年预计就业负面影响较为显著，但是年份影响除外，即并未考虑年份的影响，因此说服力有限。同样，Bazen 和 LeGallo（2006）研究也同样显示负面影响，但是未考虑年份影响，未对滞后影响进行测试。OECD（1998）采用固定样本连续访谈法做的研究，显示青少年就业弹性系数为 -0.71 至 -0.41；20 岁至 24 岁组系数为 -0.03 至 -0.10；25 岁至 54 岁组系数为 0 至 0.02，且青少年预估结果最显著。Mangan 和 Johnston（1999）采用澳大利亚跨部门数据（15—19 岁青年人）分析发现弹性系数为 -0.21 至 0.08，几乎所有预估结果均为负面，且均不显著；英国 2011 年最低工资评估报告指出，劳动力市场上年轻人的比例持续下降，从 2007 年开始，年轻人的收入增长速度一直比成人慢，但年轻人最低工资额一直与成人最低工资额的增长大体同步。经过调查表明最低工资水平会在经济滑坡时期对年轻人的就业产生负面影响。

（二）最低工资对总体就业的影响

Chapman（2004）采用 2003 年州最低工资 100%—120% 区间内的跨州变化，观察对总劳动人口的变化情况影响，结论为预计影响为 -0.01，且不显著；美国财政政策研究院（2004）就 1997 年后州最低工资提高对总体就业情况进行分析，认为对总体就业增长没有显著影响，对于提高最低工资的州，其四项测量数据均有所提高，但是对于总体就业弹性增长而言，零售业、小型企业或小型零售业的就业弹性并未有所提高；Yelowitz（2005）研究圣达菲城市最低工资提高对全部就业的影响，认为影响接近于 0，且不显著；Potter（2006）采用圣达菲及阿尔伯克基城市数据分析全部就业影响，预估弹性为所有产业 -0.015，建筑业为 -0.16，医疗业为 -0.03，其中仅建筑业的预估结果显著；Stewart（2004a）采用英国劳动力调查和家庭固定样本调查数据研究发现，未就业弹性基本不显著，最低工资影响偏向于正面影响而非负面影响。Fajnzylber（2001）采用巴西月度就业调查数据研究发现，最低工资时序变化对正式部门中收入低于或在最低工资附近的工人就业预计弹性系数为 −0.05 至 −0.08；而在非正式部门，收入低于或在最低工资附近的工人系数为 −0.05 至 −0.15，且非正式部门影响异常显著。

（三）最低工资对低技能工人或低薪行业就业的影响

Card 和 Krueger（1992）研究联邦提高最低工资对得克萨斯州快餐从业者就业的影响，弹性系数为 1.7 至 2.65 且显著。但是很多学者指出可能存在大量的测量误差。同样，Spriggs 和 Klein（1994）研究 1991 年联邦最低工资提高，对密西西比州和北卡罗来纳州快餐类从业者就业的影响，预估结果集中在 0 附近，且不显著。后来的学者们也提出可能存在大量测量误差，且观察最低工资影响的时间段过短。Partridge 和 Partridge（1999）采用美国 1984—1989 年 CPS 和 BLS 企业调查数据，研究零售业从业者就业影响，零售业弹性系数为 −0.08 至 −0.25；餐饮业为 −0.5 至 −0.2；Singell 和 Terborg（2006）采用 CPS 就业数据研究俄勒冈州及华盛顿州在不同时间提高最低工资对餐饮业工人、酒店及住宿行业工人就业的影响。结果显示，餐饮业弹性系数为 −0.2 且显著，酒店及住宿行业为 0.15 至 0.16 且显著。招工广告方面看，除厨师岗位外，对餐馆所有工作人员，以及酒店厨房服务人员都产生了显著的负面影响。

（四）最低工资对不同性别人员就业的影响

Deere、Murphuy 和 Welch（1995）通过研究 1990 年和 1991 年联邦提高最低工资对青少年就业的影响，结论得出对男性青少年就业弹性系数为 −0.27 至 −0.36，女性青少年为 −0.42 至 −0.49；Abowd 等（1999）研究联邦实际最低工资的变化对低薪工人离职状况影响，根据年龄不同有不同变化。男性弹性系数平均值为 −0.42，女性平均值为 −1.57；Leigh（2004a）根据西澳大利亚州最低工资提高对不同年龄和性别累积和分解数据组别研究影响，认为 15 至 24 岁就业影响弹性为 −1.0115 ~ 24，男性组为 −0.6815 ~ 24，女性为 −1.44，其他组为 −0.03 至 −0.14，大部分数据不显著；Feliciano（1998）研究墨西哥各地区 100 多个最低工资标准合并为极个别标准，且平均最低工资下降的情况下，对男性和女性就业影响。男性弹性系数为 0.005 至 0.01，女性为 –0.43 至 –0.58；Suryahadi（2003）采用印尼 20 世纪 90 年代早期最低工资变化的跨省变量，研究城镇工人的就业影响。其中，男性组就业弹性为 –0.05，女性组为 –0.16 且显著。Bryan、Salvatori 和 Taylor（2013）发现，不存在证据能够证明英国最低工资在经济衰退前或衰退期间对就业造成了影响。这一发现与之前的研究结果吻合。但是，他们发现有证据显示上调最低工资尤其对男性工作者造成了显著影响，但是影响既有负面的（2001 年上调）也有正面的（2006 年和 2011 年上调），而且，还会受到模型设定的影响。在女性工作者方面，没有发现此类证据。

（五）结论

文献资料提供了大量证据，表明最低工资会降低低薪工作者的就业率。文献资料还提出了其他一些主题。首先，美国大部分论文发现最低工资对低技能工作者就业率无影响，或具有正面影响的研究均为短期固定样本组数据研究或针对某个州最低工资变化对某一特定产业就业影响的案例研究。相比之下，在最低工资研究中结合了州以及时间变量的长期固定样本组研究总体上发现提高最低工资会对就业产生负面且显著的影响。

其次，文献中关于案例研究方法的担心尤其具有说服力。暂不考虑这些研究作者所做的调查是否提供了准确的就业及其他指标的准确预估这一问题，人们对于案例研究方法中使用的所谓自然试验的准确性存在疑问，同时，标准竞争模型在此类研究中常涉及的行业中最低工资对就业的影响的预期征兆方面也未提供任何指导。因此，此类研究在新古典主义模型的准确性或是联邦或州最低工资变化的广泛影响方面均意义不大。

最后，即使不考虑最低工资对低技能工人就业的影响，大量证据表明，低技能工人群体中存在劳动力替代现象。近期的一些文献试图更直接地确定这种替代作用，或是将重点更多地放在工资及就业机会最容易受到最低工资影响的个人身上。此类研究的预估结果倾向于支持随着工资水平的提高，雇主将会用近似替代品替换技能水平最低的工人这一观点。因此，最低工资对最低技能水平工人的负面影响可能远超过大多数研究中预估的净解雇影响。

有关最低工资对总就业影响的结论不一。但是，对于青少年就业的影响，大量的文献认为最低工资对青少年就业有显著的负面影响。基于调研方法、数据来源的条件限制，很多文献研究最低工资对低薪行业就业影响的结论差异较大。此外，对于不同性别人员就业影响方面结论也存在争议。

二、最低工资对工资收入的影响

最低工资是如何影响工资分布的？Neumark 和 Wascher（2007）在书中指出，假设在合理的强制执行条件下，最低工资最明显的影响是最低工资的工人将不会被雇用，工资的分布在最低工资处（最低工资水平以下）被截断，并在工资分布的最低工资处呈现钉状（许多工人实际只得到最低工资的现象）。但是，最低工资的提高也可能导致工资分布中位于较高水平区间的工资发生变化。导致出现溢出效应或涟漪效应的原因主要有两个。

首先，如果雇主为了应对最低工资提高而选择用具有较高技术水平的工人代替最低技术水平的工人，那么收入水平在最大工资标准以上的工人的工资将会被推高，因为市场对于此类工人的需求量增加了。

或者，如果雇主为了建立行为激励而维持最低技术水平工人和较高技术水平工人之间的工资差，则具有较高技术水平的工人的工作仍将有所提高。支持提高最低工资标准的人常常引用这一"连锁反应"作为提高收入水平略高于最低工资标准的低薪工人收入的方法。

此外，过于数十年中，最低工资对于工资分布的影响，以及长期而言最低工资实际价值的下降导致人们对最低工资改善工资差距的作用一直争议不断。

就相关理论模型而言，Pettengill（1981）构建了一种模型，在该模型中工人的技能呈连续性分布，且劳动力市场均衡以一种联系了工资与技能的上升型"工资曲线"为特征。在 Manning（2003）均衡工作搜寻模型中，当非金钱性的公司特征产生买方垄断力量时，最低工资提高产生的溢出效应主要集中在工资略高于最低水平的工作附近。Flinn（2002）建立了一个引入了工资谈判机制的结构搜寻模型，其分析结果显示工资的分布在最低工资处呈现钉状，并产生工资略高于最低工资水平的溢出效应。Grossman（1983）建立了关于最低工资和就业的最简单的模型。

（一）最低工资对工资分布的影响

1. 对低薪工人的影响，以及工资的分布在最低工资处呈现钉状

Neumark 和 Wascher（1992）提出了证据，表明州最低工资和美国青少年次最低工资与工资的分布在最低工资处呈现钉状之间的关系。Card 和 Krueger（1995a，第九章）说明了 1990 年和 1991 年联邦最低工资的提高导致工资的分布在最低工资处呈现钉状。Baker、Benjamin 和 Stanger（1999）的文件记录了加拿大省级最低工资的提高导致 15 至 19 岁青少年工人的工资的分布在最低工资处呈现钉状。DiNardo、Fortin 和 Lemieux（1996）提出了关于 1973 年至 1992 年（期间美国多次提高联邦最低工资标准）美国男性及女性时薪密度的非参数估计的证据。Lee（1999）也提出的相似的证据，证明在 1980 年代，由于最低工资价值的降低导致工资差距增大。Dickens 和 Manning（2004a）对关于 1999 年英国实施的最低工资对 22 岁及以上年龄的成年人的影响（针对 18 至 21 岁劳动力实施更低的最低工资标准）的劳动力调查（LFS）数据进行研究。Stewart 和 Swaffield（2002）对英国住户调查数据（BHPS）进行了调查，并发现当英国实施最低工资政策后，导致工资的分布在最低工资处呈现钉状。Harrison 和 Scorse（2005）关于印度尼西亚的研究显示，最低工资促使无技能工人工资提高，作者还记录了 20 世纪 80 年代中期所实施的法定最低工资导致支付工人最低工资的工厂数量的下降。Gindling 和 Terrell（2005，2007b）发现，在哥斯达黎加和洪都拉斯，由于实施最低工资，覆盖部门的许多工人实际只得到最低工资，而在未覆盖部门则未出现这一现象。

2. 溢出效应

Grossman（1983）是首位试图对最低工资溢出效应进行直接预估的学者。她使用 BLS 的区域工资调查（AWS）数据对联邦最低工资的提高对低薪岗位工资（高于最低工资标准）的影响进行预估。Card 和 Krueger（1995a，第九章）重点关注 1990 年和 1991 年联邦最低工资标准的提高对工资分布中第 5 个和第 10 个百分位数的影响。Lee（1999）提出了使用工资分布中第 10 个百分位数和第 50 个百分位数之间的差距的方法。Manning（2003）展示如何将 Lee 的模型与其他假设结合并参数化以表示溢出效应。Dickens 和 Manning

（2004b）效仿 Manning（2003）对美国数据的分析方法对英国的数据进行了分析。根据 Lemos（2004a）的报告，在巴西，最低工资对收入水平在工资分布中处于中间区段的工人的工资具有正效应。Fajnzylber（2001）使用 Neumark、Schweitzer 和 Wascher（2004）的方法。根据 Fajnzylber 的结论，最低工资的作用更大，且对于收入水平是最低工资 40 倍的人来说，提高最低工资会产生明显的溢出效应。Neumark、Cunningham 和 Siga（2006）使用 1996 年开始（恶性通货膨胀结束后）的数据重新检查了巴西的案例，发现在正式部门中，工资分布第 10 个百分数位以上不存在正效应，而如果将两大部门的数据结合来看，则在工资分布的第 20 个百分数位以上不存在正效应。

3. 最低工资导致美国工资差距变化

Blackburn、Bloom 和 Freeman（1990），Bound 和 Johnson（1992），Katz 和 Murphy（1992），Juhn、Murphy 和 Pierce（1993），以及 Levy 和 Murnane（1992）均研究了最低工资对工资差距的影响。早期的文献所反映的共同观点是工资差距的变化主要是由对有技能工人（在可观察技能方面，如受教育程度，以及不可观察技能方面）的需求增加所造成的。DiNardo、Fortin 和 Lemieux（1996）采用工资分布的非参数密度估计将组间和组内工资差距的变化分解为最低工资变化、工会化变化、个人属性变化、供需影响以及无法用上述任何因素解释的剩余范畴。Lee（1999）的研究表明，最低工资是 20 世纪 80 年代期间工资差距变化的主要原因之一。Autor、Katz 和 Kearney（2005）则对 Card 和 DiNardo（2002）关于支持 SBTC 假设的证据不足的观点以及他们对于最低工资重要性的强调持反对意见。

（二）最低工资对工时、劳动者工资性收入的影响

学者除了研究最低工资对工资分布的影响外，也考虑劳动力就业数量及工作时间的变化所导致的工资变化，或工资、就业及工作时数变化导致的劳动力收入水平变化。

Linneman（1982）的研究是对预估最低工资对工资、就业、工作时数以及收入的早期尝试，他采用 20 世纪 70 年代中期收入动态追踪研究（PSID）数据。他认为，直接受到最低工资提高约束的工人的工作时数减少（就业率降低），而收入水平高于最低工资水平的工人，其工作时数增加，但是就业率

下降。Linneman 关于工资、就业和工作时数影响的结论表明提高最低工资对工资水平受到最低工资限制的工人的收入具有负面影响。

Neumark、Schweitzer 和 Wascher（2004）对工资、工作时数、就业和总收入的影响进行独立预估，并采用最低工资的州变量来获得处理方法和对照组。

英国最低工资委员会近几年委托研究机构报告显示，Bryan、Salvatori 和 Taylor（2012 年）发现大量证据表明 2010 年上调最低工资导致工时下降，尤其是青年工作者的工时。他们发现在经济衰退前，上调最低工资对男性工作者的工时造成了统计学上不显著的负面影响，而从衰退开始后，则基本产生了正面影响。他们并未发现上调最低工资对女性工作者造成任何持续或显著的影响。

（三）结论

本节中所提出的证据明确指出最低工资会影响工资的分布。对于工业化国家而言，最低工资会在工资分布的最低工资处呈现钉状，并从一定程度上促进此前收入水平略高于最低工资水平的工人的收入的增加。择优预估表明，工资分布中，最低工资到其上约 20% 的区间存在溢出效应，最低工资水平处的工作弹性约为 0.4，而其上区间的工作弹性则为 0.2。

根据最低工资对工资分布的预估影响，大多数经济学家认为这是导致美国在过去几十年中，尤其是 20 世纪 80 年代联邦最低工资实际价值急剧下降时期工资差距增大的原因之一。

最后，本节中的证据还表明，提高最低工资水平通常会降低受影响工人的经济福利。关于提高最低工资对最初领取最低工资或稍高于最低工资的工人的影响的证据表明，由于最低工资提高，这部分工人的劳动收入降低，从而反映出最低工资对就业和工作时数的负面影响。

三、最低工资对收入分配的影响

在国外，很多政策制定者们倾向于关注提倡最低工资制度所能实现的分配目标。

（一）最低工资工人分布、家庭收入分配及贫困问题——采用模拟方法

Gramlich（1976）的研究是首个探究低薪工作与贫困之间关系的研究，通过 20 世纪 70 年代早期的数据显示，许多低薪工人是高收入家庭的成员。许多最低工资制度的拥护者常常引用 Card 和 Krueger（1995a，285）关于最低工资对就业影响的研究来说明"最低工资明显有助于将收入重新分配给最贫困家庭"。

许多论文根据模拟方法提出了更为复杂的分析 [例如，Johnson 和 Browning（1983）；Burkhauser 和 Finegan（1989）；Horrigan 和 Mincy（1993）]。Horrigan 和 Mincy（1993）假设"最低工资工人所在家庭在整个家庭收入区间内平均分布"，并由此得出结论。但是，Card 和 Krueger（1995a）对 Horrigan 和 Mincy 的结论持怀疑态度。Burkhauser、Couch 和 Wittenburg（1996）表明，受到最低工资影响的工人所在家庭其实均匀分布于家庭收入分布区间中，这一结论与 Horrigan 和 Mincy 的假设一致。近些年一项采用模拟方法探究最低工资对收入分配的影响的研究是由 Burkhauser 和 Sabia（2007）完成的，他们将 1996 年和 1997 年提高联邦最低工资所产生的模拟影响（根据 1995 年收入数据）与后期提高最低工资至 7.25 美元的模拟影响（根据 2003 年收入数据）进行了对比。数据显示，支付低于 7.25 美元的工人仅仅 13.2% 来自贫困家庭；而 46.3% 来源于家庭收入位于或高于贫困线 3 倍以上的家庭群体。

学术界一直存在对采用模拟方法进行计算的评判意见。首先，关于就业影响的假设可能不正确，或是简单化。其次，这些研究并未考虑到位于不同家庭收入分布区间的低薪工人所受到的就业影响可能不同。最后，就像 Addison 和 Blackburn（1999）所指出的，在这些模拟研究中所忽略的许多其他因素也可能影响最低工资对家庭收入分布的影响方式。

（二）最低工资对家庭收入分配的影响

许多最低工资工人并非来自贫困家庭这一事实导致最低工资制度很难产生有利的分配效应，即将收入重新分配给较低收入家庭。Neumark、Schweitzer 和 Wascher（2004）研究表明，最低工资可能会降低而非提高低薪工人的收入

水平，同时还可能抵消最低工资制度所产生的有利分配效应。

（1）最低工资对贫困的影响的回归预估

Card 和 Krueger（1995a）采用 1989 年至 1991 年受到 1990 年和 1991 年联邦最低工资提高和其他控制措施影响的州内工人的贫困率变化来预估最低工资对州贫困率的影响。Burkhauser、Couch 和 Wittenburg（1996）关于采用家庭收入数据却未考虑其与需求之间的关系的批判意见适用于此，且根据具体问题，建议对总体家庭收入（包括收入转移）进行研究。Burkhauser 和 Sabia（2007）对 Card 和 Krueger 的分析结论进行了更新，纳入了 1988 年至 2003 年的数据，也得出了类似的结论。Addison 和 Blackburn（1999）采用了类似的州级固定样本组数据回归分析，通过 1983 年至 1996 年的 CPS 数据预估最低工资对州贫困率的影响。Sabia（2006b）注意到，1996 年的福利改革对单身母亲参加工作（和/或脱离福利救济体系）起到了有力的刺激作用，政策制定者在提倡最低工资制度时，常常使用通过提高最低工资标准帮助单身母亲脱离贫困这一目标。Burkhauser 和 Sabia（2007）采用略微不同时间段（1988 年至 2003 年）的州级分析进一步扩展了该分析，并纳入了年龄介于 18 至 64 岁之间的所有单身女性。Neumark 和 Wascher（2007b）注意到，如果最低工资降低了较低技术水平工人的就业率，那么将有可能提高最初工资低于保守工资水平的个人的就业率（和收入），因为提高最低工资将提高这些人的保守工资水平。Gunderson 和 Ziliak（2004）采用 CPS 数据计算得出的 1981 年至 2000 年州贫困数据对所有家庭以及许多子组别（女性、已婚夫妇、白人家庭和黑人家庭）贫困率决定因素进行了研究。

（2）最低工资对进入和脱离贫困状态的影响

Neumark 和 Wascher（2002b）采用配套的 1986 年至 1995 年 CPS 数据研究最低工资变化影响家庭进入和脱离收入需求比分布不同区段的方式。

（3）其他国际研究证据

目前，除美国外，关于其他国家最低工资分配效应的研究非常有限。而仅有的研究证据主要来自发展中国家，在这些国家，最低工资的分配效应可能与美国最低工资分配效应的大相径庭。世界银行报告（2006）根据自身研究以及对部分其他研究的回顾，指出最低工资的分配效应并不明确。尤其是报告指出，最低工资对贫困率并未造成任何影响，而且最低工资对于穷人的收入水平的影响也因国家而异。Neumark、Cunningham 和 Siga（2006）对巴西的案例（巴西的不均衡水平居世界首位）进行了研究，巴西将最低工资作为一项社会政策，并在近几年中大幅度提高了其最低工资标准。Gindling 和 Terrell（2007c）以 2001 年至 2004 年为样本期（只有在该样本期才可获得家庭贫困状态相关数据），对洪都拉斯最低工资的分配效应进行了研究。在关于哥伦比亚的研究中，Arango 和 Pachon（2004）采用了类似于 Neumark、Cunningham 和 Siga（2006）研究巴西案例时所使用的辨识策略。根据作者报告显示，许多动态固定样本组数据规范要求使用滞后最低工资作为预估工具。

（三）结论

根据上述数据显示，提高最低工资极可能导致收入在低收入家庭间重新分配，部分家庭由于最低工资提高而收入增加，而另一些家庭则因为就业机会减少或工作时数减少导致收入降低，而且提高最低工资有可能导致贫困和低收入家庭的情况变得更糟。

四、最低工资对技能的影响

大部分关于最低工资的研究，以及研究的大部分内容都重点关注最低工资对就业和工资的影响。然而，这不能为正常评估提供一个足够宽泛的基础。前文就分配效应限制展开的讨论认为从政策制定的角度出发，最低工资的分配效应，尤其是对家庭收入的影响，比其对就业和工资的影响更为重要。但是，这仍然忽略了最低工资影响的另一个潜在重要方面。

最低工资可能会通过影响技能水平提升，从而影响未被解雇的以及遭到解雇的工人的收入水平。由于最低工资对于技能水平的影响可能需要经过较长时间方可显现，因此对收入水平的影响可能超出典型年龄范围（16岁至 24 岁，经济学家通常针对最低工资对这一年龄范围内工人的就业影响进行研究）。

最低工资对技能形成的影响可从两方面进行研究，一是在职培训，二是学校教育。首先，最低工资提高可能促使部分工人接受更多的培训；其次，在职培训机会的丧失是最低工资解雇影响的一种代价。再次，最低工资还可能影响是否接受学校教育相关决定。提高最低工资可能吸引更多人辍学工作，但是它同时也会促使其他人选择继续在学校学习，积累人力资本，以便提高他们的生产能力以超过提高后的最低工资水平。

（一）最低工资和培训的关系

Rosen（1972）、Feldstein（1973）和 Welch（1978）最早开始讨论最低工资可能对在职培训产生的不利影响。Acemoglu 和 Pischke（2003）的研究显示，最低工资可能产生工资压缩的极端形式，从而促使雇主对普通培训进行投资。

Hashimoto（1982）提出了一些间接证据，表明最低工资的时序提高可能导致面板数据中工资曲线趋于平坦。Leighton 和 Mincer（1981）提出了类似的间接证据，Grossberg 和 Sicilian（1999）也在其后提出了类似的间接证据。但是，这些证据都存在潜在问题。如同 Lazear 和 Miller（1981）所指出的，与最低工资效应有关的低工资增长速度并不一定反映了提高最低工资所带来的培训机会的减少。相反地，在 Lazear（1979）提出的类似模型中，提高最低工资可以提高工作对于工人的价值，降低工人对于提高工资的需求（具有相同效应）。Schiller（1994）对 1980 年进入劳动力市场（NLSY79）的个人进行了研究，并根据收入水平是否高于联邦最低工资标准对这些劳动力进行分类。Acemoglu 和 Pischke（2003）对这一研究进行了批判，他们认为这一研究不能提供关于最低工资对培训影响的信息。Grossberg 和 Sicilian（1999）对之前的研究进行了回顾，并使用 1982 年就业机会试点项目（EOPP）的数据研究最低工资、工资增长以及培训之间的关系。Neumark 和 Wascher（2001b）从两方面改善了早前的分析。首先，他们采用了最低工资州变量来识别最低工资的影响。其次，他们对最低工资以外的，但是与最低工资有关的其他因素在州层面造成的培训差异进行了控制。Acemoglu 和 Pischke（2003）也提出了关于最低工资对培训的影响的证据。他们采用 NLSY79 在 1987 年至 1992 年的数据，对受教育程度在 12 年或以下的样本进行预估。Fairris 和 Pedace（2004）对 1996 年州最低工资变量进行了探究，检查了 1997 年国家机构研究（NES）报告显示的最低工资对培训的影响。Arulampalam、Booth 和 Bryan（2004a）采用 BHPS 数据对 1999 年英国实施新最低工资标准对培训造成的影响进行了研究。Baker（2003）采用最低工资跨省变量和成年教育与训练调查（AETS）关于 17 岁至 24 岁工人的数据（为期三年），提出了关于加拿大最低工资对培训的影响的证据。整体而言，我们认为这些证据并不能明确支持最低工资对培训产生影响这一结论。

（二）最低工资和学校教育的关系

关于最低工资对学校教育决策影响的理论模型的复杂程度有限，且并未提供明确的预测结果。Cunningham（1981）、Ehrenberg 和 Marcus（1980），和 Ehrenberg 和 Marcus（1982）是首批针对这一课题进行研究的学者。

Matilla（1978，1982）发现，最低工资对学校入学率，尤其是对 18 至 21 岁的人群，具有正面影响。相比之下，Ehrenberg 和 Marcus 则主要针对 1970 年以来白人男性及女性青少年的横截面数据进行研究。他们发现最低工资对学校入学率并不存在任何影响，或者影响微乎其微。Cunningham（1981）采用 1960 年至 1970 年人口普查的数据，指出最低工资对于男性及女性青少年的入学率产生负面影响，但是对黑人男性及女性青少年以及青年则产生了正面影响。直到 20 世纪 90 年代，人们才开始对这一课题开展后续研究。Card 于 1992 年在 ILRR 座谈会（1992b）上发表的论文属于对这一课题进行的首批新研究。在该论文中，Card 指出，1988 年加州提高最低工资对青少年入学率（不论是否进行人口控制）产生了显著的负面影响。Neumark 和 Wascher（1992，1994）指出，对最低工资对学校入学率的影响的研究最初是为了更好地理解最低工资对就业的影响。Neumark 和 Wascher（1995a）预估最低工资模型会对就业以及入学率产生影响。Neumark 和 Wascher（2003）对他们的研究进行了更新，同时还提供了关于最低工资对青少年入学率产生负面影响的可靠证据，同时指出青少年的弹性在 -0.06 到 -0.33 的范围内变动，具体视所使用的具体数据、入学率量度以及评估者而定。Chaplin、Turner 和 Pape（2003）采用美国公立学校全体学生的数据，得出了类似的预估结果。Turner 和 Demiralp（2001）采用类似于 Neumark 和 Wascher（1995b）所采用的方法，通过 1991 年和 1992 年收入与专案计划参与调查（SIPP）的数据进行研究。Neumark 和 Nizalova（2007）还指出，最低工资对学校学习具有负面影响。

Campolieti、Fang 和 Gunderson（2005b）采用类似于作者 1995b 论文所采用的方法对加拿大 1993 年至 1999 年的纵向数据进行了检查，并未发现最低工资对学校入学率具有任何影响。在对加拿大各省长期（1983 年至 2000 年）数据的合并横截面时序分析中，Baker（2003）也发现证明最低工资对学校入学率影响的证据非常微弱。Landon（1997）对加拿大各省短期（1975 年至 1989 年）的子集数据进行研究，发现有力证据，表明最低工资对 16 岁至 17 岁人群（16 岁女性除外）的入学率具有负面影响。Hyslop 和 Stillman（2007）对新西兰青少年最低工资的提高对学校入学率和闲置率的影响进行了预估。Pacheco 和 Cruickshank（2007）对 16 岁至 24 岁人群，以及 15 岁至 19 岁人群进行了类似分析。他们采用较长的样本期，更重要的是，他们采用了独立于就业状态的入学率量度。Hyslop 和 Stillman 所采用的量度不能测量每周工作超过 2 小时的人群，以及未进入中等学校学习的人群的入学率。Pacheco 和 Cruickshank 发现，1994 年引入的青少年最低工资似乎提高了 16 岁至 19 岁人群的入学率，但是在样本期内，后续提高青少年最低工资的措施反而导致入学率被降低。Rice（2006）根据工资与教育及就业选择关系的模型，对英国 2004 年将 16 岁至 17 岁人群纳入国家最低工资制度所造成的影响进行了研究。

总体来说，尽管证明其他国家最低工资对入学率产生影响的证据有限，但是关于美国最低工资和入学率的研究证据表明，提高最低工资将导致学校入学率水平降低，同时还将降低完成学校教育的学生比例。此外，最低工资降低技能所得的相关证据比降低培训机会的证据更为有力。

（三）结论

关于培训的研究指出，部分证据证明最低工资对培训具有负面影响，但是这些证据并不具有决定性。就学校教育而言，相关证据则更为强有力，大部分关于美国的研究指出，最低工资对学校教育具有负面影响，但是支持这一结论的国际证据（主要关于加拿大）则略显不足。

五、最低工资对价格的影响

关注最低工资对价格的影响的原因如下：首先，尽管提高最低工资将直接提高由最低工资工人生产的商品的相对价格，但是最低工资的反对者们常常指出，提高最低工资可能会导致出现通货膨胀这一恶果。其次，即使最低工资不会导致长期通货膨胀，但是价格和利润的一次性改变有可能会对社会福利造成影响。

考虑到过去 20 年间美国和欧洲的通货膨胀相对较低且形势稳定，在最新的一些关于工业化国家的研究中，较少关注提高最低工资对增加总体通货膨胀的潜在影响。但是，近些年来有一些研究对拉丁美洲国家最低工资和通货膨胀之间的关系进行了分析。

（一）理论解释

Card 和 Krueger（1995a）、Aaronson 和 French（2007）注意到，假设企业面对持续的输出需求，尽管具体情况随着产品市场的垄断性竞争而有所不同，但是大体研究结果是一致的。但是，通过其他劳动力市场的其他模型进行研究，可能会发现最低工资和价格存在完全不同的关系。举例来说，在 Stigler（1946）所推荐的教科书式垄断模型中，如果最低工资提高幅度不大，那么将导致价格下降。而根据 Burdett 和 Mortensen（1998）建立的搜寻模型，工人缺少关于可获得就业机会的完整信息。Bhaskar 和 To（1999），以及 Dickens、Machin 和 Manning（1999）指出，类似于纯垄断模型效应的就业和价格影响在劳动力市场的买方垄断竞争中短期存在。将努力程度与工资挂钩的效率工资模型指出，提高最低工资可以影响工人的生存能力，从而抵消因提高最低工资带来的边际成本和价格提高所造成的影响。此外，在该模型的其他版本中（例如 Rebitzer 和 Taylor，1995），就业不会下降，事实上，反而会上升。考虑到工人生产能力的提高，这将最终提高产出，降低价格。

在 Kennan（1995）建立的"饥饿的青少年"模型中，提高最低工资将导致消费者对于最低工资工人生产的产品的需求分布发生变化。在该模型中，就业可能提高也可能降低，但是由于产品需求的向外转移，产品价格将提高。

总的来说，最低工资和价格之间的理论联系并不明确，且依赖于劳动力和产品市场的竞争程度。此外，即使在竞争劳动力市场上（理论上，在该市场中，提高最低工资将提高产品价格），提高最低工资所带来的成本冲击的影响范围也取决于许多因素，而成本冲击的传播则取决于对冲击所形成的预期。

因此，最低工资对价格和通货膨胀的影响在很大程度上依然属于实验性问题的范畴。

（二）关于最低工资对价格影响的宏观经济研究

尽管最低工资的反对者们常常强调最低工资对价格和通货膨胀可能造成的不利影响，从而反对提高最低工资，但是在很长一段时间里，学术界缺乏对支持或反对这一论调的实验性证据。虽然存在许多将最低工资变量考虑在内的通货膨胀总体模型，但是只有三项研究较为突出，因为他们都对最低工资在通货膨胀中所扮演的角色进行了重点研究。

第一项研究是由 Gramlich（1976）完成的，这项研究之所以值得引起人们的注意是因为它发现了最低工资提高 10%，平均工资将提高 0.3%，这一提高幅度是人们预期提高最低工资将对起初工资低于新最低工资标准的工人所造成的直接影响的两倍。这说明，部分最低工资"溢出"至高收入工人工资。

Sellekaerts 在收录于最低工资研究委员会报告（1981）的一篇论文中模拟了工资和物价膨胀两大问题的模型，以预估最低工资提高 10% 对工资和物价膨胀造成的影响。她发现，最低工资提高 10% 对平均工资工资膨胀会造成较大影响。6 个季度后，平均价格提高 0.76 个百分点。并指出，随着最低工资的提高，消费物价上涨水平也提高了 0.15 个百分点。

最后一项研究是由 Frye 和 Gordon（1981）进行的。他们建立了一个将最低工资变量考虑在内的物价膨胀简化式模型，根据对该模型的研究，他们发现最低工资提高 10% 将刺激物价膨胀提高 0.2 个百分点。

美国最低工资研究委员会报告中的另外两项研究也试图通过采用更为详细的结构模型对最低工资对物价的影响进行预估。Cox 和 Oaxaca（1981a）针对经济领域的 9 大主要部门的供需关系建立了一个一般均衡模型，并指出，1974 年至 1978 年联邦最低工资的提高（累计提高 65%）刺激物价平均上升了 1.5%（具体行业的影响程度有所不同，从采矿业的不足 0.1% 到农业和服务业的 3% 以上）。

Wolff 和 Nadiri（1981）采用经改良的产业层级输入—产出框架，在该框架中，可以通过输入替代来应对最低工资的提高。通过模拟该模型，他们发现，最低工资提高 25% 将导致总体消费价格提高 0.7%，而其中价格膨胀主要集中在家庭服务业。

总体来说，20 世纪 70 年代晚期到 80 年代早期，最低工资的提高对物价造成的影响相对于这一时期其他供给冲击（例如油价激涨，生产率增速减缓等）所造成的影响来说相对较小。此外，由于 20 世纪 80 年代到 90 年代期间通货膨胀水平下降，宏观经济学家对他们的模型进行了改良，更多地考虑了前瞻性预期，并且逐渐意识到旨在降低通货膨胀的可靠货币政策在抵消成本冲击所带来的总体通胀影响方面所扮演的重要角色。

此外，在最低工资长久以来在工资制定过程中扮演着重要角色的较不发达国家，其最低工资政策与通货膨胀之间的关系仍有待查证。

尽管关于美国实行的最低工资政策的通胀影响存在担忧近几年来逐渐减弱，但是越来越多的人开始关注如何利用最低工资的物价影响来区分低薪劳动力市场的替代模型。

Card（1992b）对 1987 年至 1989 年（在该期间，加州最低工资从每小时 3.35 美元上升至每小时 4.25 美元）外食 CIP 指数变化的数据（城市级别）进行了简单对比。Card 和 Krueger（1992）的研究对 1991 年 4 月提高联邦最低工资标准对得克萨斯州快餐店物价的影响进行了分析。Card 和 Krueger（1994）还在他们的研究中考虑了 1992 年 4 月新泽西州提高最低工资标准对物价造成的影响。Powers、Baiman 和 Persky（2007）在他们的研究中预估了伊利诺伊斯州提高最低工资对物价造成的影响。

Card 和 Krueger（1995a）采用了类似于 Card（1992b）所采用的方法分析 1990 年和 1991 年提高联邦最低工资对物价造成的影响。Aaronson（2001）进一步扩展，采用类似于作者最初在最低工资就业影响的研究（Neumark 和 Wascher，1992）中所采用的州层面方法的大都市层面固定样本组数据方法，对 1978 年至 1995 年的数据进行了分析。Lee 和 O'Roark（1999）采用更为详细的零售餐饮部分投入—产出模型，假设投入要素固定，从而计算得出当最低工资提高部分全部转嫁到消费者身上时，餐饮业物价弹性将介于 0.075 到 0.114 之间。但是他们也注意到，这一预估结果是物价弹性的上限。MacDonald 和 Aaronson（2006）则更关注餐馆是如何调整物价以应对最低工资上涨的。作者采用 BLS 采集的微观数据来形成 CIP 指数。Draca、Machin 和 VanReenan（2005）关于英国 1999 年 4 月重新实行全国最低工资标准（3.60

英镑）的物价影响的研究具有重要意义。

关于美国最低工资物价影响的深入研究有力地支持了低薪劳动力市场的竞争模型。事实上，目前的研究普遍显示最低工资对物价具有正面影响，而且基本上不存在任何研究结果显示最低工资会对物价造成负面影响。这一点有力地反驳了关于这些市场上公司行为的非竞争性解释。

在发展中国家，学者也关注最低工资与通胀研究。Lemos（2006b）重点研究 1982 年至 2000 年（在该样本期内，名义最低工资显著提高，通货膨胀严重）巴西最低工资变化对消费物价的影响。Lemos（2004b）研究了巴西由于提高最低工资导致物价上涨对福利造成的影响，并对基于所有家庭的消费组合指数、基于中产阶级家庭的消费组合指数，以及旨在衡量最低收入家庭所面临物价的三大物价指数进行了预估。

最低工资物价影响的理论预测并不明确。相较于前几节所探讨的领域，关于这一领域的研究，不论从数量或是从质量角度（部分情况下）来说都相对滞后。

即使最低工资刺激低薪产业物价的上涨，适度提高最低工资对经济造成的通胀影响对于工业化国家来说并不重要。因为在工业化国家，只有相对较小的一部分产品是由最低工资劳动力生产的，同时提高最低工资导致其他工人工资提高的溢出效应有限，而且提高最低工资对提高总体物价水平的影响也相对较小。因此，提高最低工资对通货膨胀不存在影响，或影响微乎其微。

相比之下，在发展中国家，由于通胀预期相对较不稳定，而且许多工人仍然只能领取最低工资，因此提高最低工资更容易对通货膨胀造成不利影响，尤其是当它与物价或其他工资挂钩时更是如此。

六、最低工资对企业利润的影响

关于利润的研究数量有限。这类研究通常发现最低工资导致企业通过挤压利润吸收增加的成本。Card 和 Krueger（1995a）在他们的书中收入了一项关于最低工资的利润影响的研究。在该研究中，他们将存货价格数据与最低工资相关新闻报道相结合，对未来提高最低工资预期对预期利润的影响进行了事件分析。Draca、Machin 和 VanReenan（2006）采用公司层面利润率数据而非投资者回报数据对英国重新实行最低工资标准和利润之间的关联进行了预估。Draca、Machin 和 Van Reenen（2011）发现，最低工资显著降低了利润，尤其是竞争程度较低行业的企业利润。之前同一作者的一项研究（2005）发现，由于上调最低工资，低薪行业的利润产生下滑。Forth、Harris、Rincon-Aznar 和 Robinson（2009）还发现，最低工资对资本收益产生了显著的负面影响。此外，他们发现有证据显示最低工资对利润空间也造成了不利影响，但是证据相对薄弱。Experian（2007）发现 2003 年和 2004 年上调最低工资对利润并未造成任何影响。

Lin（2012）通过分解超额收益，重新检查了 Card 和 Krueger（1995a）提出的问题。他发现，由于存在两大相互抵消的作用：由于公司特有性质产生的负面效应（关于最低工资工人雇主的不利信息）和市场表现产生的正面效应，未发现最低工资对利润产生任何影响。换言之，尽管 1989 年最低工资激增所造成的累加效应是中性的，但是实际上，最低工资激增对企业造成的显著负面影响是被市场表现所产生的正面效应所抵消的。

日本经济产业研究所森川正之（2013）针对都道府县的实际最低工资给企业收益带来影响进行了实证分析，得出如下结论：实际最低工资越高，企业收益率越低。另外，在平均工资水平较低的企业或服务业的企业中，最低工资对企业收益的负面影响较为显著。

第五章 ■

国内关于最低工资
政策影响效应研究
综述

一、最低工资标准对劳动者收入的影响

自我国引入最低工资制度以来，众多学者不断尝试研究该制度的影响效应问题。据关妍等（2020）分析整理，中国最低工资制度研究分为启蒙阶段（2003年以前）、起步阶段（2004—2009年）和快速发展阶段（2010年至今）三个阶段。关于最低工资影响效应的研究主要集中在对劳动者收入和就业、企业的影响等方面。

（一）对农民工收入的影响

孙中伟、舒玢玢（2011）利用珠三角农民工2010年截面数据，分别以农民工小时工资和月工资为因变量建立一般线性回归模型。得到最低工资标准的提高对农民工小时工资及月工资均有显著的正向影响，并且最低工资标准对农民工小时工资的影响更加显著。为进一步估计最低工资标准对农民工平均工资的影响，作者同时使用2001—2010年珠三角9个城市的面板数据构建固定效应模型，结果表明，月最低工资标准对农民工平均工资影响正向显著，最后以小时工资是否符合折算后的小时工资最低标准为因变量构建二分变量Logit回归模型，得出显著的正向影响依赖于其落实情况和地方政府的监管力度。

叶静怡、杨洋（2015）使用2009年和2011年北京市农民工微观调查数据，采用DFL方法进行反事实分解，以收入不平等指数为因变量，以最低工资标准、人口学变量和表征企业性质的变量为自变量构建计量模型，研究了最低工资制度对农民工收入不平等的影响。结果表明，法定最低工资标准的提高可以改善农民工群体内部收入不平等的状态，并且最低工资制度对低工资行业和没有签订劳务合同的劳动者群体的内部收入差距缩小的作用更大。

张世伟、杨正雄（2016）依据2007年和2008年中国居民收入调查数据，基于回归调整的自然实验法，利用 Heckman 两阶段法修正样本选择偏差，分别分析了最低工资标准提升对低技能农民工就业情况、工资和工作时间的影响。研究结果表明，对于工资和工作时长情况，最低工资标准提升促进了男性农民工月工资和小时工资的显著增长，导致男性农民工工作时间显著延长，对女性农民工的工资和就业时长未产生显著影响。

杨娟、李实（2016）利用 2011 年和 2012 年的流动人口动态监察数据，以最低工资标准是否调整按省份构造对照组和实验组，利用 Heckman 两阶段模型和 OLS 回归，得出最低工资每提高 10 个百分点，农民工工资会提高 0.4 个到 0.5 个百分点。最低工资提高对不同地区工人工资水平的影响也有差别，显著地增加了中西部工人的工资，但是对东部地区的工资水平没有显著影响。

郭凤鸣、张世伟（2017）基于 2013 年中国人口动态调查数据，结合相关的人力资本理论和劳动供给理论，利用 Heckman 两阶段法修正样本选择偏差，在控制个体特征和地区特征异质性的前提下，分别构建了农民工工资回归方程和工作时间回归方程，分析了地区最低工资标准对农民工小时工资及月工资和工作时长的影响，研究认为最低工资标准明显提升了农民工月平均工资，但是对农民工小时工资之间不存在明显的相关关系。考虑农民工群体的异质性后，结论是最低工资标准对低技能农民工月工资增长的影响明显大于对高技能农民工月工资增长的影响。在对工作时长的影响上，最低工资标准的提升导致了农民工工作时间的明显增加。低技能农民工工作时间的增量明显大于高技能农民工。

张世伟、杨正雄 (2018) 研究最低工资标准提升对农民工工资分布的影响。以 2012 年 5 月至 2013 年 3 月调整过最低工资标准的省份作为实验组，未调整的省份作为对照组，在相匹配的每一个"实验组—对照组"环境中分析最低工资标准提升的效果。建立一个基于无条件分位数回归调整的差中差模型，研究结果表明，最低工资标准提升对工资分布约 40 分位数以下的较低工资农民工的工资增长具有显著的促进作用，说明存在普遍的工资截断效应和溢出效应。随着农民工工资分布分位数的提高，最低工资标准提升的工资溢出效应逐渐减弱，说明工资较低的农民工的工资增长幅度较大，而工资较高的农民工的工资增长幅度较小。同时，最低工资标准提升幅度越大，工资溢出效应越明显，溢出效应波及范围越广。

张世伟、杨正雄（2019）研究最低工资标准能否促进最低工资持续增长，利用全国人口动态监测调查 2012—2015 年的数据，通过建立动态"差中差"模型，研究结果是最低工资标准在短期内能够显著促进农民工工资增长，但其对农民工工资增长的促进作用将随时间的推移逐渐衰减，即最低工资上涨对农民工工资增长的长期效果不显著。通过对不同的省份比较发现，最低工资调整幅度越大，对农民工的工资增长的促进效果越明显，且工资增长的持续期越长。

鉴于以往的最低工资提升对农民工收入的影响研究大多直接考察收入效应，而忽略了就业效应的影响，王雅丽、张锦华、吴方卫（2019）利用 2013 年和 2014 年的流动人口动态监测数据，使用准自然实验、Heckman 两步法，在考虑最低工资水平提升的就业效应的基础上，实证分析了最低工资水平的提升对农民工工资具有正向的促进作用，并指出以往的未考虑就业效应情况下最低工资提升对收入水平的研究结果多存在高估。使用分位数回归方法，对不同收入分组的农民工收入的影响情况做进一步研究，发现在考虑就业效应的基础上，最低工资水平的提升有助于低学历的农民工工资水平提高，但是却降低了中高和高学历的农民工工资水平，高学历群体的工资水平下降得更为明显。

（二）对收入分布差异的影响

王湘红、汪根松（2016）研究最低工资对中国工人收入及分配的影响，运用 2000—2009 年的微观调查数据，结论是最低工资对工人收入不具有显著影响，考虑收入群体的异质性，运用倍差法和比例法，最低工资对低收入群体有一定的正面影响，对于收入水平位于上一期最低工资 150%—250% 区间内的工人收入，最低工资有显著的负向影响。

王辉、吕文慧、童亚军（2018）研究最低工资对城镇居民收入差距的影响。建立回归模型，结论是最低工资水平每上升 10%，城镇居民收入差距会显著下降约 3.3%。提高最低工资标准能直接提高低收入群体的收入，间接促进中间收入群体收入的提高，缩小低收入群体与中间收入群体之间的差距。对高收入群体影响甚微。

段志民、郝枫（2019）研究最低工资对我国城镇家庭收入及其分布的影

响。采用多期双重差分方法，构建回归模型，结论是最低工资标准提升无法
使得收入水平低于贫困标准 0.5 倍的家庭脱离这一收入级别群组，但对于收入
处于贫困标准 0.5—2 倍的家庭收入水平具有显著正向作用，对处于更高收入
的家庭收入水平没有影响。

关娇、何江（2020）以上海市为例研究了最低工资标准提高对社会工资
水平的影响，结论是最低工资与社会工资水平高度正相关，存在长期均衡关
系且满足在 5% 的显著性水平下互为格兰杰因果关系，缩小了收入分配差距
并推动社会公平。

二、最低工资标准对就业的影响

（一）对行业就业的影响

周培煌、赵履宽（2010）年研究最低工资对我国建筑业就业的影响，运
用我国 30 个省（区、市）1995—2006 年的面板数据，构造个体固定效应模
型，结果显示我国最低工资标准对建筑业就业产生显著的负效应，最低工资
每增长 10 个百分点，将导致建筑业就业水平下降 1.3 个百分点。接着作者采
用检验回归系数法来判定最低工资的中介效应，结论是我国建筑业应对最低
工资增长的最主要的方式是减少招聘。其余是通过中介效应实现的，即最低
工资的增长促使企业部分地用资本代替劳动、提高劳动生产率进而最终影响
就业水平。黄伟、魏薇、孙贺（2013）研究了最低工资制度实施对北京市建
筑业就业的影响，构建多元回归模型，得出北京最低工资上调对建筑业就业
有显著的负效应，且最低工资每增长 10 个百分点，建筑业就业水平下降 5.3
个百分点。通过构建中介效应模型发现北京建筑行业最低工资对就业的负效
应，部分是通过技术装备率的中介效应形式实现的。

张玉柯、陶永朝、张超（2015）研究提高最低工资上涨对建筑业的就业
效应。采用 2003—2011 年的年度数据，构建面板数据模型，结论则是最低工
资上涨对建筑业就业有促进作用，并且最低工资对东部和西部地区建筑业就
业具有显著的正效应，对中部地区就业效应不显著。

苏勇照（2013）分析了城乡二元经济结构下最低工资制度的实施对就业
的影响，构建变截距固定效应面板模型，结论是最低工资对竞争性行业劳动

力市场就业有显著的正向影响，对行政垄断行业劳动力市场就业的直接影响则很小。

鲍春雷（2015）研究了我国最低工资标准上调的就业效应，建立回归模型，得出最低工资上涨并未对总体就业产生显著的影响。作者接着关注细分行业，发现最低工资上涨对建筑业、制造业中收入水平较低的食品制造业和纺织业就业有抑制作用，而收入水平较高的建筑业如石油炼焦行业就业未受显著影响。

田贵贤（2015）分时间段研究最低工资对制造业就业的影响，首次以就业结构为被解释变量，运用动态面板广义矩估计（GMM）方法，结果表明最低工资的提高一定程度上可以促进就业，最低工资与平均工资的比重与制造业就业存在非线性关系，提高最低工资可以促进制造业的就业水平。

蒲艳萍、张玉珂（2020）从细分行业视角实证检验了最低工资制度的就业效应，使用 2001—2016 年中国 23 个工业行业的省际面板数据，根据要素密集程度、行业规模、国有资本比重把工业行业划为不同的子样本，分别建立回归模型。结论是最低工资对劳动密集型行业就业无显著影响，对资本密集型行业就业有显著的抑制作用；最低工资制度对规模较小行业的就业有显著负向影响，对规模较大的行业的就业有显著的正向影响；最低工资制度抑制国有资本较低行业就业，对国有资本较高行业就业影响不显著。

（二）对地区就业的影响

罗燕、韩冰（2013）研究最低工资制度对广东省就业的影响，构建面板数据模型，发现广东省最低工资标准的上调对广东省增长就业有显著的正向促进作用。张超（2013）研究了最低工资制度对北京制造业就业的影响，采用了 1995—2011 年的数据，构建多元回归模型，结论是北京市最低工资政策对其制造业就业水平具有正效应。且最低工资水平每提高 1 个百分点，将会使北京制造业的就业水平上升 0.495 个百分点。刘玉成（2018）研究湖北省最低工资就业效应，采用湖北省 13 个地级市的 2000—2014 年的面板数据，通过固定效应的局部线性半参数面板估计模型，发现最低工资对就业影响有阶段性特征。在最低工资较低阶段，最低工资对就业的当期影响主要表现为正向影响，滞后影响主要表现为负向影响；在最低工资较高阶段，最低工资对就业的影响和滞后影响均为正向。

姜广东、王菲（2013）研究我国最低工资的就业效应，使用1995—2010年全国29个省（区、市）自治区的年度面板数据，构建回归模型，分别按时间、区域、产业分析就业效应，结论是最低工资每增长10个百分点，就业量减少0.669%。最低工资的滞后项每增长10个百分点，就业量减少0.532%。且在2004年施行新的最低工资制度后，最低工资的负就业效应减弱。考虑区域的异质性，最低工资上涨对东部地区就业的负效应最强，中部地区就业效应不显著，西部地区有显著的正向效应。分产业分析，最低工资上涨三大产业就业人员的负效应均显著，第二产业影响是第三产业的两倍。

杨翠迎、王国洪（2015）研究了我国各省份最低工资与就业在地理空间上的相互影响程度，使用我国31个省份的2008—2012年数据，对最低工资与就业的空间分布及其空间内相关性进行分析，结论是我国各省份的最低工资与就业均存在显著的自相关性，即在空间分布上存在集聚现象。进一步选取相关变量运用空间Durbin双向固定效应模型来分析最低工资对就业的影响，结果显示最低工资对就业的直接效应为正，间接效应为负，总的效应为负，即总的来看，最低工资的提高对我国的就业有抑制作用。进一步对我国的东、中、西部的最低工资与就业关系分析，发现中部地区最低工资对就业的促进作用最大，东部地区促进作用相对较小，而西部地区最低工资对就业没有促进作用。

吴惠冰（2016）考察我国最低工资上调的就业效应，采用了1996—2013年的30个省（区、市）的面板数据，构建包含滞后一期和当期的最低工资标准的回归模型，实证结果发现最低工资对于就业的弹性系数约为–0.129，表明最低工资的提高会对我国就业产生微小的负面影响。

李晓春、董哲昱（2017）研究江浙沪三地最低工资提升的就业效果，运用双重差分方法，建立回归模型，将江苏作为上海和浙江的控制组，结论是上海和浙江的最低工资上涨促进就业，江苏反之。上海最低工资的促进作用大于浙江，最低工资政策主要影响小型企业和民营企业就业。

（三）对不同群体就业的影响

刘玉成、童光荣（2012）研究了城镇单位中最低工资标准的上涨与就业的性别差异之间的关系，以城镇单位中女性就业人数占比为被解释变量，使用 1996—2010 年的城镇单位数据构建回归方程，结论是最低工资标准导致城镇女性就业比例下降，其中最低工资标准的滞后影响更大更显著。在中国不同地区之间，最低工资标准的提升对就业性别差异均为负面影响，且中、西部的绝对影响小于东部。

刘玉成（2014）研究了相对最低工资和绝对最低工资的提升对城镇单位就业性别差异的影响。构建回归模型，结论是在平均工资不变的前提下提高最低工资标准有助于改善就业的性别差异。

马双、李雪莲、蔡栋梁（2017）考察了最低工资标准上涨对劳动参与尤其是已婚女性劳动参与的影响。使用家庭金融调查 2011—2013 年的数据，以已婚女性劳动参与与否为因变量，最低工资及相关控制变量做自变量，建立 linear probit 回归模型，结论是最低工资每上涨 10%，已婚女性的劳动参与率将显著增加 1.86 个百分点。作者将其与已婚男性、未婚女性等就业群体对比发现，已婚女性的劳动供给增幅最大。最后，作者分别从年龄、受教育程度、不同地域、户籍研究了最低工资上调对已婚女性就业的异质性，结论是最低工资上涨对 16—24 岁已婚女性劳动参与率的影响最大，对刚完成义务教育的已婚女性劳动参与率的影响最大，对西部地区的已婚女性的劳动参与率最大，相比非农户籍的已婚女性，最低工资标准上涨，更多地增加农业户籍已婚女性的劳动参与率。

李晓春、何平（2010）研究了长三角地区最低工资上调对农民工就业的影响，以长三角地区中的 7 个城市 1995—2007 年的数据构建变截距的固定效应模型分析，结论是最低工资对农民工就业有显著的促进作用，但这种促进作用是微弱的。

罗润东、周敏（2012）研究了我国 27 个省区市最低工资制度对农民工就业的影响，选取了 27 个省区市 1995—2008 年的平衡面板数据，采用固定效应变系数模型，结论是最低工资在东部及西部地区起到了促进农民工就业的作用，在中部大部分地区最低工资对农民工就业有负向影响。作者接着建立了固定效应变截距模型研究不同行业的农民工就业受最低工资的影响情况，结论是最低工资制度对从事制造业的农民工有负向影响，对从事建筑业、批发零售餐饮业的农民工有正向影响。

王光新、姚先国（2014）研究了我国最低工资对其他人员，即各单位的非正式职工的就业影响，选取 2000—2010 年的 30 个省区市的面板数据，构建回归模型，结论是我国的最低工资与其他人员就业之间呈现出一种显著的负相关的关系，即最低工资相对于平均工资每提高 10%，我国其他人员就业在城镇总就业的比重下降约 2.3%。该结果通过了稳健性分析。

石娟（2015）研究了最低工资对我国东部农民工就业的影响和传导机制，利用 1995—2012 年的升级面板数据，建立个体固定效应模型进行分析，结论是最低工资及最低工资的一阶滞后对东部地区农民工就业有显著负面影响且当期影响大于滞后影响。作者进一步检验最低工资标准的调整通过劳动生产率对农民工就业产生的中介效应，结论是最低工资上调对农民工就业产生的负效应中有大约 57% 是劳动生产率提升造成的。

邓大松、卢小波（2016）研究最低工资对流动劳动者的劳动供给的影响，采用 2000 年第 5 次全国人口普查数据，构建回归模型，研究发现最低工资确实对流动劳动者的劳动供给存在显著的负面影响，影响程度在 -0.06 左右。

张军、赵达、周龙飞（2017）研究最低工资标准提高对就业正规化的影响，结论是最低工资标准对正规部门就业者工资收入提升弹性大于非正规部门就业者，最低工资标准上涨拉大了部门间和部门内就业者工资差距。

张世伟、韩笑（2019）研究了最低工资标准提升对农民工劳动供给的影响，基于 2007 年和 2008 年中国城乡流动人口的人口调查数据生成的面板数据，分别以是否就业、就业流入及就业流出做因变量，最低工资及固定效应为自变量建立回归模型。研究发现最低工资标准提升对女性农民工的就业产生了显著的消极影响，对就业流入的消极影响主要集中于低技能女性农民工和第一代女性农民工；最低工资标准提升导致高技能男性农民工的就业流入的增加，同时导致第一代男性农民工就业流出的减少。

袁青川、易定红（2020）研究了最低工资的就业和工作时间效应，基于 2014 年和 2016 年中国劳动力的动态调查数据，基于双重差分设计的 Heckman 模型，得出的结论是最低工资标准提升延长了劳动者周工作时间，降低了劳动者就业率。基于实验组和控制组的 OLS 估计结果表明，最低工资标准提升后，企业会延长实验组中处于就业状态劳动者的工作时间来弥补由于解雇生产率较低的劳动者而形成的劳动力算缺，最终表现为低端同质劳动力之间的替代，进而有可能形成过度劳动问题，降低劳动者的就业质量。

叶文辉、江佳鑫（2020）研究了最低工资提高对低收入群体就业的影响，采用中国综合社会调查的数据，利用 Logit 模型研究低收入群体的就业概率，并利用双重差分模型分析最低工资政策对低收入群体就业的影响，研究发现最低工资标准提高使低收入群体的总体就业概率提高了 1.8%，其中西部地区低收入群体的就业概率提高了 2.9%，中部地区的就业概率提高了 1.7%，东部地区低收入就业概率无显著影响。

三、最低工资标准对企业的影响

（一）对企业出口的相关影响

孙楚仁、田国强、章韬（2013）使用 2004—2007 年的数据建立 Probit 模型研究最低工资标准对企业出口选择的影响，建立 Tobit 模型研究最低工资对企业出口销售额的影响，结论是最低工资对企业出口选择和出口额的影响均在 10% 的水平下显著为负。

许和连、王海成（2016）研究了最低工资标准对企业产品的出口质量，使用 2005—2010 年全国 2855 个县区最低工资标准数据，匹配对应的海关出口数据，构建出口质量和最低工资标准的回归方程，结论是最低工资标准每上调 10%，企业出口产品质量将下降 0.356 个百分点，及最低工资标准对企业出口产品质量具有抑制作用。分样本回归后发现，最低工资标准上调对出口产品质量的抑制作用存在行业、所有制和地区间的差异，劳动要素密集度越高，抑制作用越大，对中部的抑制作用大于东部，对国有企业的抑制作用大于非国有企业。

张平南、直银苹、董斯静（2018）考察了最低工资标准是如何作用于贸易自由化对企业出口国内附加值的影响。在倍差法估计模型的基础上引入了最低工资变量，研究发现在最低工资越高的地区贸易自由化对企业出口国内附加值率的提升作用越大，在最低工资标准较低的地区，贸易自由化会显著的降低企业的出口国内附加值率。

王松、孙楚仁、徐晓辰（2018）研究最低工资与贸易比较优势，将最低工资和失业引入 H-O 模型，结论是最低工资上升使得劳动密集型产品产出下降和资本密集型产品产出上升；利用国家层面最低工资数据和国家—行业层面贸易数据的实证结果表明，最低工资上升将促进资本丰裕国家资本密集型产品的出口，抑制资本稀缺国家的劳动密集型产品的出口。

邱光前、马双（2019）研究了最低工资标准提高对企业出口结构的影响，使用各地市的最低工资标准数据，以及2004—2006年中国海关数据，采用固定效应模型分析，结论是当劳动力成本提升时，企业减少劳动密集型产品的出口额，增加资本要素和技术的使用，提高了生产率。对于混合性企业，最低工资每提高1%，企业出口劳动密集型产品的比重将降低3.21%，企业出口资本密集型产品的比重将增加1.37%，出口额将增加0.42%。

耿伟、杨晓亮（2019）将最低工资纳入扩展的 Kee 和 Tang(2016) 模型，构建倍差模型研究最低工资与企业出口国内附加值率的关系，研究发现最低工资上涨通过"成本效应"和"相对价格效应"显著抑制了企业出口国内附加值率。异质性分析表明，相较于资本密集型和技术密集型行企业，最低工资上涨对劳动密集型企业出口国内附加值率的抑制作用更大。

（二）对劳动或其他要素生产率的影响

王阳等（2012）研究了最低工资制度对我国工业企业劳动生产率的影响，依据2005—2007年的相关公开数据，利用双重差分法，构建以劳动生产率为因变量、最低工资执行虚拟变量和时间虚拟变量的乘积为交互项、影响劳动生产率的其他因素及一些控制变量为自变量的回归模型，结果表明我国最低工资制度对工业企业劳动生产率水平存在明显的积极作用，并促使工业企业劳动生产率以平均每年0.03%的速度递增。

吴思捷、戴永务等（2017）等研究了最低工资制度对木材加工业劳动生产率的影响，研究基于中国工业企业数据库2002—2007年的企业数据，采用面板数据模型的个体固定效应模型，发现最低工资的提升对木材加工业劳动生产率的提高有显著的正向的作用。且西部地区最低工资提高对木材加工业劳动生产率正向促进效应比东部地区更为显著。

刘贯春、张军（2017）研究最低工资制度对企业要素生产率和平均工资的影响，利用1998—2007年的工业企业数据和251个地市级数据，构建双向固定效应面板数据模型，实证分析了最低工资制度对企业全要素生产率有显著的改善作用，最低工资的对数每增加 1 个单位，企业全要素生产率的增长水平将提高 1.16，且最低工资制度的生产率提升效应随着企业本身的生产率水平呈现单调递减趋势。最低工资制度的执行对企业平均工资也存在显著的直接提升效应，且该效应随着企业平均工资水平呈现单调递减的非对称特征。作者将微观企业数据集结到地市层面进行了一系列稳健型检验得到了相同的结论，最后作者指出要素替代效应是最低工资提升企业生产率的重要作用渠道。

（三）对人工成本的相关影响

王亚坤、韩兆洲、牛学慧（2012）研究了最低工资的提高对于广东人力资本存量和人力资本结构的影响，以广东省 1996—2009 年最低工资、平均受教育年限以及教育基尼系数三个变量为分析对象，构建 VAR 模型，结论是最低工资提高对于以劳动者平均受教育年限表示的人力资本和以教育基尼系数表示的人力资本结构的影响都比较小，对人力资本结构的影响大于对人力资本的影响。

马双、甘犁（2013）研究最低工资对企业在职培训的影响，基于二元因变量的数据连续性的特征进行回归分析，研究认为最低工资每增加 10%，企业提供在职培训的可能性显著下降 0.86 个百分点，企业计提的"职工教育经费"显著减少 2.3%。

刘贯春、张军、陈登科（2017）研究了最低工资制度对企业技能溢价的影响，利用 2004 年工业企业数据和 251 个地级市统计数据，将最低工资标准的提升视为外生冲击，构建了一个由劳动力（技能工和非技能工）和生产者构成的"效率工资"拓展模型，试图从企业全要素生产率的视角对最低工资的溢出效应进行阐释，并重点分析其对技能溢价（企业内部的工资差距）的影响，结果显示，最低工资标准的提升显著增加了技能溢价，且弹性大小约为 1。即，最低工资每增加 1%，技能工与非技能工的工资差距将扩大 1%。进一步分析发现，企业生产率越高，最低工资对技能溢价的正向作用越大，1% 的企业生产率增长能够强化最低工资的技能溢价正向效应约 0.03%。

此外，胡宗万（2018）通过最低工资标准与宏观经济指标及薪酬结构、人工成本结构等部分地区问卷调查数据比较分析，认为最低工资标准调整带来的影响以及影响程度大小取决于与劳动力市场价位及劳动生产率水平；钱诚和胡宗万（2015）采用中国工业企业数据库的横截面数据，对人工成本估算后分析对最低工资调整的影响程度进行实证考察，认为对私营企业影响较大。

（四）对企业外资持股与对外投资的相关影响

杨用斌（2012）研究了最低工资对外商直接投资企业规模的影响。使用全要素投入产出模型，分析认为最低工资标准的提高有助于中国内销型外商直接投资企业规模的扩张，对外销型外商投资企业的发展有显著的负向影响，从而得出最低工资的提高将引起外商直接投资企业的产业结构升级的结论。

林灵、阎世平（2016）研究了最低工资标准变动对制造业企业外资持股行为的影响。使用2000—2013年我国规模以上的工业企业数据，匹配全国地级市的最低工资标准数据，构建回归方程，结论是最低工资标准的上升导致外资持股比例显著下降，而且这种效应在劳动密集型行业中更为明显，而技术密集型行业外资企业收到的影响较小。

李磊、王晓霞等（2019）研究了最低工资制度与外资企业撤资与否的关系。选取1998—2012年外资企业和城市最低工资数据，以外资企业是否撤资为因变量，城市最低工资数据及其他基于城市和企业层面的控制变量为自变量，构建回归模型，分析最低工资标准提升是否会导致外资撤出中国，考虑到模型的内生性，作者在采用双重差分法证明结论是稳健的。研究表明，最低工资上升显著提高了外资撤出中国的概率，月最低工资每上升1个百分点，外资企业退出中国的概率将提高0.0743%。除此之外，本文的异质性研究还发现，最低工资上升导致外资企业退出中国的效应主要集中在低生产率、劳动密集型、非高新技术行业以及主要从事出口加工贸易的外资企业中。

李磊、于明言、冼国明（2018）研究最低工资标准上升与企业对外直接投资的关系，将城市、企业层面的控制变量、企业平均工资纳入回归模型，研究发现城市最低工资水平每增加1%，会导致企业对外直接投资次数增加1.943%，具有较低工资水平的企业更易受最低工资标准的影响而对外直接投资。最低工资的影响对研究开发型和垂直生产型的企业的对外直接投资的影响更大，对于资源寻求、水平生产和出口平台型的企业的对外直接投资影响较小。

王欢欢、樊海潮、唐立鑫（2019）研究了 2004 年最低工资法律制度强化施行后，最低工资水平对企业对外直接投资概率间关系的影响。通过构造实证方程，得出的结论是最低工资政策强化施行后最低工资的上涨对企业对外直接投资的推动作用更显著。2004 年以前，最低工资变化对企业对外直接投资的影响为 0.00148，结果不显著；2004 年之后，最低工资变化对企业对外直接投资的影响变为 0.00307，在 1% 的水平上显著，为 2004 年之前的影响的 2 倍多。作者对这个结论做了内生性检验，实证检验证明结论依然成立。最后作者研究了最低工资政策强化施行后对不同企业影响的异质性，结论是该政策的强化施行对外资企业影响最为显著，对国有企业在 5% 的显著性水平上显著。

马双、赖漫桐（2020）研究最低工资标准提高对外国直接投资（FDI）进入的影响，利用 2000—2013 年的中国企业数据，构建回归模型，结果显示最低工资每提高 10%，企业含有 FDI 的概率显著降低 0.06 个百分点。最低工资上涨对高新技术产业 FDI 进入概率和投资数额的影响为负但不显著。

（五）对企业利润率的影响

邓曲恒（2015）研究最低工资政策对企业利润率的影响，使用 1999—2009 年的工业企业数据以及县级最低工资标准数据，使用 OLS、线性静态面板模型、线性动态面板模型以及分位数动态面板模型估计了企业利润率方程，得出企业难以避免当期最低工资政策对企业利润率的负向影响。

孙一菡、谢建国、徐保昌（2018）研究了最低工资对制造业企业成本加成的影响（企业成本加成的提升可以理解为有助于企业竞争力提升），利用 1997—2007 年中国工业企业数据库和全国各区县政府制定的最低工资标准，构建固定效应模型的全样本回归模型，结论是最低工资的估计系数显著为正，即最低工资的提高显著提升了企业成本加成。接着作者采用分样本回归，从所有制类型和要素密集度两个维度考察最低工资对不同制造业企业成本加成的影响。结果表明在不同的所有制样本和要素密集度样本，最低工资均显著促进了企业成本加成的提升。并且在劳动密集型行业中，最低工资对企业成本加成的促进作用更强。而赵瑞丽、孙楚仁、陈勇兵（2018）利用 1998—2007 年中国工业企业数据库和各地级市最低工资数据，研究最低工资与企业价格加成的问题时，由于使用的计算价格加成的方法不同，使用的最低工资数据的处理方式不同，以及纳入模型的控制变量不同，得出了相反的结论，即最低工资上涨显著降低了企业的价格加成，削弱了企业盈利能力。这一影响在控制内生性问题后仍然显著。之后，作者区分行业异质性研究发现最低工资标准对企业价格加成依然是显著的负向影响，且行业垄断越高、劳动密集度越高、平均工资越低、最低工资上涨对企业价格加成的负向影响越大。最后，作者构建回归模型，得出最低工资上涨有利于降低行业内价格加成离散度。

曹亮、黄浩溢、孙友豪、孙一平（2018）研究了中国—东盟自由贸易区对企业成本加成率的影响，并讨论了最低工资对这一影响的作用，运用倍差法，使用 2000—2006 年中国企业的海关与工业数据，研究发现最低工资促进了中国 - 东盟自由贸易区对企业成本加成率的抑制作用。

何欢浪、张娟（2019）研究了最低工资对中国企业劳动收入份额的影响，基于 1998—2007 年中国城市最低工资数据和中国工业企业数据库，构建回归模型，并进行稳健性检验。结论是，最低工资每上涨 10%，制造业企业平均劳动收入份额将整体降低约 0.3%。最低工资上升对劳动收入份额的影响存在异质性，最低工资的提升更多的降低了低资本密集度，低生产率和低工资水平企业的劳动收入份额，对东部沿海地区的劳动收入份额的负向影响比内陆地区大，显著降低了私营企业和港澳台企业的劳动收入份额，对国有和外资企业劳动收入份额没有影响。

（六）其他

王于鹤、王雅琦（2014）研究了最低工资标准和消费者价格指数的关系，利用 1994—2013 年全国 31 个省区市的面板数据，建立线性回归方程，结论是提高最低工资标准对 CPI 有着显著的正向影响，最低工资每上调 100 元，会带来 CPI 上涨约 0.4 个百分点。作者进一步探求最低工资影响 CPI 的渠道，结论是最低工资主要通过成本渠道影响 CPI，即工资提升直接提高了一部分劳动密集型企业的劳动力成本，相应企业难以在短期内提高生产技术和劳动效率来弥补劳动力成本的增加，只能提高对应商品和服务的价格，进而促进这一部分消费品价格上涨。

刘恩猛、吕文栋（2019）研究了浙江省最低工资标准对中小企业创新类型选择的影响，构建二元选择和多元选择的评定模型，实证结果显示，较高的最低工资标准使企业，尤其是非劳动密集型企业更倾向于研发创新，使非研发创新企业更倾向于选择技术和知识采用，更不倾向于选择集成创新。

田彬彬、陶东杰（2019）研究了最低工资标准的变化对企业税收遵从的影响。基于 1998—2007 年中国工业企业的微观数据，结合地市级层面的最低工资标准数据，构建面板数据固定效应模型，结论是随着最低工资标准的提高，企业税收遵从与最低工资标准存在 U 型关系。随后作者根据企业的所有制类型进行分类回归，发现私营企业和外资企业符合 U 型关系，地方国企和中央企业并不存在明显关系。将企业分行业研究，结论是最低工资标准提升对民营企业和劳动密集型行业的税收遵从影响更大。结论通过了稳健型检验。

金岳、郑文平（2019）研究了最低工资提升对制造业企业资本存量的影响，利用 1997—2007 年企业和最低工资的相关数据，建立回归模型，结论是制造业企业最低工资标准与企业资本存量、资本劳动比均呈现倒 U 型关系，进一步异质性分析发现，结论是按企业生产效率分，表现为低效企业的抑制效应和高效企业的促进效应；按劳动密集度划分，表现为劳动密集型企业的倒 U 型关系和资本密集型企业的负相关关系；按所有制特征，可划分为国有企业的正相关关系和非国有企业的倒 U 型关系。

刘行、赵晓阳（2019）研究最低工资上涨对企业避税行为的影响，以现金所得税率作为因变量，用最低工资及控制变量构建回归模型，研究认为企业所在地区的约最低工资标准每上涨 100 元，企业通过避税所带来的所得税现金流出会下降约 2.52%。最低工资标准上涨对企业避税的促进作用主要集中在劳动密集度较高、平均工资水平较低和成本转嫁能力较弱的企业，以及遭遇负面冲击时更可能陷入经营困境的企业。

总体而言，我国学者研究最代工资制度的影响起步相对较晚，成果相对较少，甚至部分影响效应研究仍处于摸索发展阶段。但从发表成果看，部分研究受到了高级别期刊或政府部门关注。部分选题内容研究主要基于国际已较为成熟的经济学模型分析，对于最低工资物价影响效应、技能培训影响效应、企业人工成本投入产出等方面研究还不够深入。更多细致、多元的研究有待于我国学者进一步研究。

第六章

我国最低工资对低收入群体收入的影响

一、研究背景及文献综述

最低工资政策评估一般从最低工资对劳动者、企业、社会三个维度进行影响分析，这类影响研究是在经济学领域研究频率最高的课题之一。一直以来，国际上部分学者的研究方向主要集中在最低工资对就业和收入影响的理论模型和实证分析上。国内外关于最低工资对收入的影响研究主要集中在工资分布的溢出或涟漪效应、工资差距，以及通过影响工时进而间接影响劳动者收入的相关研究。最低工资对工资的影响可能直接反映为相关劳动者工资水平的提升，也有可能进一步通过间接方式改变工资差距和工资分布。在现有的研究中，这些效用都得到了验证。在 Manning（2003）采用均衡工作搜寻模型中发现最低工资提高产生的溢出效应主要集中在工资略高于最低水平的人群附近，Flinn（2002）引入工资谈判机制的结构搜寻模型，分析显示工资的分布在最低工资处呈现钉状，并产生工资略高于最低工资水平的溢出效应。Neumark 和 Wascher（1992）提出了证据，表明州最低工资和美国青少年次最低工资与工资的分布在最低工资处呈现钉状之间的关系。Neumark 等（2004）采用面板数据估计了最低工资调整对低收入劳动者收入有直接正面影响，但对工时有消极影响，进而导致总收入水平降低。Grossman（1983）是首位试图对最低工资溢出效应进行直接预估的学者。她使用 BLS 的区域工资调查（AWS）数据对联邦最低工资的提高对低薪岗位工资（高于最低工资标准）的影响进行预估。我国最低工资研究起步晚，关于最低工资的影响基本基于国外成熟模型和方法进行分析。罗小兰、丛树海 (2009) 运用均衡模型研究表明，总体上最低工资标准对平均工资的变化具有极小的正影响，并且这种正影响不具有持续性。孙中伟、舒玢玢（2011）对珠三角 2000—2010 年的面板数据研究发现，月最低工资标准对于农民工平均工资影响显著，最低工资标准每增加 100 元，农民工工资就会增加 70 元。马双等（2012）、杨娟等（2016）采用的分析弹性系数在 0.04—0.05 之间。贾朋（2012）的研究证实了最低工资提升对低收入群体工资和就业具有溢出效应，对男性和女性工资的溢出效应可以分别达到最低工资的 1.50 倍和 1.25 倍，随着相对工资区间的升高，溢出效应均呈现下降趋势。

我国现有研究大多采用的是 2010 年前后甚至更早的数据，最低工资在 2010 年之后经历了先快速高幅调整、再降速降幅调增的过程，特别是在 2015 年左右各地开始注重最低工资评估政策的实施，因此目前在评估最低工资标准是否符合基本功能定位的同时，需要继续关注最低工资对低收入群体收入影响的分析，并在此基础上进一步深入挖掘不同特征群体间差异分析。本章将采用国家卫生健康委组织开展的对全国 2015—2016 年以及广东省 2014—2015 年流动人口动态监测的微观调查数据，立足于评估最低工资调整对劳动者的"增收"效果，分析最低工资调整对于劳动者收入有多大影响，特别是深入分析针对最低工资对低收入群体收入异质性影响，以期对国家和地方最低工资政策评估领域提供技术性和实操性支持。

二、我国最低工资对流动人口收入影响的实证分析

（一）变量与建模说明

本文所使用的数据来自流动人口动态调查，该调查收集了全国流动人口数据，数据内容包括个体的人口统计学信息和就业、收入等信息。研究将在 2015 年到 2016 年调整最低工资的省份设为实验组，未调整的省份设为对照组，记虚拟变量 G 表示流动人口所处的组别是否为实验组，其中 G=1 表示流动人口所处的组别为实验组，G=0 表示流动人口所处的组别为对照组。对比 2015 年，2016 年调整了最低工资的省市有北京、天津、河北、辽宁、上海、江苏、山东、海南、重庆，这几个省市为实验组。相应地，记虚拟变量 T 表示流动人口所处的年份是否为最低工资标准调整后，其中 T=1 表示流动人口所处的年份为最低工资标准调整后，即 2016 年，G=0 表示流动人口所处的年份为最低工资标准调整前，即 2015 年。

根据研究的需要，我们根据原始数据进行了处理：对西藏自治区的数据进行剔除，保留了各地区省会城市就业身份为雇员的样本，并根据 0、5、9、

12对学历进行受教育年龄的转化。同时，去除少量数据缺失样本，进而我们得到了130358个样本数据。

因变量是流动人口的月工资，反映了流动人口的收入水平。本文首先选取了性别、年龄、学历、跨省流动、跨市流动、是否结婚等这几个变量作为流动人口收入可能的影响因素。其中，性别、学历等是分类型变量。考虑到流动人口收入影响还受其他因素影响，为了使结果更加准确，分析中又加入了对应地区的宏观经济变量如人均GDP、城镇就业人数、人均工资等。同时，考虑到宏观经济变量对收入或工时的滞后影响效应，分别采用了上一年的相关数据作为控制变量。影响流动人口工资的个体和地区特征变量的描述列于见下表。

表6-1　影响流动人口工资的变量

变量类型		标签	变量名	变量水平
因变量		月工资	income	建模时对数处理，连续型
自变量	个体特征	性别	gender	男性1，女性0
		年龄	age	连续型
		学历	edu	转化为数字
		跨省流动	kua_sheng	跨省1，否则0
		跨市流动	kua_shi	跨市1，否则0
		跨县流动	kua_xian	跨县1，否则0
		周工作时长	work_time	连续型
		是否结婚	marry	结婚1，未婚0
		时间项	time	2016年1，2015年0
		组别项	group	实验组1，对照组0
		交叉项	inner	实验组且2016年1，否则0
		人均GDP	avg_gdp	统计局数据
		城镇就业人数	work_peo	统计局数据
		在岗平均工资	avg_wage	统计局数据

最低工资对收入效应的提高可以由以下方程来进行检验：

$$\ln Y_i = \beta_1 \text{Time}_i + \beta_2 \text{Group}_i + \beta_3 \text{Inner}_i + \beta X_i + \varepsilon_i$$

其中 $\ln Y_i$ 是个体月收入的对数，取 ln 是为了消除异方差和减少极端值的影响，β_1 是时间变化造成的影响（2015 年是 0，2016 年是 1），β_2 是不同省份造成的差异（在 2015 年到 2016 年调整了最低工资的为 1，没调整的为 0），β_3 表示在控制了省份和时间后最低工资变动所造成影响，X 是其他控制变量，包括受教育年限、性别、年龄、流动范围、周工作时间、婚姻状况，人均 GDP，宏观就业情况、人均工资等，ε 是随机扰动项。根据以上方程估计最低工资变动对流动人口的收入的影响。

根据国内外有关最低工资对劳动者个体收入影响的文献结论，最低工资不仅可能影响收入水平，也有可能影响到工时的调整。比如国外的一些研究发现：基于小时工资作为常见的劳动报酬支付形式，提高最低工资会使企业尽量压缩工时来应对人工成本上涨。而国内一些学者 2011 年前后的研究表明，提高最低工资会使企业增加工作时间来应对。所以，我们在分析中也关注最低工资劳动工作时间的变化。对于 2015 年和 2016 年周工作时间（小时）和月平均收入的统计分析及 2016 年全国各地最低工资的调整数据如下表所示。

表 6-2 对照组和实验组周工作时间和月平均收入

年份		对照组						
		城镇	农村	男	女	30-40	<30	>40
2015	周工作时间（小时）	50	55	54	54	54	52	56
	月平均收入（元）	4647	3988	4511	3506	4541	3768	3978
2016	周工作时间（小时）	50	56	55	54	55	53	57
	月平均收入（元）	4566	3917	4471	3428	4485	3715	3862
年份		实验组						
		城镇	农村	男	女	30-40	<30	>40
2015	周工作时间（小时）	45	52	51	49	49	49	53
	月平均收入（元）	6513	4295	5334	4080	5522	4144	4738
2016	周工作时间（小时）	44	52	51	49	49	48	52
	月平均收入（元）	6583	4376	5499	4236	5756	4432	4485

表 6-3 2016 年全国各地最低工资调整情况

地区	月最低工资标准（元）				
	第一档	第二档	第三档	第四档	第五档
北 京	1890				
天 津	1950				
河 北	1650	1590	1480	1380	
山 西	1620	1520	1420	1320	
内蒙古	1640	1540	1440	1340	
辽 宁	1530	1320	1200	1020	
吉 林	1480	1380	1280		
黑龙江	1480	1450	1270	1120	1030
上 海	2190				
江 苏	1770	1600	1400		
浙 江	1860	1660	1530	1380	
安 徽	1520	1350	1250	1150	
福 建	1500	1350	1230	1130	
江 西	1530	1430	1340	1180	
山 东	1710	1550	1390		
河 南	1600	1450	1300		
湖 北	1550	1320	1225	1100	
湖 南	1390	1250	1130	1030	
广 东	1895	1510	1350	1210	
其中：深圳	2030				
广 西	1400	1210	1085	1000	
海 南	1430	1330	1280		
重 庆	1500	1400			

续表

地区	月最低工资标准（元）				
	第一档	第二档	第三档	第四档	第五档
四 川	1500	1380	1260		
贵 州	1600	1500	1400		
云 南	1570	1400	1180		
西 藏	1400				
陕 西	1480	1370	1260	1190	
甘 肃	1470	1420	1370	1320	
青 海	1270	1260	1250		
宁 夏	1480	1390	1320		
新 疆	1670	1470	1390	1310	

注：加底色地区为调整最低工资的地区。

（二）实证结果分析

1. 总体影响分析

下表显示了最低工资调整对流动人口月收入的影响分析。基于 OLS 回归结果显示，最低工资的调整可以显著提高流动人口的收入水平，即最低工资提高 10%，流动人口水平将提高 0.3% 左右。这个结果与马双等（2012）、杨娟（2016）的研究结论基本类似，他们的研究发现最低工资每提高 10 个百分点，农民工或流动人口收入会提高 0.4—0.5 个百分点。上述两位学者的研究结论分别是基于 2006—2007 年、2011—2012 年数据分析得出，两个阶段全国最低工资调增地区平均分别增长了 16% 和 20% 左右，而我们采用了 2016 年最低工资调整数据，也是受经济发展压力和有关部门提出"审慎"调整最低工资标准指导精神的影响，当年仅有 9 个地区调整标准，且调增地区平均增长仅为 10% 左右，这也从侧面解释了本部分分析中最低工资对收入影响回归系数相对较低的原因。

表6-4　最低工资调整对流动人口收入的影响

	(1)
	income_ols_ans
group	−0.0641***
	(0.00430)
time	−0.0329***
	(0.00399)
inner	0.0363***
	(0.00588)
age	−0.000823***
	(0.000192)
gender	0.238***
	(0.00292)
kuasheng	−0.0857
	(0.0693)
kuashi	−0.192**
	(0.0693)
kuaxian	−0.191**
	(0.0693)
marry	0.225***
	(0.00369)
worktime	0.00223***
	(0.000106)
edu	0.0472***
	(0.000514)

续表

	(1)
	income_ols_ans
_cons	7.163***
	(0.0716)
N	130358
R2	0.182

注：***、**、* 分别对应 1%、5%、10% 的显著性水平。

从最低工资调整对工作时间的回归分析看，杨娟（2016）认为 2012 年最低工资调整使企业不得已延长工作时间来对冲人工成本提升的影响。而本部分采用 2015—2016 年数据分析发现，最低工资调整对周工时影响是负向的，这同上述学者的研究结论截然相反。究其原因，可能是近年来劳动监察力度的加大，劳动者特别是外出打工的流动人口的工作时间和工资支付有了更好的合法保障，企业也在进一步遵守制度中明确的最低工资标准是法定工作时间（正常工作 8 小时）内劳动者正常劳动、用人单位依法应支付的最低劳动报酬要求。同时，企业也可能在通过减少加班时间来减少最低工资标准调整带来的计算基数提升成本影响。当然，具体原因有待进一步进行调研和实证分析。

表 6-5　最低工资调整对流动人口工作时间的影响

	worktime_ols_ans
group	−2.099***
	(0.131)
time	0.816***
	(0.122)
inner	−0.957***
	(0.172)

续表

	worktime_ols_ans
gender	1.045***
	(0.0850)
age	−0.0152**
	(0.00544)
kuasheng	1.280
	(1.688)
kuashi	0.667
	(1.687)
kuaxian	0.707
	(1.690)
marry	2.484***
	(0.104)
edu	−1.008***
	(0.0136)
_cons	62.18***
	(1.758)
N	130358
R2	0.083

注：***、**、* 分别对应 1%、5%、10% 的显著性水平。

2. 分年龄影响分析

为了进一步分析最低工资对不同年龄段流动人口收入的影响，我们根据年龄段对数据进行了划分，主要分为 30 岁以下、30—40 岁、40 岁以上。最低工资调整对流动人口收入的回归结果显示，最低工资调整对于 30 岁以下、30—40 岁之间的流动人口群体收入均有显著提升影响，且对 30 岁以下的新生代流动人口收入影响系数更高。而对于年龄偏大的 40 岁以上群体收入影响不显著。

表6-6　最低工资调整对流动人口收入的影响（分年龄段）

	old_less30_ans	old_30to40_ans	old_more40_ans
group	−0.0657***	−0.0821***	−0.0466***
	(0.00650)	(0.00749)	(0.00834)
time	−0.0406***	−0.0218**	−0.0401***
	(0.00616)	(0.00701)	(0.00744)
inner	0.0536***	0.0430***	0.0110
	(0.00917)	(0.0101)	(0.0110)
gender	0.189***	0.260***	0.238***
	(0.00450)	(0.00508)	(0.00563)
age	0.0272***	0.00377***	−0.0131***
	(0.000871)	(0.000902)	(0.000536)
kuasheng	−0.0699	0.0194	−0.245*
	(0.160)	(0.0923)	(0.122)
kuashi	−0.164	−0.0811	−0.355**
	(0.160)	(0.0923)	(0.122)
kuaxian	−0.170	−0.0845	−0.348**
	(0.160)	(0.0925)	(0.122)
marry	0.132***	0.104***	0.0673***
	(0.00530)	(0.00854)	(0.0104)
edu	0.0317***	0.0512***	0.0441***
	(0.000846)	(0.000891)	(0.000984)
worktime	0.00259***	0.00260***	0.00170***
	(0.000184)	(0.000182)	(0.000180)
_cons	6.597***	6.881***	8.166***
	(0.163)	(0.103)	(0.128)

	old_less30_ans	old_30to40_ans	old_more40_ans
N	44496	44927	40935
R2	0.192	0.202	0.156

注：***、**、* 分别对应 1%、5%、10% 的显著性水平。

3. 分性别影响分析

再进一步了解最低工资调整对不同性别人群影响，回归结果显示，最低工资调整对男性、女性流动人口收入均有较为显著影响，且对于男性收入的正向影响系数更高，更为显著。

表6-7　最低工资调整对流动人口收入的影响（分性别）

	female_ans	male_ans
group	−0.0662***	−0.0627***
	(0.00653)	(0.00571)
time	−0.0271***	−0.0378***
	(0.00603)	(0.00530)
inner	0.0276**	0.0444***
	(0.00887)	(0.00782)
age	0.00171***	−0.00273***
	(0.000292)	(0.000251)
kuasheng	−0.0858	−0.0886
	(0.119)	(0.0828)
kuashi	−0.201	−0.190*
	(0.119)	(0.0828)
kuaxian	−0.207	−0.184*
	(0.119)	(0.0829)

续表

	female_ans	male_ans
marry	0.130***	0.303***
	(0.00536)	(0.00504)
edu	0.0468***	0.0474***
	(0.000750)	(0.000706)
worktime	0.00319***	0.00150***
	(0.000165)	(0.000139)
_cons	7.074***	7.462***
	(0.122)	(0.0864)
N	55733	74625
R2	0.144	0.151

注：***、**、* 分别对应 1%、5%、10% 的显著性水平。

4. 分农村城镇户籍影响分析

我们也根据城镇或农村户口的数据进行了最低工资调整收入影响的异质性分析。回归数据显示，最低工资调整对农村户籍流动人口收入有显著影响，最低工资每提升 10 个百分点，农民工群体月收入就提升 0.35 个百分点。而最低工资调整对于城镇户籍的流动人口收入没有显著影响。

表6-8　最低工资调整对流动人口收入的影响（分户籍类型）

	village_ans	city_ans
group	−0.0529***	−0.0952***
	(0.00464)	(0.0111)
time	−0.0378***	−0.0167
	(0.00430)	(0.0104)
inner	0.0354***	0.0185

续表

	village_ans	city_ans
	(0.00642)	(0.0142)
gender	0.245***	0.235***
	(0.00318)	(0.00695)
age	−0.00279***	0.00219***
	(0.000209)	(0.000487)
kuasheng	−0.0468	−0.149
	(0.0721)	(0.158)
kuashi	−0.133	−0.299
	(0.0721)	(0.158)
kuaxian	−0.127	−0.336*
	(0.0722)	(0.158)
marry	0.237***	0.172***
	(0.00406)	(0.00830)
edu	0.0355***	0.0527***
	(0.000619)	(0.00129)
worktime	0.00254***	0.00189***
	(0.000113)	(0.000308)
_cons	7.262***	7.171***
	(0.0748)	(0.165)
N	104698	25660
R2	0.137	0.270

注：***、**、* 分别对应 1%、5%、10% 的显著性水平。

三、广东省最低工资调整对低收入群体收入影响分析

本部分内容进一步以广东省为例，分析该省最低工资调整对流动人口群体收入的影响，以期为地方最低工资标准调整的评估提供参考和支持。

（一）数据处理、变量选取和模型设定

1. 方法选定

本文参照 Card 等的双重差分法估计最低工资的影响。将最低工资标准提升视为一个自然实验，在控制流动人口个体特征的异质性之后，通过比较实验组和对照组流动人口工资变动的差异，来识别最低工资标准提升对流动人口工资的影响。基于回归调整的 DID 模型可以设定如下：

$$y=\beta X+\beta_1 Inner+\beta_2 Group+\beta_3 Time+\varepsilon$$

其中，y 表示流动人口月工资的对数；X 是控制变量，表示流动人口的个体和地区特征影响变量，包括性别、年龄、学历、跨地流动、孩子数量、婚姻等，β 是其系数；$Inner$ 为交叉项，其系数反映了最低工资标准提升对流动人口工资的平均处理效应；$Group$ 表示流动人口所处的组别是否为实验组，β_2 是其系数；$Time$ 表示流动人口所处的年份是否为最低工资标准调整后，β_3 是其系数；ε 表示随机扰动项。

2. 数据来源及处理

本文所使用的数据来自广东省流动人口动态调查，该调查按照随机的原则在流动人口较为集中的流入地收集了广东省所有市区的流动人口数据，数据内容包括个体的人口统计学信息和就业、收入等信息。我们的原始数据是2014 年、2015 年、2016 年数据，由于研究需引入双重差分模型分析，关注的是被解释变量实验前后的变化，2016 年广东省全省各市均未调整最低工资，而 2014—2015 年数据符合模型要求，故仅保留 2014 年和 2015 年的数据。本文欲研究最低工资标准对流动人口月工资的影响，因此需要设置对照组和实验组。从广东省政府网站公布的各市区最低工资标准及实行日期来看，在

2014 年和 2015 年两次调查期间，即 2014 年 5 月份至 2015 年 4 月份（流动人口调查每年 5 月开展，收入为调查月上月数据），广东省内只有深圳市进行了最低工资的调整，从 2014 年（2 月 1 日起实施）的 1808 元 / 月调整到 2015 年（3 月 1 日起实施）的 2030 元 / 月，考虑到经济体量相当的因素，我们将深圳市设为实验组，广州市设为对照组，记虚拟变量 G 表示流动人口所处的组别是否为实验组，其中 G=1 表示流动人口所处的组别为实验组，G=0 表示流动人口所处的组别为对照组。相应地，记虚拟变量 T 表示流动人口所处的年份是否为最低工资标准调整后，其中 T=1 表示流动人口所处的年份为最低工资标准调整后，即 2015 年，G=0 表示流动人口所处的年份为最低工资标准调整前，即 2014 年。

根据研究的需要，我们根据原始数据进行了处理：除对深圳和广州之外的数据进行剔除之外，保留就业身份为雇员的样本，并去除学历为本科和以上的样本点，并根据 0、5、9、12 对学历进行受教育年龄的转化。同时，去除月工资收入 1 万元以上的样本和少量数据缺失样本，进而我们得到了 3354 条样本数据。

表 6-9 广州市和深圳市调查月平均收入及最低工资变动

	月平均收入（元 / 月）		最低工资（元 / 月）
	男性	**女性**	
2014 年 4 月			
广州市	3572.83	2834.40	1550
深圳市	3854.43	3572.83	1808
2015 年 4 月			
广州市	3727.55	3299.61	1550
深圳市	4603.88	3694.32	2030

3. 变量选取

因变量是流动人口的月工资，反映了流动人口的收入水平。本文首先选取了性别、年龄、学历、跨省流动、跨市流动、孩子数量、是否结婚等这几个变量作为流动人口收入可能的影响因素。其中，性别、学历等是分类型变量，影响流动人口工资的个体和地区特征变量的描述列于见下表。

表6-10 影响流动人口工资的变量

变量类型		标签	变量名	变量水平
因变量		月工资	income	建模时对数处理，连续型
自变量	个体特征	性别	gender	男性1，女性0
		年龄	age	连续型
		学历	education	按照就学年限转化为对应的数字
		跨省流动	trans_pro	跨省1，否则0
		跨市流动	trans_city	跨市1，否则0
		孩子数量	child	连续型
		是否结婚	marry	合法存续的婚姻关系为1，否则0
		时间项	time	2014年1，2015年0
		组别项	group	实验组1，对照组0
		交叉项	inner	实验组且2015年1，否则0

（二）实证结果分析

1. 年龄

我们根据年龄段对数据进行了划分，主要分为30岁以下、30—40岁、40岁以上，回归结果如下：

表6-11 分年龄回归结果

	(1)	(2)	(3)	(4)
	全部	30岁以下	30—40岁	40岁以上
marry	0.0883***	0.0701**	0.0199	0.0927
	(0.0232)	(0.0356)	(0.0508)	(0.0811)
child	0.0012	−0.0274	0.0106	−0.0223

续表

	(1)	(2)	(3)	(4)
	全部	30 岁以下	30—40 岁	40 岁以上
	(0.0093)	(0.0169)	(0.0159)	(0.0155)
age	0.0006	0.0167***	−0.0039	−0.0170***
	(0.0009)	(0.0029)	(0.0039)	(0.0037)
gender	0.1731***	0.1083***	0.2068***	0.2462***
	(0.0121)	(0.0161)	(0.0218)	(0.0301)
education	0.0330***	0.0215***	0.0404***	0.0230***
	(0.0031)	(0.0047)	(0.0064)	(0.0056)
trans_pro	−0.0078	−0.0658**	0.0475	−0.0279
	(0.0207)	(0.0318)	(0.0359)	(0.0476)
trans_city	−0.0080	−0.0788**	−0.0018	0.0799
	(0.0228)	(0.0333)	(0.0405)	(0.0561)
group	0.0693***	0.0854***	0.0490	0.0437
	(0.0170)	(0.0226)	(0.0303)	(0.0415)
time	0.0921***	0.0062	0.1006***	0.1418***
	(0.0198)	(0.0327)	(0.0346)	(0.0377)
inner	0.0572**	0.0823**	0.0708	0.0467
	(0.0253)	(0.0355)	(0.0440)	(0.0589)
_cons	7.5288***	7.3826***	7.6285***	8.3721***
	(0.0481)	(0.0822)	(0.1573)	(0.2139)
N	3360	1540	1095	725
R2	0.1504	0.1306	0.1722	0.2223

注：括号内为回归系数标准误，***、**、* 分别对应 1%、5%、10% 的显著性水平。

从结果中我们看出对于不划分年龄的模型，性别、受教育年限、结婚变量对结果有显著影响。具体而言，结婚变量在 0.01 水平上的显著，系数为 0.09；性别变量的影响程度最大，系数为 0.1731，在 0.01 的水平显著；受教育年限变量在 0.01 水平上显著，系数为 0.0330；Inner 项的系数（二重差分项），即最低工资变动的影响，为 0.0572，在 0.05 水平上显著。30 岁以下的样本中，孩子变量为不显著项，其他变量均显著。其中，结婚变量在 0.05 的水平上显著，系数为 0.0701；年龄和性别均 0.01 水平上显著，其中性别变量系数最大为 0.1083；Inner 项即最低工资的影响为 0.0823，在 0.05 的水平上显著。30 岁到 40 岁样本中，性别和受教育年限对结果有显著影响，Inner 项不显著。大于 40 岁的样本中，年龄、性别和受教育年限显著，Inner 项不显著。

总体来看，最低工资对流动人口收入影响系数为 0.0572，而最低工资对 30 岁以下的流动人口的收入影响系数更大，最低工资每提高 10%，30 岁以下的流动人口收入提高 0.82%。

2. 性别

我们也继续根据流动人口性别进行了分组，回归结果如下：

表 6-12　分性别回归结果

	(1)	(2)	(3)
	全部	男性	女性
marry	0.0883***	0.1675***	−0.0136
	(0.0232)	(0.0332)	(0.0321)
Child	0.0012	0.0063	−0.0040
	(0.0093)	(0.0128)	(0.0136)
age	0.0006	0.0001	0.0016
	(0.0009)	(0.0012)	(0.0015)
gender	0.1731***		
	(0.0121)		
education	0.0330***	0.0277***	0.0355***

续表

	(1)	(2)	(3)
	全部	男性	女性
	(0.0031)	(0.0045)	(0.0043)
trans_pro	−0.0078	−0.0147	0.0070
	(0.0207)	(0.0300)	(0.0281)
trans_city	−0.0080	−0.0063	−0.0083
	(0.0228)	(0.0331)	(0.0304)
group	0.0693***	0.0507**	0.0827***
	(0.0170)	(0.0234)	(0.0241)
time	0.0921***	0.0514*	0.1374***
	(0.0198)	(0.0277)	(0.0282)
inner	0.0572**	0.1026***	0.0063
	(0.0253)	(0.0353)	(0.0355)
_cons	7.5288***	7.7320***	7.5262***
	(0.0481)	(0.0651)	(0.0753)
N	3360	1823	1537
R2	0.1504	0.1162	0.1132

注：括号内为回归系数标准误，***、**、*分别对应1%、5%、10%的显著性水平。

　　从结果中明显可以看出结婚对女性流动人口的收入有负向影响，但不显著，对男性流动人口收入则存在较为显著的正向影响。子女对女性流动人口收入存在负影响，但也不够显著，对男性则有正向影响，也不显著。年龄对女性的影响要比对男性的大。受教育年限对男性和女性的影响差距不大，而且都在0.01的水平上显著。跨省和跨市流动对男性的工资收入有负影响。

　　对于最低工资的影响，从男性回归模型和女性回归模型的Inner项上看，最低工资对男性收入的影响更为显著。

3. 收入

关注不同收入组的回归，可以更好地验证假设结论，课题组将最低工资标准的1.4倍以下、1.4—2倍、2—3倍、以及3—4倍和4倍以进行分组回归，具体如下。

表6-13 分不同收入组回归结果

	OLS	(1) <MW*1.4	(2) MW*1.4–2	(3) MW*2–3	(4) MW*3–4.5	(5) >MW*4.5
marry	0.0845***	-0.0788	0.0191*	0.0145	0.0175	0.0281
	(0.0237)	(0.0838)	(0.0102)	(0.0128)	(0.0256)	(0.0555)
child	-0.0021	0.0090	0.0004	-0.0015	0.0027	-0.0183
	(0.0096)	(0.0245)	(0.0039)	(0.0053)	(0.0090)	(0.0138)
age	0.0014	0.0016	-0.0008*	0.0010*	0.0002	-0.0020
	(0.0010)	(0.0025)	(0.0004)	(0.0005)	(0.0008)	(0.0016)
gender	0.1577***	0.0153	0.0197***	0.0199***	0.0185	0.0121
	(0.0124)	(0.0311)	(0.0053)	(0.0069)	(0.0135)	(0.0254)
education	0.0299***	-0.0102*	0.0036***	0.0012	0.0008	0.0016
	(0.0032)	(0.0062)	(0.0014)	(0.0018)	(0.0032)	(0.0058)
trans_pro	-0.0081	-0.0492	-0.0104	0.0070	0.0100	0.0582
	(0.0208)	(0.0444)	(0.0103)	(0.0116)	(0.0214)	(0.0607)
trans_city	-0.0009	-0.0048	-0.0074	-0.0058	-0.0006	0.0978
	(0.0230)	(0.0439)	(0.0111)	(0.0126)	(0.0228)	(0.0622)
group	0.1604***	-0.1578**	0.1356***	0.1288***	0.2012***	0.2314***
	(0.0178)	(0.0677)	(0.0067)	(0.0093)	(0.0193)	(0.0233)
time	0.0917***	0.0235	0.0207**	0.0026	0.0080	0.0408
	(0.0200)	(0.0396)	(0.0093)	(0.0105)	(0.0168)	(0.0348)
inner	0.0240	0.1614**	0.0790***	0.1539***	0.1317***	-0.0412

		(1)	(2)	(3)	(4)	(5)
	OLS	<MW*1.4	MW*1.4–2	MW*2–3	MW*3–4.5	>MW*4.5
	(0.0260)	(0.0801)	(0.0113)	(0.0137)	(0.0247)	(0.0409)
_cons	7.5486***	7.5971***	7.8710***	8.1720***	8.5346***	8.9554***
	(0.0491)	(0.1111)	(0.0217)	(0.0267)	(0.0471)	(0.0792)
N	3097	269	1451	1000	299	78
R^2	0.1769	0.0903	0.4928	0.5496	0.6665	0.6134

注：括号内为回归系数标准误，***、**、*分别对应 1%、5%、10% 的显著性水平。

如上表所示，五个组别的 Inner 项系数分别为 0.1614、0.0790、0.1539、0.1317 以及 –0.0412，其中，收入低于最低工资 1.4 倍组 Inner 项 0.05 水平显著，收入高于最低工资标准 4.5 倍的群体样本 Inner 项不显著，其他组别 Inner 项 0.01 水平显著。

国外研究 Dickens 和 Manning（2004a）表明，最低工资标准的变动对于那些员工工资水平在最低工资标准 1.4 倍及以上的企业影响较小。但从我们研究中发现，除了对于工资收入在最低工资标准附近（1.4 倍以内）的收入群体有显著影响外，对于其他在最低工资标准 2 倍左右到 4 倍左右的收入群体也有影响。数据系数显示，对于最低工资的影响，最低工资对最低工资标准附近收入的群体影响系数较高，即最低工资提高 10%，该群体收入提高 1.61%，而对于收入在最低工资标准 2 倍到 4 倍的群体收入会分别增加 1.54% 和 1.32%。从另一个角度而言，也验证了最低工资标准调整的溢出效应。

（三）结论及政策建议

根据上述针对全国和广东省数据的实证分析，发现最低工资标准调整对低收入群体工资存在正向效应，且对于男性、农村户籍、30 岁以下、最低工资标准附近收入等组别的收入效果更为显著，同时对流动人口收入存在溢出效应。

　　数据显示，30 岁以下的新生代流动人口是最低工资标准调整后"增收"更为显著的受益群体。流动人口统计范围中更多的是外出打工的农民工群体，作为 30 岁以下的新生代农民工，基于我国年轻劳动力逐年下降、现代服务业逐步扩大发展的原因，这部分劳动力在劳动力市场供小于求，加之往往新生代群体相对于老一辈学历较高、培训机会较多、维权意识更强，使得他们具有更多话语权和议价能力。因此，最低工资的调整对新生代群体的收入影响较为显著。当然，也不排除老一辈农民工群体基于最低工资是以月度计算的标准，在最低工资调整条件下，企业会增加工时和加班工资来对冲月度最低工资标准调增。因此，应加强最低工资执行的监察，维护低收入群体最低工资劳动报酬调整的权益。

　　最低工资调整对男性有较为显著的增收效应，而与此同时，由于结婚和生育子女对女性流动人口的收入均呈负影响，以及可能存在其他因素，如劳动力市场中女性议价能力相对较弱等方面因素，最低工资调整对女性流动人口收入没有显著影响。

　　此外，由于最低工资不仅仅对领取最低工资标准附近人群有增收效应，对于工资高于最低工资甚至是几倍收入群体也有一定的提升效力，这可能基于考虑维持企业内部一定的薪酬差距或相关薪酬指标或结构（如固定部分薪酬、加班工资基数或社保缴费基数）与最低工资挂钩等因素导致。那么从企业角度而言，无疑对人工成本可能存在较大范围的影响。因此，调整最低工资评估时除考虑劳动者权益的同时，也应谨慎考虑企业成本承受力因素，特别是经济下行或疫情压力背景下企业承压较大，加强最低工资对企业人工成本影响的分析尤为重要。

　　从 2018 年课题组针对五个劳动密集型行业企业的调查问卷结果显示，受到最低工资标准调整影响的劳动者，体现出较为明显的行业、学历、技能等级和户籍特征。最低工资标准调整主要对工资收入较低的制造业，批发零售业，交通运输仓储和邮政业，住宿和餐饮业，居民服务、修理和其他服务业等劳动密集型行业中小企业一线工作人员产生较大影响；就学历来看，受到最低工资标准调整影响的劳动者主要是高中中专技校以下学历，占 75% 左右；技能等级相对较低，初级工及以下技能等级劳动者占 80% 左右；受影响人群中，农村户籍人员占 61% 左右，占比相对较高。

表6-14　受到最低工资标准调整影响人员的学历状况

选项	比例
大学本科及以上学历占比	10%
大学专科学历占比	15%
高中、中专或技校学历占比	28%
初中及以下学历占比	47%

表6-15　受到最低工资标准调整影响人员的技能等级状况

选项	比例
无技能等级占比	60%
有初级工及相应技能等级占比	20%
有中级工及相应技能等级占比	11%
有高级工及以上技能占比	9%

表6-16　受到最低工资标准调整影响人员的户籍状况

选项	平均分	比例
外地农村户籍占比	23.26	23%
本地农村户籍占比	38.21	38%
城市户籍占比	38.53	39%

表6-17　受到最低工资标准调整影响人员的年龄状况

选项	比例
距退休10年以内人员占比	23%
新参加5年以内人员占比	30%
25—40岁等其他年龄段人员占比	47%

表 6-18　受到最低工资标准调整影响人员的性别状况

选项	比例
男性占比	45%
女性占比	55%

第七章

我国最低工资对
企业人工成本及
利润的影响

一、研究背景及文献综述

近年来，伴随我国经济增速放缓，企业人工成本快速上涨，企业运营压力明显上升，截至 2019 年，国家已连续四年把降低实体企业经营成本作为推进和巩固供给侧结构性改革的重要举措。

自 2009 年以来，除因金融危机冻结最低工资一年后，2011—2019 年，全国依次分别有 25、25、27、19、27、9、20、16、8 个地区调整了最低工资标准，调增地区对应平均调增幅度分别 22.1%、20.1%、17%、14.1%、14.9%、10.7%、11.05%、13.61%[①] 和 10.59%。一方面，最低工资调整直接提高相关劳动者群体的收入，各地政府通过调整最低工资提高低收入人员收入水平和切实保障劳动者及其家庭成员的基本生活；另一方面，由于直接提升低于最低工资标准的员工收入或部分企业为员工缴纳社保、公积金等以最低工资标准为缴费基数，或企业为了维持内部相应工资收入差距进而提升中高收入员工的工资劳动者收入的增加等原因均相应地提升了企业的人工成本，因此各地政府在调整最低工资标准前除了考虑实现《最低工资规定》中所述基本功能定位外，还需要兼顾企业对最低工资调整的承受力水平。如 2019 年北京市最低工资评估调查分析发现，如果最低工资标准提高 10%，企业首选考虑提高提高劳动生产率，增加效益来应对，其次考虑通过缩减其他成本费用、减少招工人数、或调整工资结构，降低固定工资比重等来应对。2016 年以来，我国最低工资政策主导部门也更加注重引导各地调整最低工资考虑对企业的影响，加强相关影响调查。因此，有必要分析我国最低工资对企业人工成本相关指标的影响，进而了解最低工资对企业成本的影响程度，同时为解决企业

---

① 考虑到在 2018 年最低工资标准调整过程中，安徽省最低工资标准内涵发生变化，不再包括个人缴纳社保和住房公积金，并且在其公开政策解读中明确个人月缴纳相关费用最低标准为 357 元，此处计算对安徽按照同口径计算。

发展困顿、促进经济稳定发展提供有力支持。

国内外关于最低工资影响效应的研究较多，不少文献都关注了最低工资对就业和工资分配的影响。受不同国家或地区最低工资功能定位、调整频率和幅度不一、数据或方法局限性等因素的影响，不同学者在最低工资影响效应的研究方向或成果方面存有差异。部分学者关注关于最低工资对工资收入的影响，主要集中在工资收入的溢出或涟漪效应（Grossman，1983；Manning，2003；贾朋，2012）工资分布截断效应影响（Neumark & Wascher，2007；Stewart & Swaffield，2002）、以及通过影响工时进而间接影响劳动者收入的相关研究（杨娟等，2016；Bryan、Salvatori & Taylor，2012）。

少数学者关注最低工资对企业利润的影响。Draca、Machin 和 Van Reenen（2011）发现，最低工资显著降低了利润，尤其是竞争程度较低行业的企业利润；但是，Experian（2007）发现 2003 年和 2004 年上调最低工资对利润并未造成任何影响。Lin（2012）通过分解超额收益，认为最低工资激增对企业造成的显著负面影响是被市场表现所产生的正面效应所抵消的。日本经济产业研究所森川正之（2013）针对都道府县的实际最低工资给企业收益带来影响进行了实证分析，得出以下结论：实际最低工资越高，企业收益率越低。另外，在平均工资水平较低的企业或服务业的企业中，最低工资对企业收益的负面影响较为显著。邓曲恒（2015）采用面板数据分析认为当期最低工资对企业利润影响为负。

对于企业人工成本影响研究甚少，极个别篇论文涉及最低工资对企业人工成本影响研究。其中，胡宗万（2018）通过最低工资标准与宏观经济指标及薪酬结构、人工成本结构等部分地区问卷调查数据比较分析，认为最低工资标准调整带来的影响以及影响程度大小取决于劳动力市场价位及劳动生产率水平；钱诚和胡宗万（2015）采用中国工业企业数据库的横截面数据，对人工成本估算后分析对最低工资调整的影响程度进行实证考察，认为对私营企业影响较大。

由于数据受限，目前仅有的对企业人工成本的影响研究是基于宏观数据或估算企业人工成本数据进行分析，尚需进一步验证影响程度。本章以2009—2018 年上市公司数据为例，立足于评估最低工资调整对企业人工成本水平和企业利润率的影响程度，并进一步挖掘我国最低工资调整对于企业影响的异质性差异，旨在为我国最低工资评估影响效应领域提供技术性支持。

二、最低工资对企业人工成本的影响

关于企业人工成本研究，国内外学者主要从宏观和微观角度，综合国际竞争力、产业升级、公司发展战略、人力资源管理等维度对人工成本进行研究。关于人工成本影响因素实证分析，不少论文使用工资替代人工成本或依据社保缴费政策估算人工成本数据，变量因素选取在微观或宏观层面各有侧重。为了相对综合、全面分析人工成本影响因素及影响程度，将根据上市公司数据及调研数据，从企业、劳动力市场、政府以及劳动者四个维度论证近年来人工成本上涨的影响因素与作用机理。在此基础上，利用上市公司数据进行实证分析，并挖掘不同因素的影响程度及异质性，特别是针对最低工资标准调整对企业人工成本影响进行深入剖析。

（一）企业人工成本上涨影响因素理论分析

近十年来，上市公司数据显示企业人工成本投入产出效率下降，人工成本上涨压力上升。为探究人工成本上涨源头，本部分将结合经典理论及文献论证，尝试从企业、劳动力市场、政府、劳动者四个维度分析主要影响因素及其对人工成本的作用机理。

1. 劳动生产率提升程度决定人工成本支付能力

首先，企业是人工成本上涨的承担主体，所以企业在人力资源管理中会考虑人工成本承受能力，只有在劳动生产率提升的基础上，才会提高职工薪酬福利。古典经济学边际生产力理论认为，企业劳动者工资水平能否上涨取决于企业本身的劳动生产率水平（余修远，1987），企业在把控人工成本弹性管理中会意识到，低工资并不等同于低人工成本水平，更不代表具有企业竞争力，高劳动效率条件下提升工资也可成就较低的劳动成本。典型的案例就是人工成本高居不下的德国一直具有"制造业强国"的称号，因此劳动生产率是全球企业竞争中最重要的劳动优势（姚先国等，2013）。从规模效应看，也有学者认为大公司的员工生产率更高，因此在竞争激烈的劳动力市场上提出了更高的工资要求（Idson & Oi, 1999）。

2. 劳动力市场供求变化促使人工成本上升

根据劳动力市场均衡理论，市场在绝对竞争条件下，劳动力供给和需求的相互作用是决定实际工资水平的唯一因素。而在劳动力市场供不应求条件下，特别是国家或地区经济长期保持稳定高速增长状态下，结构性劳动力短缺，特别是对专业技术、技能人才需求较大，将会引起劳动价值即工资的提升，进而促使企业人工成本的上涨。从劳动市场供求关系看，人社部百城市公共就业服务机构采集数据显示，2015—2018 年，劳动力市场求人倍率分别为 1.09、1.09、1.15 和 1.25，逐年上升。国家人口普查数据也显示，劳动力人口由 2015 年 100361 万人降至 2018 年 99359 万人，逐年下降。可见，未来劳动力市场供小于求的现象将持续存在，招工难问题或将更加严峻，人工成本可能会一再攀升。

3. 国家工资收入分配宏观调控政策影响人工成本变动

最低工资是政府规制劳动力市场工资收入分配的政策调控基准，在提高部分群体工资和企业用人成本方面发挥重要作用。最低工资标准调整通过影响基本工资或底薪、加班工资基数和社保公积金缴费基数等，进而影响到企业人工成本支出。根据课题调查组 2019 年对全国 3588 户制造业企业调查结果①显示，23.4% 的企业中一半以上的员工参考当地最低工资标准确定和调整固定部分薪酬，21.9% 的企业中一半以上的员工加班工资以最低工资作为计算基数，26.0% 的企业中一半以上员工参考最低工资作为社保缴费基数，13.9% 的企业中一半以上员工参考最低工资作为住房公积金基数。此外，不少学者研究发现，最低工资调整会对企业总体工资支付产生涟漪效应（贾朋等，2013），并最终更大程度地提升了企业人工成本水平。企业为了维持内部不同收入组间差距，在当地最低工资标准调整时，不仅提高低收入员工收入，也会按照一定比例提升高收入员工收入。此外，工资指导线政策、国家有关鼓励提升技能人才待遇的文件均会影响企业人工成本水平。

---

① 该调查中，各地区行业企业数量配额参考各地级市分行业法人单位数量按比例配额形成。

4. 企业人力资本水平、规模、所属行业等微观特征影响人工成本水平

根据舒尔茨的人力资本理论，教育作为人力资本的一种形式，改变了个人收入的分配，特别是受教育程度以及依靠这种形式的人力资本所增加的收入，因此教育可能已成为使个人收入分配发生变化的主要因素（舒尔茨，1990）。此外，也有学者认为，企业所在行业或企业类型，以及企业的规模效应也在一定程度上会影响企业的人工成本水平。如规模越大的企业，劳动生产率水平相对较高，人均人工成本水平也较高。

（二）人工成本影响因素实证分析

已有的实证研究中，刘媛媛（2014）参考 Anderson et al.(2003) 建立人工成本黏性变化模型，侧重于考虑代表企业业务量、企业类型及《劳动合同法》对人工成本的影响。王宏（2014）、吕光明（2017）等学者主要是侧重于考虑宏观数据分析对工资的影响。我们基于前述影响因素理论分析，并综合考虑上述文献中各有侧重的因素，将微观企业和宏观经济数据结合，探究不同因素对企业特别是制造业人工成本水平的影响进行实证分析。

为了更客观全面地分析不同因素对人均人工成本的影响，以地区最低工资标准、企业经营数据（人均增加值）、企业规模（员工总数、资产总额）、宏观因素（地区 GDP 和城镇就业人数）为变量因素，结合企业性质（民营企业、中央国有企业、地方国有企业、外资企业、公众企业、集体企业、其他企业）、企业行业（制造业、建筑业、金融业、教育业等）进行回归分析[①]。其中，最低工资标准变量数据来源于每年全国各省市公布的调整数据中最高值，代表国家工资宏观调控或规制因素；城镇就业人数来源于国家统计局公布的数据，代表劳动力市场人口变化的因素；人均增加值代表劳动生产率；企业员工总数及资产总额代表企业规模因素。各变量的简称与介绍如表 7-1 所示：

---

① 由于企业人力资本数据缺失过多，故在变量选取中未作为变量之一单独列出。

表7-1　实证分析变量介绍

类别	简称	变量名	备注
宏观变量	MW	最低工资标准	全国各地区最低工资标准最高值
	Emp	就业人口	分省份城镇就业人口
	GDP	国民生产总值	分省 GDP
企业变量	K	企业资产	
	P	企业员工数	
	V	人均增加值	
	Na	企业性质	共 7 种，民营企业作为对比标杆
	In	所属行业	共 18 种，制造业作为对比标杆

数据来源：国家统计局、人社系统公布数据、Wind 数据库

从 2009—2018 年的近 3700 只股票中，去除 ST 股和 *ST 股后仍剩余 3466 只股票样本 10 年间的经营数据。受每年度经营状况以及会计计提标准的影响，会出现某些年度的增加值、资产负债率、企业利润率小于 0 的情况。剔除这些不符合正常经营模式的样本后剩余样本合计 26015 个。

根据原劳动部（1997）261 号文件规定，企业人工成本包括：职工工资总额、社会保险费、职工福利费、职工教育费、劳动保护费、职工住房费用和其他人工成本费用等 7 项。根据会计相关规定，企业财务年报中"应付职工薪酬"是指企业为获得职工提供的服务而给予各种形式的报酬以及其他相关支出。职工薪酬包括：职工工资、奖金、津贴和补贴；职工福利费；医疗保险费、养老保险费、失业保险费、工伤保险费和生育保险费等社会保险费；住房公积金；工会经费和职工教育经费；非货币性福利；因解除与职工的劳动关系给予的补偿；其他与获得职工提供的服务相关的支出。"应付职工薪酬"与上述文件所提的人工成本结构基本一致。因此，本文以年报中"应付职工薪酬"这一科目数据作为人工成本替代指标，具体数据以现金流量表中"支付给职工及为职工支付的现金"计算。

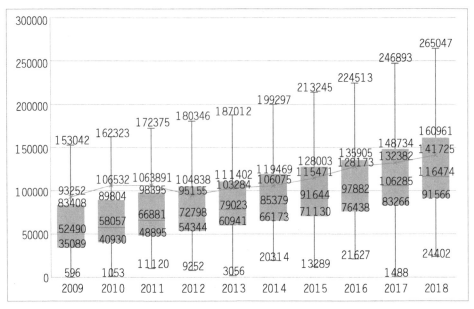

图 7-1　2009—2018 年上市公司人均人工成本分布图（单位：元）

上述样本的人均人工成本分布如图 7-1 所示。图 7-1 中，箱线图的下端和上端分别代表 5% 和 95% 分位数，矩形的下端、中线和上端分别代表低位数（25% 分位数）、中位数（50% 分位数）和高位数（75% 分位数）。"×"连接而成的折线代表均值线。由图 7-1 可知，整体而言，随着年份的推移，各企业的人均人工成本水平整体趋于上涨，这与最低工资水平的变化趋势高度一致。受样本分布影响，每年的平均数与中位数差异较大，甚至在 2009—2011 年出现平均数高于高位数的情况。

2009—2018 年上市公司数据[①] 显示，企业人均人工成本中位数逐年上涨，年均增速为 10.79%，高出代表劳动生产率指标的人均增加值年均增速 6.95% 的近 3 个百分点；人工成本占总成本比重中位数由 9.21% 升至 12.19%，波动累计增长近 3 个百分点；人工成本利润率 10 年间呈波动下行态势，从 2009 年的 148.11% 降至 2018 年的 81.52%，呈波动下行态势。与此同时，代表人工成本相对成本的人事费用率和劳动分配率指标则双双上行。这说明即便是作为行业龙头的上市公司在经济下行压力背景下也面临着人工成本上升、投入产出效率降低的巨大压力。

———————————

① 采用 10 年间完整经营数据的上市企业样本数据。

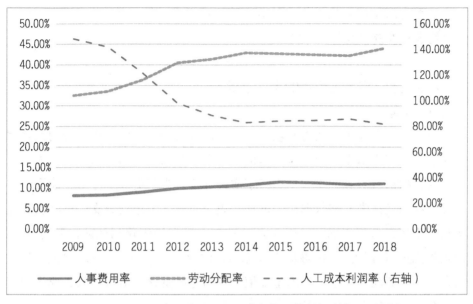

图 7-2　2009—2018 年上市公司人工成本投入产出变动情况（单位：%）

（人事费用率＝人工成本 / 销售收入；劳动分配率＝人工成本 / 增加值；人工成本利润率＝利润 / 人工成本）

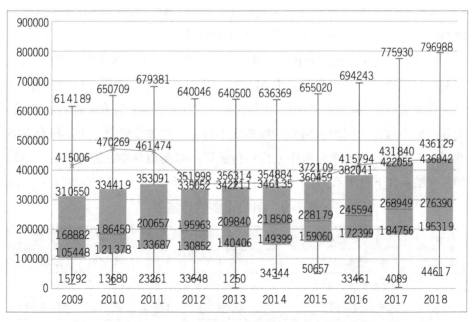

图 7-3　2009—2018 年上市公司人均增加值分布图（单位：元）

上图是历年来人均增加值的分布图，可以看出历年的中位数逐步上升，但平均数有着较大波动。

1. 对企业人均人工成本的实证分析

（1）整体分析

为探究政府规制劳动力市场收入的法定政策——最低工资标准的调整因素对企业人工成本水平的影响，本部分对上市公司披露的经营年报中人工成本相关数据结合宏观经济数据进行了实证分析。为了更好地分析企业影响的质性，我们优化模型和数据源，增加代表企业规模的微观数据，并将宏观经济指标中的最低工资标准、就业人口和GDP数据均细化到地区，采用10年面板数据进行分析。假定最低工资标准、就业人口、GDP、资产总量、员工人数和企业劳动生产率（人均增加值）等指标的变化率对人均人工成本的变化率存在影响并建立乘积模型：

$$C = \alpha MW^{\beta_1} Emp^{\beta_2} GDP^{\beta_3} K^{\beta_4} P^{\beta_5} V^6 e^{\sum_{j=2}^{7} Na_j \gamma_j} e^{\sum_{k=2}^{19} Ln_j \theta_k} \varepsilon$$

在模型中，C表示人均人工成本，α为常数项，β_1-β_6为各数值型变量的影响系数，γ_2-γ_7为企业性质的影响系数（γ_1为民营企业的影响系数，默认为1）。θ_2-θ_{19}为行业影响系数（θ_1为制造业的影响系数，默认为1），e为自然对数的底，ε为误差项。模型对数化处理后即为线性模型。

从前文描述统计可以看出，历年的人均人工成本平均数明显高于中位数，即使在对数化处理后仍呈显著右偏分布，数据并不适合均值回归的"高斯－马尔科夫假定"。故对均值回归的残差进行了方差齐性检验和正态性检验后，发现所使用数据采用均值回归的残差既不符合方差齐性假定，也不符合正态性假定。因此，在后续分析中采用中位数回归对模型各参数进行估计。参数的估计结果如下表所示：

表7-2　回归模型估计结果

变量	估计值	标准误	T值	P值
log(最低工资)	0.57	0.012	46.208	0.000 ***
log(就业人口)	−0.08	0.007	−11.16	0.000 ***
log(GDP)	0.046	0.008	6.074	0.000 ***

续表

	变量	估计值	标准误	T 值	P 值
	log(资产)	−0.004	0.004	−0.913	0.361
	log(员工)	0.014	0.005	2.959	0.003 **
	log(人均增加值)	0.457	0.007	67.38	0.000 ***
属性	中央国有企业	0.264	0.008	31.248	0.000 ***
	地方国有企业	0.196	0.006	30.74	0.000 ***
	外资企业	0.072	0.012	6.074	0.000 ***
	公众企业	0.154	0.01	15.034	0.000 ***
	集体企业	−0.031	0.063	−0.496	0.620
	其他企业	0.098	0.021	4.644	0.000 ***
行业	建筑业	0.064	0.015	4.182	0.000 ***
	金融业	0.43	0.02	20.972	0.000 ***
	教育	0.025	0.035	0.707	0.480
	采矿业	0.062	0.016	3.969	0.000 ***
	电力、热力、燃气及水生产和供应业	−0.037	0.013	−2.804	0.005 **
	房地产业	−0.171	0.02	−8.616	0.000 ***
	交通运输、仓储和邮政业	−0.011	0.018	−0.598	0.550
	科学研究和技术服务业	0.289	0.022	13.067	0.000 ***
	农、林、牧、渔业	−0.067	0.029	−2.356	0.018 *
	批发和零售业	0.021	0.01	2.141	0.032 *
	水利、环境和公共设施管理业	−0.086	0.016	−5.472	0.000 ***
	卫生和社会工作	0.139	0.03	4.678	0.000 ***
	文化、体育和娱乐业	0.053	0.021	2.581	0.010 *
	信息传输、软件和信息技术服务业	0.241	0.009	26.099	0.000 ***
	住宿和餐饮业	0.008	0.035	0.241	0.810
	租赁和商务服务业	−0.04	0.029	−1.369	0.171
	综合	−0.071	0.036	−1.955	0.051 .

注：*** 表示 0.001 的显著性水平；** 表示 0.01 的显著性水平；* 表示 0.05 的显著性水平；. 表示 0.1 的显著性水平。以下分析均以 0.05 的显著性水平为标准。

由上表中的估计结果可以看出，在 0.05 的显著性水平下，最低工资、GDP、员工人数和人均增加值对人均人工成本有正向影响，就业人数对人均人工成本有负向影响。

其中，最低工资每上涨 1 个百分点，人均人工成本中位数就上升 0.57 个百分点。

从企业性质看，相较民营企业，央企的人均人工成本中位数要高 26.4%，地方国企高 19.6%，外资企业高 7.2%，公众企业高 15.4%，集体企业低 3.1%。究其原因，主要是国有企业一般在融资渠道、商业信誉、政府关系及抗风险能力方面较民营企业有优势，且往往在员工福利住房、劳动保护、职业培训、津贴补贴、补充商业保险、企业年金等方面支出均高于民营企业。同时民营企业为达到利润最大化或维持生产力，缴纳社保一般也不如国有企业规范或缴费比例存在差距，进而造成国企人工成本高于民企人工成本水平。

从行业看，金融业、科学研究与技术服务业以及信息传输、软件和信息技术服务业的人均人工成本最高，其中位数水平分别比制造业高 43.0%、28.9% 和 24.1%。建筑业、采矿业、批发和零售业、卫生和社会工作、文化、体育和娱乐业、住宿和餐饮业的人均人工成本也高于制造业。房地产业人均人工成本最低，其中位数比制造业低 17.1%。电力、热力、燃气及水生产和供应业、交通运输、仓储和邮政业、农、林、牧、渔业、水利、环境和公共设施管理业、租赁和商务服务业、综合行业等行业人均人工成本也低于制造业。

（2）分企业类型分析

为了探究不同影响变量因素的变化针对不同企业性质的影响，在此分别对不同企业类型分别建立模型。用中位数回归对模型各参数进行估计。各模型的分位回归估计结果如表 7-3 所示：

分企业类型看，在 0.05 的显著性水平下，最低工资对不同登记注册类型企业人均人工成本影响均显著。其中，最低工资标准每提高 1%，民营企业人均人工成本提高 0.63%，中央国企与和地方国企分别提高 0.47% 和 0.42%，外资企业则提高 0.55%。说明在这几类企业特别是民营企业中"加班工资基数""基本工资""试用期工资"或"病假"等诸类薪酬结构与最低工资标准挂钩较多。

表 7-3　回归模型估计结果（分企业性质）

	log(最低工资)	log(就业人口)	log(GDP)	log(资产)	log(员工)	log(人均增加值)
民营企业	0.627 ***	−0.140 ***	0.077 ***	−0.020 ***	0.032 ***	0.447 ***
	（0.018）	（0.011）	（0.011）	（0.006）	（0.006）	（0.009）
中央国有企业	0.468 ***	−0.019	0.02	0.016	−0.023	0.476 ***
	（0.035）	（0.018）	（0.022）	（0.014）	（0.015）	（0.022）
地方国有企业	0.417 ***	−0.129 ***	0.081 ***	0.030 **	−0.002	0.426 ***
	（0.024）	（0.016）	（0.016）	（0.010）	（0.010）	（0.014）
外资企业	0.547 ***	−0.098 *	0.072	0.018	−0.062 *	0.369 ***
	（0.073）	（0.049）	（0.046）	（0.026）	（0.026）	（0.043）
公众企业	0.474 ***	−0.130 ***	0.117 ***	0.027	−0.014	0.572 ***
	（0.052）	（0.034）	（0.034）	（0.018）	（0.021）	（0.034）
集体企业	0.620 *	0.023	−0.078	−0.316 ***	0.171	0.723 ***
	（0.286）	（0.158）	（0.182）	（0.070）	（0.107）	（0.102）
其他企业	0.616 ***	−0.02	−0.093	−0.151 **	0.054	0.606 ***
	（0.174）	（0.095）	（0.103）	（0.051）	（0.066）	（0.093）

注：*** 表示 0.001 的显著性水平；** 表示 0.01 的显著性水平；* 表示 0.05 的显著性水平；. 表示 0.1 的显著性水平。以下分析均以 0.05 的显著性水平为标准。

（三）对中小企业人工成本影响分析

2018 年，课题组在 12 个省市对 2000 余户企业进行最低工资影响调查，调查结果显示，最低工资标准调整不是影响企业人工成本上升的主要因素，但对于劳动密集型企业影响较大，并表现出地区差异和行业差别。16% 左右的劳动密集型企业表示，本企业中有 30% 以上的员工收入受到最低工资标准调整影响。分地区看，上海仅有9%左右，而江西则有21%左右的调查样本企业有此观点，表现出一定地区差异。25%左右的企业表示，目前一线普通员工薪酬固定部分的起薪点低于当地最低工资标准。20%左右的劳动密集型企业员工以当地最低工资作为加班工资计算基数，且体现出行业差别，对制造业等劳动密集型行业影响较大。40%左右劳动密集型企业员工以最低工资标准作为社保缴费基数。

具体来看，不同类型企业人工成本上升的主要影响因素有所差别。影响企业人工成本上升的主要因素是社保费用，占比达到41.89%；其次是招工难，占比23.68%；第三位是物价因素，占比21.45%；最低工资标准提高在其中占比最低，为12.98%。这就说明，最低工资标准提高不是影响企业人工成本上升的主要因素，对人工成本上升影响较大的是社保费用以及人力资源市场供求关系等。此外，影响企业人工成本的因素，体现出行业差异。社保费用对于居民服务、修理和其他服务业（47.26%）、批发和零售业（44.1%）、制造业（43.18%）受到影响最大；最低工资标准提高对于不同行业的人工成本的上升的影响相差不多；招工难对于住宿和餐饮业人工成本的上升影响最大，认为有影响的企业比重达到39.05%。

表7-4　影响企业人工成本上升的主要因素

选项	小计	比例
社保费用	881	41.89%
最低工资标准提高	273	12.98%
物价因素	451	21.45%
招工难	498	23.68%
本题有效填写人次	2103	

表7-5　不同行业影响企业人工成本上升的主要因素

因素行业	社保费用	最低工资标准提高	物价因素	招工难	小计
制造业	43.18%	9.47%	19.7%	27.65%	528
住宿和餐饮业	26.63%	13.61%	20.71%	39.05%	169

续表

因素行业	社保费用	最低工资标准提高	物价因素	招工难	小计
批发和零售业	44.1%	13.89%	21.39%	20.62%	907
建筑业	38.22%	13.38%	26.11%	22.29%	157
居民服务、修理和其他服务业	47.26%	11.64%	24.66%	16.44%	146

三、最低工资对企业利润率的影响

（一）数据和描述性统计

为了探究最低工资调整对于企业利润率的影响，我们依然采用上市公司披露的经营年报中有关经营管理数据，并结合宏观经济数据进行了实证分析。同样，分析样本包含了 2009—2018 年上市企业经营数据。去除 ST 股和 *ST 股后仍剩余 3466 支股票样本 10 年间的经营数据。

上述样本的企业利润率分布如下图所示：

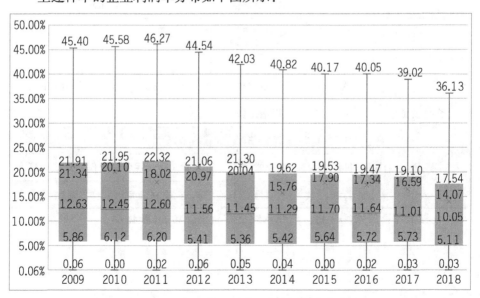

图 7-4　2009—2018 年上市公司企业利润率分布图（%）

上图中，箱线图的下端和上端分别代表5%和95%分位数，矩形的下端，中线和上端分别代表低位数（25%分位数）、中位数（50%分位数）和高位数（75%分位数）。"×"连接而成的折线代表均值线。整体而言，随着年份的推移，各企业的利润率有略微下降趋势，特别是自2015年以来呈逐年下降态势。在上述企业人工成本影响分析中企业劳动生产率（人均增加值）分布图，可以看出历年的中位数逐步上升，但平均数波动较大。

将企业利润率（利润总额/销售收入）作为被解释变量，考虑宏观变量和企业微观变量结合，建立回归模型。其中，最低工资采用企业所在各省份最低工资标准的最高值，采用GDP代表企业所在地经济发展水平，企业资产和企业员工数代表企业规模，上市年龄代表上市时间。此外，还增加代表企业劳动生产率的人均增加值，以及代表企业财务经营风险的资产负债率和企业性质、所属行业。各变量的简称与介绍如下表所示。

表7-6　变量介绍

类别	简称	变量名	备注
宏观变量	MW	最低工资标准	各省份最低工资标准最高值
	GDP	国内生产总值	分省GDP
企业变量	K	企业资产	
	P	企业员工	
	A	上市年龄	2018年至上市年份
	V	人均增加值	
	DAR	资产负债率	
	Na	企业性质	共7种，民营企业作为对比标杆
	Ln	所属行业	共18种，制造业作为对比标杆

数据来源：国家统计局、人社系统公布数据、Wind数据库

（二）对企业利润率的实证分析

1. 整体分析

假定最低工资标准、GDP、上市年龄、资产总量、员工人数、资产负债率和企业劳动生产率（人均增加值）等指标的变化对企业利润率的变化存在影响并建立乘积模型：

$$R = \alpha MW^{\beta_1} A^{\beta_2} GDP^{\beta_3} K^{\beta_4} P^{\beta_5} V^{\beta_6} DAR^{\beta_7} e^{\sum_{j=2}^{7} Na_j \gamma_j} e^{\sum_{k=2}^{19} Ln_j \theta_k} \varepsilon.$$

在模型中，R 表示利润率，α 为常数项，β_1-β_7 为各数值型变量的影响系数，γ_2-γ_7 为企业性质的影响系数（γ_1 为民营企业的影响系数，默认为 1）。θ_2-θ_{19} 为行业影响系数（θ_1 为制造业的影响系数，默认为 1），e 为自然对数的底，ε 为误差项。模型对数化处理后即为线性模型。

同样类似的，从描述统计可以看出，历年的企业利润率平均数明显要高于中位数，因此采用中位数回归对模型各参数进行估计。参数的估计结果如下表所示：

表 7-7　回归模型估计结果

变量		估计值	标准误	T 值	P 值
log(最低工资)		−0.514	0.020	−25.567	0.000 ***
log(生产总值 GDP)		0.016	0.007	2.138	0.033 *
log(上市年龄)		−0.130	0.006	−21.202	0.000 ***
log(资产)		−0.492	0.010	−48.653	0.000 ***
log(员工)		0.501	0.010	49.599	0.000 ***
log(人均增加值)		1.055	0.013	79.912	0.000 ***
log(资产负债率)		−0.451	0.008	−56.628	0.000 ***
属性	中央国有企业	−0.303	0.017	−17.534	0.000 ***
	地方国有企业	−0.210	0.015	−13.769	0.000 ***
	外资企业	−0.073	0.021	−3.436	0.001 **
	公众企业	−0.048	0.021	−2.248	0.025 *
	集体企业	−0.041	0.053	−0.772	0.440
	其他企业	0.017	0.040	0.427	0.669

	变量	估计值	标准误	T 值	P 值
行业	建筑业	−0.200	0.033	−6.030	0.000 ***
	金融业	1.596	0.040	39.803	0.000 ***
	教育	0.168	0.074	2.262	0.024 *
	采矿业	0.092	0.032	2.844	0.004 **
	电力、热力、燃气及水生产和供应业	0.255	0.043	5.921	0.000 ***
	房地产业	0.512	0.031	16.359	0.000 ***
	交通运输、仓储和邮政业	0.357	0.045	8.019	0.000 ***
	科学研究和技术服务业	0.044	0.034	1.296	0.195
	农、林、牧、渔业	0.064	0.081	0.789	0.430
	批发和零售业	−0.482	0.024	−20.095	0.000 ***
	水利、环境和公共设施管理业	0.439	0.032	13.871	0.000 ***
	卫生和社会工作	0.121	0.054	2.246	0.025 *
	文化、体育和娱乐业	0.108	0.027	4.074	0.000 ***
	信息传输、软件和信息技术服务业	0.112	0.015	7.546	0.000 ***
	住宿和餐饮业	0.331	0.173	1.916	0.055 .
	租赁和商务服务业	0.056	0.060	0.948	0.343
	综合	0.524	0.118	4.456	0.000 ***

注：*** 表示 0.001 的显著性水平；** 表示 0.01 的显著性水平；* 表示 0.05 的显著性水平；. 表示 0.1 的显著性水平。以下分析均以 0.05 的显著性水平为标准。

根据上表中估计值可知，各变量对于企业利润率在 0.05 的显著性水平下均有显著影响。其中，最低工资，上市年龄、资产值和资产负债率对利润率有负向影响，GDP、员工人数和增加值对利润率有正向影响。从影响系数看，最低工资每提高 10%，上市公司利润率将下降 5.1%。由于上市公司中 70%—80% 的企业为制造业企业，即以劳动密集型企业为主，受最低工资标准调整影响相对较大，也印证了课题组在全国中小微劳动密集型企业调查中的结论。制造业企业考虑应对人工成本上升压缩利润空间而选择提高劳产率、增加自动化投入、缩减其他成本费用来应对最低工资 10% 以上的调整。

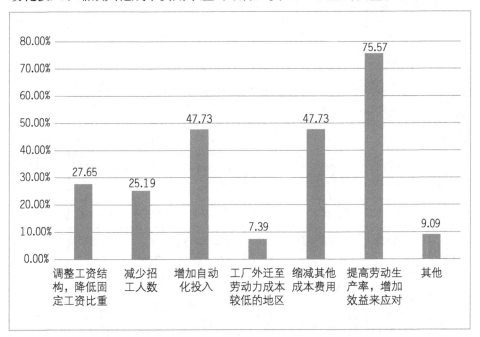

图 7-5　2018 年制造业企业针对提高 10% 最低工资的应对选择

从企业类型看，相对于民营上市企业，中央和地方国有企业、公众企业、外资企业利润率水平均处于劣势；从企业所属行业看，相对于制造业而言，仅有建筑业、批发和零售业利润率水平相对较低，其余大多数行业利润率水平均高于制造业水平（科学研究和技术服务业，农、林、牧、渔业，住宿和餐饮业，租赁和商务服务业不显著）。

2. 分企业类型分析

为了探究不同影响变量因素的变化针对不同企业性质的影响，在此分别对不同企业类型分别建立模型。用中位数回归对模型各参数进行估计。各模型的分位回归估计结果如表7-8所示。表中估计值显示,最低工资对国有、民营以及外资企业利润率均有较为显著影响.

表7-8 回归模型估计结果（分企业性质）

	log(最低工资)	log(GDP)	log(上市年龄)	log(资产)	log(员工)	log(人均增加值)	log(资产负债率)
民营企业	-0.486***	-0.011	-0.069***	-0.512***	0.483***	1.055***	-0.406***
	(0.029)	(0.009)	(0.008)	(0.012)	(0.013)	(0.017)	(0.009)
中央国有企业	-0.616***	0.086**	-0.230***	-0.436***	0.441***	1.238***	-0.478***
	(0.069)	(0.031)	(0.027)	(0.047)	(0.046)	(0.054)	(0.041)
地方国有企业	-0.589***	0.085***	-0.293***	-0.394***	0.417***	1.120***	-0.603***
	(0.052)	(0.020)	(0.021)	(0.032)	(0.028)	(0.036)	(0.034)
外资企业	-0.591***	0.128***	-0.070	-0.525***	0.546***	1.181***	-0.422***
	(0.120)	(0.038)	(0.037)	(0.057)	(0.057)	(0.076)	(0.049)
公众企业	-0.754***	-0.035	-0.224***	-0.035	0.127	0.971***	-0.453***
	(0.088)	(0.039)	(0.029)	(0.032)	(0.038)	(0.063)	(0.038)
集体企业	-0.426	-0.026	-0.103	-0.39	0.363*	1.322***	-0.424.
	(0.425)	(0.243)	(0.211)	(0.248)	(0.175)	(0.222)	(0.240)
其他企业	-0.067	-0.086	-0.042	-0.532***	0.485**	1.059***	-0.509***
	(0.275)	(0.120)	(0.096)	(0.148)	(0.175)	(0.191)	(0.132)

注: *** 表示0.001的显著性水平;** 表示0.01的显著性水平;* 表示0.05的显著性水平;. 表示0.1的显著性水平。以下分析均以0.05的显著性水平为标准。

四、有关建议

研究结论表明，最低工资提升会对企业人工成本或利润率造成一定的负面影响，特别是劳动密集型行业企业。因此，适当平衡最低工资对企业和劳动者影响之间的关系尤为重要。适当的最低工资调整在保护低收入劳动者的同时能够让企业有能力应对并消化。从发展趋势看，提高劳动生产效率，提升生产自动化水平和推动商业模式创新将成为今后制造业企业谋求发展的首选路径，升级改造生产工艺技术、利用人工智能替代简单劳动力、使用多元化用工制度等将成为主流趋势。

（一）针对政府相关部门的建议

一是落实国家级战略部署，实施有利于提升创新能力的产业政策与竞争政策，完善产业创新体系与服务体系，促进产业升级，优化产业结构，提升供给质量，进一步激发经济高质量发展的新活力，为人工成本合理增长提供有利因素和适度空间。

二是进一步改善市场环境和营商环境，特别是推动民营企业健康发展，促进各类生产要素的优化配置，支持企业不断提高经营效率，建设现代化经济体系的重要主体。

三是优化企业人工成本减负政策，帮助企业提升竞争力优势，在落实降低社保缴费基数和费率措施的基础上，探索更多降低中小企业人工成本措施，同时出台多种配套优惠政策，降低企业人工成本压力。

四是完善工资收入分配调控指导，加强人工成本大数据监测和分析，并及时发布市场信息动向，进一步为企业调整薪酬战略和人工成本管理提供信息指导。同时，继续加强工资指导线等工资政策和手段对企业工资分配的指导作用，并为建立科学有序的劳动力市场分配机制提供服务与支持。此外，对于经济下行压力背景下应稳慎调整最低工资标准，兼顾企业特别是制造业企业人工成本承受力。

（二）针对企业的建议

一是密切关注国家和各地区"降成本"优惠政策，紧跟社保政策调整导向，按照有关阶段性降低成本或相关费率优惠政策以及降费率调基数的基本要求，统筹考虑企业人工成本规划和预算，科学调整人工成本管控措施。

二是通过合理转变管理理念、创新发展新的生产方式和经营模式、科学提高核心竞争力、有效控制生产成本等方式进一步提高生产经营的附加值水平和盈利能力，应对不断上涨的人工成本压力。

三是加强教育培训和人力资本投资，实施针对性的人才培养模式，旨在促进劳动者提升工作经验和工作能力，不断提高劳动生产率，从而为实现经济转型升级提供有力支持，提升人工成本投入产出率。

四是加强薪酬和人工成本行业对标管理，注重把握与同行业或同类型企业间的平衡，用足用好信息共享平台服务，合理调整薪酬分配和人工成本管控策略。

第八章

我国最低工资对就业的影响

一、研究背景及文献综述

最低工资设立的初衷是保护劳动者最基本的劳动报酬权益，从各国逐步建立和实施起就得到了全球学者的密切关注。来自不同国家或地区的研究者分析最低工资对劳动者收入、企业成本、工资差距、薪酬结构以及就业等等各方面的经济效应。其中，就业问题是国外学者们研究的最热门的话题之一，争议不断并研究不息。一方面，有学者认为最低工资提高提升了企业劳动力成本进而压缩利润空间，企业为了降低人工成本，会考虑提升部分群体人力资本水平或提高劳动生产率，也有可能考虑减少低技能人员的岗位或用工人数，进而影响到社会就业水平；另一方面，也有学者认为最低工资标准往往作用于低端劳动力市场，买方垄断条件下，最低工资标准会促进就业。

关于最低工资的就业影响理论模型主要包括失业效应模型（Stigler，1946）、两部门模型（Welch，1974）、效率工资模型（Aizenman，1997；Agenor &Aizenman，1999；Agenor，2001）、人力资本模型（Cubitt & Hargeraves,1996）、企业反应模型（Fraja，1999）以及搜索理论模型（Arcidiacono & Ahn,2004）。一个多世纪以来，国外对于最低工资对就业的影响实证研究采用不同数据、不同方法进行研究和分析，但数不胜数的文献并没有形成一致的结论。有的认为最低工资遏制就业特别是对于青年就业有一定负面影响（Brown，Gilroy & Kohen，1982；Mincer，1976；Neumark & Wascher，1994；Currie & Fallick，1996）；也有学者认为最低工资对就业没有影响（Card，1992；Card & Krueger，1994）；此外，还有不少学者认为最低工资会促进就业（Card & Krueger，1993；Dickens，Machin & Manning，1999；Meer & West，2013）。

2010—2015年，伴随着经济高速发展，中国各地最低工资标准连续较快增长。近年来，东南沿海地区持续出现招工难的现象，而新毕业大学生则出现就业难的现象，此外还存在一定程度的就业歧视现象，种种现象表明我国就业中存在着较严重的结构性矛盾。随着我国劳动力市场出现拐点、人口红利逐步消失和人工成本快速上升，最低工资的调整是否影响劳动力就业、是否进一步激化结构性矛盾等问题成为国内学者关注的焦点。

关于中国最低工资对就业的影响，我国自 2010 年左右开始逐步出现相关实证分析研究，不同学者研究结论也不尽一致。有国内学者认为中国最低工资制度对就业有负面影响，如周培煌和朱飞（2009）采用广东省数据分析发现最低工资对制造业呈现一定的负面效应；马双等（2012）通过 1998—2007 年各城市最低工资变动分析发现最低工资每上涨 10%，雇用人数便减少 0.6% 左右；也有学者认为我国最低工资对就业产生积极作用或没有显著影响。如李晓春和何平（2010）、罗小兰（2007）均发现最低工资对农民工就业具有正面影响，罗燕和韩冰（2013）利用 2004—2011 年广东省面板数据分析发现，最低工资提升对广东就业有显著正向影响；鲍春雷（2015）则认为我国最低工资标准上调并未对就业产生明显的影响，部分低收入行业就业受最低工资标准上调的影响明显。

国内外学者对于不同国家或地区最低工资就业效应的实证研究结论差异较大甚至是出现对立，究其原因不仅仅因为关注的变量、方法、模型、样本、所属行业等存在不同之处，更重要的是不同国家或地区最低工资的功能定位和标准调整情况差异较大，造成的各类经济效应，特别是就业效应差距较大。也就是说，最低工资标准水平高低决定了就业影响效应的方向，超过阈值将会产生负面影响。目前国内有关学者研究采用的数据较早，且我国最低工资政策导向和调整幅度不同时期差异较大，所以应关注不同时期的影响差异，并考虑最低工资对于就业水平影响的滞后效应。基于此，正如国际劳工局一直所提倡的最低工资影响研究需从实证分析的角度来得出结论，我们采用实证分析手段尝试评估我国自建立最低工资制度以来至今对就业方面的影响。

二、我国最低工资对整体就业的实证分析

（一）数据说明

本节中采用的数据来源于中国统计年鉴、中国劳动统计年鉴、中国人口

统计年鉴和各省统计年鉴（1994—2018 年）。特别需指出的是，为了获取国内每个省份最低工资信息，我们首先收集了历年来人社部门公布的所有最低工资数据，如果一个省有多档最低工资，则选最高值。同时，选用了当年调整 2 次及以上的最后一次调整数。如果有些省份持续一年内没有调整最低工资，则以之前调整的数据作为当前最低工资值。本部分研究主要基于月最低工资测算，不考虑小时最低工资。就业率采用地区就业人数（含私营）与该地区经济活动人口总数的比例，此外，考虑到就业的其他重要影响因素，也采用了其他控制变量。

（二）描述分析

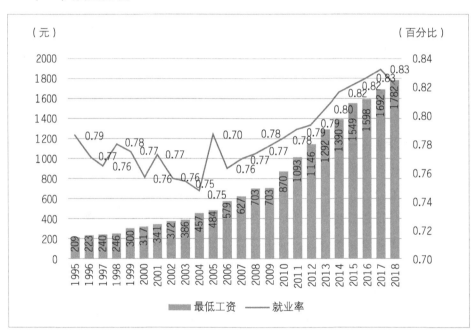

图 8-1　1995—2018 年最低工资以及就业率变化情况

上图为 1995—2018 年最低工资以及就业率的变化情况。由上图可见，最低工资在这些年间一直保持着上涨态势，且增长幅度逐渐增大；与此同时，就业率在 1995—2014 年出现波动下降的态势，而在 2004 年之后稳步上升。

（三）实证分析

为了量化分析最低工资和就业率之间的关系，本节进行了量化建模分析。由于最低工资的影响存在滞后性，在量化分析中，分别采用当年的最低工资或者上一年的最低工资作为自变量，以及当年的平均工资、GDP 作为控制变量建立模型，以此研究最低工资对就业率的影响。模型如下所示：

$$Emp=\beta_0 +\beta_1 \log(MW) +\beta_2 \log(Wage)+\beta_3(GDP)+\mu$$

其中，Emp 表示某一年份内各省平均就业率，MW 表示当年或上一年的最低工资水平，Wage 表示平均工资，μ 表示误差项。

受政策调整影响，2004 年之前和之后最低工资对就业的影响略有不同，因此以 2004 年为节点分别进行建模。模型的估计结果如下表所示：

表 8-1　最低工资对就业率的影响

	以当期最低工资建模				以滞后 1 期最低工资建模			
	估计值	标准误	t 值	p 值	估计值	标准误	t 值	p 值
总体建模（1995—2018 年）								
常数项	0.542	0.051	10.583	0.000***	0.539	0.053	10.117	0.000***
log (mw)	−0.036	0.023	−1.537	0.125	−0.016	0.022	−0.709	0.479
log(wage)	0.028	0.017	1.625	0.105	0.016	0.017	0.958	0.338
log(GDP)	0.020	0.004	4.616	0.000***	0.019	0.004	4.340	0.000***
1995—2004 年								
常数项	0.955	0.113	8.486	0.000***	0.996	0.123	8.090	0.000***
log(mw)	−0.158	0.033	−4.781	0.000***	−0.167	0.034	−4.996	0.000***
log(wage)	0.050	0.024	2.104	0.036	0.048	0.024	2.018	0.045*
log(GDP)	0.030	0.006	4.802	0.000***	0.032	0.007	4.916	0.000***

续表

	以当期最低工资建模				以滞后 1 期最低工资建模			
	估计值	标准误	t 值	p 值	估计值	标准误	t 值	p 值
	2005—2018 年							
常数项	0.678	0.139	4.889	0.000***	0.708	0.139	5.113	0.000***
log(最低工资)	0.023	0.036	0.638	0.524	0.048	0.035	1.386	0.167
log(平均工资)	−0.022	0.028	−0.783	0.434	−0.038	0.027	−1.432	0.153
log(GDP)	0.017	0.006	2.603	0.010*	0.014	0.006	2.251	0.025*

注：1）括号中的稳健标准误差；2）*** $p<0.001$，** $p<0.01$，* $p<0.05$。

从回归结果可以看出，无论是以当期最低工资进行建模还是以上一年度最低工资进行建模，建模的结果都比较一致：1995—2004 年，最低工资对就业率有显著负向影响。而 2005—2018 年最低工资的变动对就业率没有显著影响。通观全局，将 1995—2018 年所有数据纳入的模型也体现出最低工资对就业率并没有显著影响。

三、我国最低工资对行业就业影响的实证分析

我国实行的地区性最低工资制度体现了地区差异，同时大部分地区内部分档设立最低工资标准能够进一步体现区域内经济发展水平差异。国家层面没有行业最低工资标准，但从国家统计数据看，我国不同行业发展生态各异，不同行业工资收入水平存在一定差异。因此，有必要就最低工资调整对行业层面的影响进行分析，特别是关注最低工资标准调整对行业就业影响的差异。一般而言，研究人员认为最低工资调整对劳动密集型或低收入行业的就业和收入相对有更多影响。本节内容也选取工资收入较低的制造业、建筑业和住宿和餐饮业这三个行业的面板数据进行实证影响分析。

（一）数据说明和描述分析

我们把全国 31 个地区的制造业、建筑业、住宿和餐饮业这三个行业的 2004—2018 年的就业人数作为研究对象，使用省份最低工资标准、行业就业人员平均工资、第三产业占比、行业 GDP 等变量，分别代表政府规制劳动力市场工资收入的政策、行业平均劳动力成本水平、产业结构变动、行业经济增长等方面的影响因素，且均采用省级动态面板数据源。其中，最低工资标准采用本省第一档值，来源于各省人社部门每年公布的文件，其余数据均来源于各省统计年鉴。具体变量描述及三个行业相关数据如下：

表 8-2　行业就业影响变量表

变量类型	标签	变量名
因变量	分省行业就业人数	y_population
自变量	省份行业 GDP	gdp
	省份行业平均工资	avg_wage
	省份第三产业占比	service_percent
	省份最低工资	min_wage
	省份就业人口	work_people

表 8-3　建筑业描述性统计

Variable	Obs	Mean	Std. Dev.	Min	Max
y_population	465	59.738	68.631	0.502	450.198
gdp	465	1039.729	881.559	36.64	5148.45
service_percent	465	43.348	9.287	28.6	83.091
min_wage	465	1059	472.203	320	2420
work_people	465	2517.863	1742.776	137.32	6766.86
avg_wage	465	34266.116	17867.221	9488	114631

表8-4 制造业描述性统计

Variable	Obs	Mean	Std. Dev.	Min	Max
y_population	465	131.764	148.979	0.661	1020.249
gdp	463	6594.374	6780.306	16.1	37588.13
avg_wage	465	37957.875	19956.054	10612	121299
service_ percent	465	43.348	9.287	28.6	83.091
min_wage	465	1059	472.203	320	2420
work_people	465	2517.863	1742.776	137.32	6766.86

表8-5 餐饮业描述性统计

Variable	Obs	Mean	Std. Dev.	Min	Max
y_population	465	7.562	7.338	0.317	40.657
gdp	465	354.309	328.878	8.6	1740.73
avg_wage	465	26378.084	12482.89	7162	64902
service_ percent	465	43.348	9.287	28.6	83.091
min_wage	465	1059	472.203	320	2420
work_people	465	2517.863	1742.776	137.32	6766.86

（二）实证分析

1. 模型设定和检验

基于上述数据构建模型：

$$\ln y_{it} = \alpha \ln y_{it-1} + \alpha_1 \ln gdp_{it} + \alpha_2 \ln service_{it} + \alpha_3 \ln avg\_wage_{it} + \alpha_4 \ln min\_wage_{it} + \alpha_5 \ln workpeo_{it} + u_{it} + \varepsilon_{it}$$

上式中，i 代表不同省份、直辖市，t 代表不同年份，u 是截距项，ε 是误差项，为了平稳性和异方差计算，对所有变量取 ln，引入被解释变量 y 的一期滞后项以控制内生性和反应动态特征，解释变量选用的是各个省份对应行业 GDP（gdp）、各省份第三产业占比（service）、各省份行业平均工资（avg_wage）、各省份最低工资（min_wage）、各省份就业人数（work_people）。同时，在模型中加入了被解释变量的滞后一阶项作为解释变量引入模型，用以解释动态变化并一定程度上控制其内生性。为了使参数估计更加有效，分别采用 GMM、面板固定效应的 OLS 和 OLS 进行回归分析。

在理论层面，GMM 估计量（差分 GMM、系统 GMM）的一致性关键取决于各项假设条件是否满足，这需要进行两个假设检验。通过 Hansen 过度识别约束检验对所使用的工具变量的有效性进行检验，此检验的原假设是所使用的工具变量与误差项是不相关的。通过 Arellano-Bond 的自相关检验方法对差分方程的随机误差项的二阶序列相关进行检验，其原假设是一阶差分方程的随机误差项中不存在二阶序列相关。如果不拒绝原假设则意味着工具变量有效和模型设定正确。

关于稳健性的检验，使用 OLS 估计通常会导致滞后项系数产生向上的偏误。而动态面板数据模型采用固定效应估计时会使滞后项系数产生一个严重向下的偏误。因此 GMM 的估计值在 OLS 和动态面板固定效应的估计值之间被认为是稳健的。下表是分别采用 GMM、面板固定效应的 OLS 和 OLS 分析结果。

表 8-6 餐饮业就业影响分析结果

	(1)	(2)	(3)
	gmm	fe_ols	ols
L.l_y	1.087***	0.764***	1.018***
	(0.0300)	(0.0440)	(0.0176)
l_gdp	−0.0556	0.0472	0.00593
	(0.0344)	(0.0596)	(0.0255)
l_avgwage	0.125**	−0.0252	0.0715
	(0.0490)	(0.0958)	(0.0454)
l_service	−0.289***	−0.437***	−0.148**
	(0.0735)	(0.0671)	(0.0610)

续表

	(1)	(2)	(3)
	gmm	fe_ols	ols
l_minwage	−0.0721	0.0810	−0.0810*
	(0.0536)	(0.0729)	(0.0440)
l_workpeo	−0.0190	0.140	−0.0167
	(0.0250)	(0.126)	(0.0206)
_cons	0.647*	0.423	0.475
	(0.340)	(0.840)	(0.297)
N	434	434	434
R^2		0.752	0.983
AR(1) 检验	0.01		
AR(2) 检验	0.175		
Hansen 检验	0.205		

Standard errors in parentheses

* $p < 0.1$, ** $p < 0.05$, *** $p < 0.01$

从餐饮业的结果可以看出，AR（1）的 p 值为 0.01，AR（2）的 p 值为 0.175，即说明存在一阶自相关而不存在二阶自相关，通过了自相关检验；Hansen 检验结果显示所对应的 p 值为 0.205，大于 0.1，所以工具变量的有效性通过了检验。而被解释变量滞后项的系数为 1.087 不在 0.764 和 1.018 之间，未通过稳健性检验。

表8-7 制造业就业影响分析结果

AR(1) 检验	0
AR(2) 检验	0.038
Hansen 检验	0.226

制造业的 AR（1）的 p 值为 0，AR（2）的 p 值为 0.038，即说明存在一阶自相关，也存在二阶自相关，未通过自相关检验。

表8-8　建筑业就业影响分析结果

	(1)	(2)	(3)
	gmm	fe_ols	ols
L.l_y	0.835***	0.786***	0.909***
	(0.0561)	(0.0365)	(0.0261)
l_gdp	0.0802*	0.0489	0.0585
	(0.0445)	(0.0757)	(0.0362)
l_service	−0.153	−0.610***	−0.180***
	(0.0971)	(0.101)	(0.0563)
l_minwage	−0.140*	0.157	−0.146***
	(0.0843)	(0.115)	(0.0562)
l_workpeo	0.157***	0.0101	0.0864***
	(0.0569)	(0.125)	(0.0290)
l_avgwage	0.153*	0.0316	0.138**
	(0.0795)	(0.162)	(0.0533)
_cons	−1.118**	1.285	−0.399
	(0.568)	(0.933)	(0.420)
N	434	434	434
R2		0.864	0.977
AR(1) 检验	0.004		
AR(2) 检验	0.341		
Hansen 检验	0.768		

Standard errors in parentheses

* $p < 0.1$, ** $p < 0.05$, *** $p < 0.01$

从建筑业的结果可以看出，AR（1）的 p 值为 0.004，AR（2）的 p 值为 0.341，即说明存在一阶自相关而不存在二阶自相关，通过了自相关检验；Hansen 检验结果显示所对应的 p 值为 0.768，大于 0.1，所以工具变量的有效性通过了检验。而被解释变量滞后项的系数为 0.835 在 0.786 和 0.909 之间，通过稳健性检验。即 GMM 的结果是稳健的。

因此，根据上述数据分析，最低工资标准的调整对建筑业就业的影响有较为显著的负面影响，但从影响系数看，影响程度较弱。即，最低工资每调整 10%，建筑业就业水平将下降 1.4% 左右，与周培煌等（2010）针对 1995—2006 年最低工资就业影响的系数基本吻合。这说明 2004 年《最低工资规定》颁布前十年和后十余年间，最低工资的调整对于建筑行业就业的影响效应基本一致。根据周培煌等（2010）等学者们针对最低工资影响就业的作用机理中的中介效应分析看，最低工资标准的就业影响效应主要是通过直接形式影响，即企业通过直接减少招聘或不招聘来应对最低工资的调整。根据课题组 2018 年的调查数据，全国 157 家建筑业企业中在最低工资提高 10% 的前提条件下，有 28.66% 的企业选择减少招工人数来应对人工成本的提高，而近 67% 的企业选择了提高劳动生产率来应对，这也从侧面反映了最低工资对建筑业就业影响的轻微负面和直接影响效应。

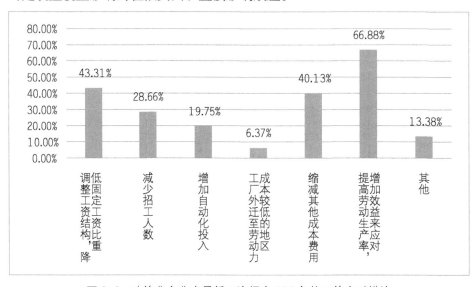

图 8-2　建筑业企业在最低工资提高 10% 条件下的应对措施

第九章

中外最低工资制度比较

最低工资制度有悠久的历史，最早可追溯到 19 世纪末期。100 多年以来，越来越多的国家或地区建立了法定最低工资制度，并随着国情和经济发展对制度进行不断调整和完善。为深入研究其他国家或地区最低工资立法及运行机制，本章收集整理了英国、德国、法国、爱尔兰、日本、韩国、新西兰、美国、澳大利亚、巴西、印度、加拿大、俄罗斯，以及我国香港、澳门、台湾地区最低工资法律相关资料，就最低工资立法中的关键问题进行国际比较，深入分析我国最低工资立法相关问题，为制定出台最低工资法律做好立法准备和参考建议。

一、国际比较

（一）立法形式

根据国际劳工组织 ILO 数据，ILO 成员国中超过 90% 的国家通过不同立法形式来规制最低工资标准。如下表所示，最低工资立法有专门立法和通过劳动法或劳动基准法规定（非专门立法）两种模式。英国、德国、爱尔兰、日本、韩国、新西兰、印度、俄罗斯及我国香港、澳门地区均通过专门立法来规范最低工资支付行为。其中，英国、韩国和日本最低工资的法律体系比较完备，不仅有《最低工资法》主法，而且有《最低工资条例》《最低工资法实施令》或《最低工资细则》；美国、法国、澳大利亚、巴西和我国台湾地区则在劳动法或劳动基准法中涵盖有关最低工资法律条款。

不同国家根据经济形势、战略观念等环境变化而逐步修订或新制定最低工资的相关法律。比如，日本自 1959 年颁布《最低工资法》以来多次修订，最近一次是在 2007 年对最低工资标准形式、调整机制进行修改，这是该国近40 年来最大的一次修订。韩国 2018 年修订《最低工资法》中有关最低工资组成部分内容。法国在 1950 年通过《最低工资法》，后又历经多次改革，为确保底层工人能共享经济发展成果，在20世纪70年代推行了新的全国最低工资制度。新西兰早在1894年颁布了《工业调解与仲裁法》，通过运用法律手段强制规定雇主支付给工人的工资不得低于最低标准，后于1983年专门新规定了《最低工资法》。

表9-1　部分国家最低工资标准立法情况

	专门立法		含在劳动法或基准法中
英国	1998年《全国最低工资法》 1999年《全国最低工资条例》	美国	1938年《公平劳动标准法》
德国	2015年《最低工资法》		
爱尔兰	1998年《全国最低工资法》	澳大利亚	2009年《公平工作法》 2019年《最低工资法令》
日本	1959年《最低工资法》 1959年《最低工资细则》	法国	2008年《劳动法典》 2008年《关于工作收入的法律》
韩国	1986年《最低工资法》 1987年《最低工资法实施令》	巴西	1940年《统一劳动法》
新西兰	1983年《最低工资法》	泰国	1998年《劳动保护法》 1998年部级规章
印度	1948年《最低工资法案》		
俄罗斯	2000年《最低工资联邦法》		
加拿大：各省不一，有的专门立法，有的在雇佣标准法中规定			

（二）功能定位

最低工资的定位，对于确保最低工资不偏离目标、决策有理有据而言至关重要，而且有时还是解决不同决策意见分歧的依据。国际劳工组织（ILO）第135号建议书中明确了"最低工资的根本目的是为工资劳动者得到可容许的最低水平工资提供必要的社会保护"，并"应当成为旨在战胜贫困、保证满足全体工人及其家庭需要"，即最低工资最基本的目标是减少贫穷，确保最低

生活水平 ①。全球各国在设定最低工资时，其定位和目标各有不一。

英国在 2016 年之前强调的最低工资是"工资下限"理念，而非生活工资。该国推行全国最低工资是为了防止工人受剥削，同时也确保公司在经营业务时以货品及服务质量来竞争，而非主要靠压低工资以求削价竞争。之后英国于 2016 年起在国家最低工资标准中针对 25 岁以上劳动者增设一个强制性"生活工资标准"，政府旨在将英国目前"低工资、高税收、高福利"社会导向转向"高工资、低税收、低福利"社会。法国制定最低工资的理念是"生活工资"，有两个主要目标：一是给予最低劳动收入的劳动者购买力的保证；二是保证低收入人群在国民经济中的劳动参与。美国在《公平劳动标准法》中指出必须纠正和尽快切实消除不利条件，维持最低生活标准，不损害工人就业和挣钱所必须的健康身体、有效劳动和一般享受。澳大利亚制定最低工资时考虑的目标是：必须建立和维持公平最低工资的安全网。韩国在《最低工资法》中明确指出目的是通过保证劳动者的最低工资水平和提高劳动者的生活质量，促进国民经济的健康发展。同样类似的是，日本也在法律中明确指出最低工资旨在改善工作条件，帮助提高劳动力素质，确保企业的公平竞争，同时促进国民经济的健康发展。

（三）概念定义

不少国家最低工资相关法律中均提到"最低工资"中的"工资"概念同本国劳动法或劳动基准法中"工资"定义一致，有的在实施条例或细则中明确了"最低工资"具体不包含哪些条目。

ILO 没有明确定义最低工资的概念，但在 2004 年的报告中建议定义为："在一定期间内，不论是根据时间或产出计算，为完成工作或提供服务而支付给工人的最低金额，不得因个人或集体协议而减少，这是有法律保障的，在符合国家经济和社会条件下，满足工人及其家庭的最低需要来确定。"报告还指出，各国在实践中，一些国家的法律没有指明构成最低工资的报酬要素，在载有关于这一主题的说明的法律中，由于差异较大，很难确定总的趋势。

---

① 参见 ILO1976 年关于就业、收入分配与社会进步和国际劳动分工问题的三方世界会议所通过的《行动纲领与原则宣言》。

有的只列入基本工资，或者恰恰相反，包括全部或部分奖金、小费、佣金、津贴和其他额外付款。有的只考虑货币工资或（如适用）实物福利的现金价值。还有是在关于最低工资的法律规定的框架内，说明"工资"是否不包括加班费。

从我们所掌握的部分国家最低工资相关法律看，最低工资组成也差异较大。如巴西政府在最近一份关于申请第 131 号公约的报告中指出，《宪法》第 7 条明确了最低工资的法律规定，是指雇员所获得的总报酬，而不是基本工资。在法国，小时最低工资是指与实际工作小时相对应的工资，同时考虑到实际工资补充的各种额外金额，但作为报销费用和交通津贴而支付的任何款项除外。在美国，根据联邦法律，雇主必须直接向领取小费的工人支付远低于联邦最低工资（低于联邦最低工资的三分之一）的最低工资。但是，如果雇主支付的工资额在小费的补充下至少不低于联邦最低工资，雇主必须支付差额。英国和爱尔兰则按照具体名目罗列清楚。英国针对最低工资的范围做了明确的界定。依据该国《全国最低工资条例 (1999)》，工资是指雇主向员工支付的，在任何扣除发生之前的报酬，但也罗列了一些补贴、奖金、特殊收益等不计入最低工资的项目，针对提供住宿的设立抵扣额。而爱尔兰则在专门立法中分别详细罗列计入和不计入最低工资的项目。

韩国和日本则在具体细则或实施令中明确具体剔除项目。如日本 1959 年《最低工资法》规定最低工资只包括常规工作时间支付的常规性工资报酬，不包括每月支付的工资以外的报酬，以及非常规工时外的工资。按照当地有关劳动部门解释，最低工资是不包含通勤补贴、家属补贴、年终奖金等非基本工资的内容。月给制劳动者每小时最低工资的计算方法是：根据月工资减去各种补助收入，除以每月的法定劳动时间。此外，《最低工资法》规定，对于工资是非货币形式支付的，或者雇主从工资中扣除膳食和其他提供给工人的东西的价格，那么对于最低工资适用而言，是需要进行适当评估实物价格。韩国 1988 年《最低工资法》规定了最低工资不包含加班工资、奖金（25%）、食品费、住宿费、交通费（7%）等。

印度 1948 年《最低工资法案》明确指出，"工资"是指能够以货币形式支付的所有报酬，如果雇用合同的条款（明示或暗示）得到满足，就其雇用或在该雇用中完成的工作而言，该报酬应支付给被雇用的人，并包括房租津贴，但不包括：任何住房、照明、供水、医疗服务，雇主缴纳的社保款、差旅津贴等。

加拿大各省最低工资法律和法规也会对该法规涵盖的雇员种类进行一些特殊化单独列出。也有一些省份的相关法规中提到包含有关小费、酬劳、饭补、制服。

此外，我国香港、台湾地区均就最低工资组成部分进行解释，罗列不计入工资的部分。我国澳门地区也在法律中指出最低工资属于基本报酬，不包括超时工作报酬，亦不包括双粮或其他同类性质的给付，且基本工资金额不得少于基本报酬金额的六分之五。

（四）制定程序

统计发现，世界上典型的实行最低工资的国家中，很多国家在确定最低工资时注重三方协商机制。有的国家是从设立由分别来自政府、雇主、工会或雇主、工会、学者三方代表组成的最低工资委员会或类似的专业委员会作为专业且独立的咨询机构来建议最低工资标准额，也有少数国家是直接通过协商机制来确定最低工资标准的方案。这充分体现了大多数国家重视通过多方协商、多方考虑来确定最低工资，更进一步体现了合理性和权衡性。

表9-2　部分国家或地区最低工资制定机构及制定程序

国家或地区	厘定机构	咨询机构/代表		制定程序
		机构/代表	备注	
美国	国会/州立法机关	无	立法机关主导	联邦最低工资标准的提高要由总统提出议案，通过国会表决批准并在《公平劳动标准法案》修正案中作出调整、加以体现；各州最低工资则由本州立法机关通过法律自行制定，如情况准许，各州可超越联邦法规的范围，制定更高的标准

国家或地区	厘定机构	咨询机构 / 代表		制定程序
		机构 / 代表	备注	
加拿大	各省议会	最低工资委员会 / 省议会	专业委员会或省议会主导两种方式并存，各省不一	各省根据《雇佣标准法》确定：一种方式是有些省内设立最低工资委员会或相同职权的委员会。最低工资委员会在法律允许条件下，对最低工资进行评估，建议最低工资率，然后再做相应的咨询、调查和研究，或直接设立最低工资率最终由省议会副总督审议通过；另一种方式是在一些没有设立最低工资委员会的省份，最低工资的更新是由省议会副总督主要负责
英国	国会	低薪委员会	共有9名成员组成，分别具有雇员，雇主和学术背景。每位委员均以个人身份，而不是作为组织的代表而工作	根据《全国最低工资法》，低薪委员会负责每年向政府就最低工资事宜提供独立的专业咨询意见，并向政府（即贸易及工业大臣）提供厘定额的意见。政府获赋权厘定最低工资额，并透过规则形式向国会提交经调整的最低工资额。有关规则需按照先审议后订立的程序处理，国会进行辩论，并决定是否通过有关规则
法国	国家部长会议	集体谈判委员会（专家小组）	由4名成员组成，其中4名来自政府，18名来自5个全国工会，18名来自雇主协会（专家小组由5名成员组成）	最低工资额按全国物价指数的变动而改变。若全国物价指数变动2%或以上，最低工资额会自动调整。此外，国家集体谈判委员会会在每年6月举行会议，研究相关的经济报告，以进一步调整最低工资额。经研究有关报告并考虑通胀情况后，国家集体谈判委员会会建议一个最低工资额的调整额度，并供国家部长会议最后审批。就业、社会团结和住房部则负责公布最终数字

国家或地区	厘定机构	咨询机构/代表		制定程序
		机构/代表	备注	
德国	联邦政府	最低工资委员会	1名主席，其他6名常任投票成员和两名无投票权的科学界顾问成员组成	最低工资委员会每两年决议调整一次最低工资，一般上一年6月30日前持续评估最低工资对行业和地区的雇员保护、竞争条件、就业、生产率影响，并听取雇员雇主组织、法定宗教团体、经济或社会机构等组织意见后向联邦政府提供调查结果，决议后次年初开始执行
澳大利亚	公平工作委员会	最低工资专门小组和最低工资研究部门	最低工资专门小组由主席、3名全职成员和3名兼职成员组成；最低工资研究部门由部门主席和相关代表组成。代表分别由政府、雇主协会、工会组织提名	根据《公平工作法》的规定，最低工资由澳大利亚公平工作委员会的最低工资小组制定，并由公平工作委员会公布。最低工资与研究部门每年会展开调查作为最低工资评估的一部分，开展研究项目，并定期发布报告
日本	各县劳动局	中央最低工资委员会和各县最低工资审议会	审议会的成员由15到20人不等，分别来自政府、雇主组织、工会、学术机构、社会福利机构	日本中央和地方政府对最低工资的制定享有绝对权力。日本最低工资根据既定的日程表分两个阶段制定。首个阶段是中央最低工资委员会制定全国层面的指导线，第二阶段则是各县或各行业制定自己的最低工资标准
韩国	就业和劳动部	最低工资委员会	最低工资委员会由27名成员组成，包括9位工人代表、9位雇主代表及9位代表公众利益的独立委员（包括主席及副主席）	根据《最低工资法》规定，最低工资委员会在参考技术委员会提供的评估信息和测算信息后，负责就最低工资的调整额向就业和劳动部拟备以及提交建议。就业和劳动部再依据委员会的结论制定最低工资标准

续表

国家或地区	厘定机构	咨询机构／代表		制定程序
		机构／代表	备注	
巴西	国会	政府／各地最低工资理事会	各地最低工资理事会均由政府、劳方、资方代表组成	最低工资调整方案一般先由政府与工会协商确定，然后再提交国会批准
印度	主管当局	中央咨询委员会	独立人士任主席，代表雇主、雇员相当人员，独立人士组成	委员会为就法律所订最低工资标准及其他事项的制定及修订事宜向中央及州政府提供意见，经审议后发布官方公报
爱尔兰	国家部长会议	低薪委员会	独立于政府	委员会每年考虑劳动者收入、就业或企业竞争力因素审核一次最低工资标准，在咨询相当人员后提交部长；每3年上报一次本法整体施行情况。部长收到报告后不晚于3月之内安排国会上下两院讨论，最后以法令形式公布标准
中国香港	行政长官会同行政会议	最低工资委员会	主席为非公职人员，不多于9名并非公职人员的其他委员，分别来源于劳工界、商业界、学术界等具有资深经验者	需考虑就业、经济发展及相关人员意见后，至少每两年向行政长官汇报一次，行政长官需在切实可行范围内尽快安排发表报告文本

（五）标准分类

美国除设立联邦最低工资和特殊最低工资（职校学生、小费雇员、伤残雇员等）外，各州也有权设立最低工资标准。其中，少数几个州在法律上没有对最低工资制度作出规定而实行联邦最低工资；加拿大没有全国范围内的法定最低工资，各省和地区各自通过本省（地区）的《雇员标准法》设立最低工资，一些省份也设立了特殊最低工资（小费雇员、见习雇员等）。澳大利亚设立标准联邦最低工资、特殊最低工资（伤残雇员、未成年、学徒、见习雇员等）以及各州的裁定最低工资，其中，裁定工资在市场上运用很广，依据各地区、各行各业、不同年龄及职务等级等制定最低工资。英国设立全国成年人最低工资及特殊最低工资（年轻人、不同年龄段未成年、学徒[①]等）。法国最低工资主要有全国最低工资、行业最低工资和企业最低工资三个层面的多元组合。而日本则是在颁布全国最低工资指导线的基础上，设立以地区最低工资为核心的最低工资体系，并且自 2007 年起也可设有特定职业的最低工资。巴西也设立了法定最低工资、特殊最低工资（未成年、学徒雇员等）、行业最低工资以及地区最低工资。新西兰也针对年满 16、17、18 或 19 周岁劳动者，以及包吃包住或误工条件下设定不同最低工资标准或抵扣额规定。印度在法律中也明确各邦在设定最低工资时可考虑区域不同的雇用方式、不同工种、不同年龄等。在我国香港地区，除一般最低工资外，也针对劳动者试用期、残疾人等群体设立不同的最低工资标准。我国澳门地区 2020 年之前是针对物业管理业的清洁及保安雇员职位设立了最低工资政策。

（六）调整机制

1. 调整因素

作为一个整体原则，国际劳工组织（ILO）第 131 号公约号召并建议各成员国相关机构应与社会伙伴协商最低工资，采用平衡的方法，充分考虑工人及其家庭和需要，还须考虑本国总体的工资水平、生活成本、社会保障政策、其他社会群体的相对生活水平、经济发展的要求、劳动生产率、谋求和保持较高就业率等因素[②]。同时，在进行调整最低工资标准时，面临价格上涨、预期通胀等因素，最低工资应定期调整以维护受到影响的工人的购买力，避免对经济造成冲击。ILO 在《2008/2009 年全球工资报告》中也指出在价格上涨时调整工资就像当初制定最低工资水平一样重要。

从调整因素看，目前各国确定和调整最低工资大多数主要集中在下面四个不同的方面：（1）工人生活需要；（2）可比工资与收入；（3）支付能力；

---

① 英国未成年人最低工资、学徒最低工资分别从 2004 年、2010 年开始设立。

② 参见 ILO 1970 年《制定最低工资公约》（第 131 号）。

（4）经济发展需要。

2. 调整频率

从调整频率看，各国每年一次、每年两次、两年一次或者不定期调整的
情况都有。

表 9–3 部分典型实行最低工资制度的国家或地区最低工资调整因素及频率

国家或地区	调整因素	调整频率	定期否	固定时间
美国	1. 生活费；2. 制造业的生产力和工资水平；3. 雇主应付工资上调的能力	不规律	否	—
加拿大	各省不一。主要有：1. 社会和经济效果；2. 生活成本；3. 经济条件；4. CPI	各省不一，有的 2 年 1 次，有的 1 年 1 次	否	—
澳大利亚	1. 相对生活费用；2. 全国经济表现；3. 就业情况；4. CPI；5. 社平工资；6. 企业竞争力和承受力；7. 伤残雇员或未成年就业竞争力	每年 1 次	是	每年 7 月 1 日
英国	1. 国内经济情况（GDP、投资、总支出与贸易、结算与收入、利润）；2. CPI；3. 就业和失业情况；4. 生产率；5. 实际工资水平	每年 1 次	是	每年 10 月 1 日
法国	1. 工人的生活水平及其家庭的需要；2. 体力劳动工人的平均工资水平；3. 市场的通货膨胀率；4. 重要经济因素（整体经济状况、生产力以及就业水平等）	每年 1 次或多次	是	每年 7 月
德国	1. 地区的雇员保护；2. 竞争条件和就业；3. 生产率	每 2 年 1 次	是	每年 1 月 1 日
日本	1. 劳动者的生活费用；2. 同类工人的工资水平；3. 经济表现；4. 企业或行业支付工资的经济能力；5. 公共援助标准	每年 1 次	是	每年 10 月 1 日

续表

国家或地区	调整因素	调整频率	定期否	固定时间
韩国	1.劳动者的生活费用；2.经济增长率；3.平均工资水平；4.劳动生产力；5.就业率；6.CPI；7.劳动报酬占比	每年1次	是	每年1月1日
巴西	1.国内生产总值增长率；2.CPI	每年1次	是	每年1月
爱尔兰	1.人均收入变化；2.汇率水平变化；3.收入分配变化；4.(i)失业率上升或下降；(ii)就业率上升或下降；(iii)生产力提高或降低；5.国际环境对比情况，尤其是与英国和北爱尔兰相对比；6.创造就业岗位的需求；7.法令草案可能对以下各项产生的后果：(i)就业水平及失业水平；(ii)生活成本；(iii)国家竞争力	每年1次	是	每年10月1日
中国香港	1.在防止工资过低与尽量减少低薪职位流失的目标之间，取得适当平衡；2.维持香港的经济发展及竞争力	每2年1次	是	隔年5月

有的国家调整期限有固定时间，如英国、澳大利亚、法国、日本、韩国、巴西、德国、爱尔兰等；美国法律没有明文规定最低工资的调整频率，即要间隔多久必须上调最低工资，实际操作中联邦最低工资的调整并不规则也不频繁。各国在调整的经济周期、调整的时间频率和调整的幅度水平等方面均有很大差异。

（七）评估机制

评估机制对于调整最低工资具有关键的作用。很多国家在最低工资调整后每年会进行一次全方位的评估，以期对下一次调整最低工资提供依据和技术性支持。

加拿大各省最低工资委员会的主要职责就是对最低工资进行评估，搜集整理各有关部门提供的资料和数据，并进行相应的咨询、调查和研究，建议最低工资率或直接设立最低工资率，定期向省劳工部长或省议会副总督提交有关最低工资的评估报告。

英国低薪委员会每年都会对最低工资对经济和社会的影响进行评估，评估的内容包括收支、劳动力市场和竞争力三大方面。其中，收支包括收益分配、薪酬差距与薪酬结构等内容。劳动力市场包括工作时数、就业与失业情况。竞争力方面包括生产率、价格、利润和企业生存状况等内容。低薪委员会在开始每一年的评估时，并未提前设定诸如以达到某一个中位数工资的百分比等为目标。在厘定和评估全国最低工资水平时，低薪委员会主要根据政府辖下国家统计局提供的数据，进行统计及经济分析，委托机构进行调查及相关研究，留意国际间最低工资的发展动向；等等。

爱尔兰低薪委员会评估时会关注相应时期内的人均收入变化、相应时期内的汇率水平变化、相应时期内的收入分配变化。同时还关注相应时期内是否存在以下情况：失业率上升或下降，就业率上升或下降，生产力提高或降低，国际环境对比情况，尤其是与英国和北爱尔兰相对比，创造就业岗位的需求，以及法令草案可能对以下各项产生的后果，包括就业水平及失业水平、生活成本以及国家竞争力。

法国专家委员会（小组）是就最低工资的调整向政府提出建议的机构。政府赋予其的主要职能是考虑并寻找经济活动、低收入劳动者的就业以及企业的用工成本等诸多因素之间的最优均衡。它负责最低工资标准的评估，并为最低工资的调整提供必要的信息。专家委员会有权在较广泛的范围内进行调查，且它行使职权时独立于政府。如果认为有必要，专家委员会可以建议政府降低最低工资的增长幅度，而不是按照通常的情形调高最低工资标准。

韩国《最低工资法》没有明确规定特定的政府部门负责最低工资制度的政策评估，但在最低工资委员会每年进行最低工资的调整时，会组建技术委员进行调整因素的调查。其中一个技术小组负责工资水平信息的搜集和分析。此技术小组会对往年的工资报告（包括全国的、行业的、地区的）和宏观经济数据（通货膨胀率、消费者价格指数、GDP）进行技术分析，并对往年的最低工资进行评估。他们综合考虑最低工资标准、行业平均工资、经济发展水平、市场就业状况等多项因素，以确定上一年度的最低工资标准是否合理，并为新一年标准的确定提供参考依据。

同样类似的还有，德国和我国香港地区均在相关独立专业委员会评估中考虑劳动者保护、竞争条件、就业及生产率影响。

（八）法律罚则

从罚则看，不同的国家选用的措施可分三大类。

一类是以行政罚款为主，如加拿大、法国、澳大利亚。加拿大有些省份罚款是按照逐级提高处罚力度，第一次罚款 500 加元，第二次罚款 2500 加元，第三次罚 10000 加元。澳大利亚的罚则对于个人和公司均有明确的不同规定。违反现代裁定待遇制度或者全国最低工资制度条款的个人可能面临超过 6600 澳元的罚款，对于公司而言，罚款可能高达 33000 澳元（约合人民币 20 万元）。

第二类是罚款和刑事处罚并存，如美国、日本、韩国、英国。美国的法律规定每项违反可被处以最高 1100 美元的罚款。若属蓄意违反，可被刑事起诉，罚款额最高达 10000 美元。若为第二次定罪，可被判处监禁。英国也对恶意上报虚假最低工资记录的违法行为采取刑事处罚。日本和韩国有一个共同点则是对于向执行机构做虚假报告或故意隐瞒的行为均设定了明确的罚则。韩国在刑事处罚上规定较日本更重。日本规定违反最低工资制度的可判处 6 个月以内有期徒刑，而韩国则是规定可处以 3 年以下有期徒刑。从罚款力度看，韩国最高罚款额度达到了 2000 万韩元（约合人民币 15 万元），并且该国规定违反情节严重的，可同时处以以上两项惩罚。

表 9-4　各国最低工资执行机构及相关罚则

国家	执行机构	罚则
美国	劳工部工资工时处	蓄意或屡次违反最低工资或超时工作薪酬条文的雇主，每项违反可被处以最高 1100 美元的罚款。若属蓄意违反，可被刑事起诉，罚款额最高达 10000 美元。若为第二次定罪，可被判处监禁

国家	执行机构	罚则
加拿大	各省雇佣标准分局	各省不一。BC 省雇主未能支付最低工资，根据《雇佣标准法》，在强制性体系下可逐级提高处罚力度——第一次罚款 500 加元，第二次罚款 2500 加元，第三次罚款 10000 加元
英国	税务海关总署	违反最低工资制度的规定，执法官员可以就特定的罪行提出检控，就持续未支付最低工资的期间，处以每名工人每日最低工资时薪两倍乘以时数计算的罚款额，罚款最高可达 5000 英镑。对于制造虚假记录等构成犯罪的违法行为，可以刑事处罚。
法国	就业、社会团结和住房部	对扣减工人最低工资的雇主处以 1500 欧元的罚款
德国	国家当局相关部门	一般而言是要求雇主补足欠款，而对于《反非法劳动法》部分条款中所涵盖行业内的雇主，若违反协议，不但要负发还工资差额的责任，更可能须支付最高达 50 万欧元（约合人民币 500 万元）的行政罚款，并且可能禁止行业投标审查通过或进入相关行业（如地产）或营业场所
澳大利亚	劳资关系申诉专员公署	违反现代裁定待遇制度或者全国最低工资制度条款的个人可能面临超过 6600 澳元的罚款，对于公司而言，罚款可能高达 33000 澳元
日本	厚生劳动省／县劳动局	任何人士如违反向工人支付最低工资的条文，将处以不超过 50 万日元的罚款或 6 个月以下的监禁。属于以下某一类别的人士，将处以不超过 30 万日元的罚款：一是未有告知工人新制定最低工资额的人士；二是向劳动大臣或县劳动局作虚假报告的人士；三是拒绝、妨碍或逃避巡查的人
韩国	就业和劳动部	如有雇主未依法给予工人最低工资，将被处以 3 年以下有期徒刑，或不超过 2000 万韩元的罚款。情节严重的，可同时处以以上两项惩罚。属以下某个类别的人，将处以不超过 100 万韩元的罚款。一是未有告知工人适用的最低工资额；二是未有就工资方面事宜向劳动部长官做出汇报；三是拒绝、妨碍或逃避劳工督察的要求或巡查，或就劳工督察提出的问题提供虚假报告

第三类是罚款与企业经营管理限制并存。如在德国，一般而言是要求雇主补足欠款，而对于《反非法劳动法》部分条款中所涵盖行业内的雇主，若违反协议，不但要负发还工资差额的责任，更可能须支付最高达 50 万欧元（约合人民币 500 万元）的行政罚款，并且可能禁止行业投标审查通过或进入相关行业（如地产）或营业场所。

（九）经济援助措施

少数国家在实施最低工资制度时，出台一些特殊的税收政策或社会保障政策来进一步实施经济援助。在法国，自 1993 年起便采取了一系列的新规定，允许企业为聘用最低工资的雇员申请工资津贴，以保障雇员更体面的劳动。企业如所支付雇员的薪金低于全国最低工资的 160%，可豁免缴付雇主部分的社会保障供款[①]。该国就业、社会团结部的研究显示，若全国的最低工资被调高，而企业支付雇员的薪金高于全国最低工资的 140%，则企业通常不会跟随调高其雇员薪金。对于年轻的最低工资收益人，也有一些特殊的政策。如在法国，最低工资受益人可免除社保缴款，在荷兰则可免除税收。

二、我国最低工资立法中关键问题探讨及建议

（一）提高立法层次

现阶段，我国关于最低工资法律制度实施的具体依据主要是原劳动与社会保障部制定的《最低工资规定》和各地方的最低工资条例。从法律属性看，该规定属于部门规章，效力低于法律和行政法规，约束力和强制力相对较弱。由于部门规章与地方性法规、地方政府规章对同一事项的规定会出现不一致情形，从而产生法律适用分歧，如此容易造成部门规章常常很难在地方得到有效的执行。

纵观国外很多最低工资执行较好的国家，如英国、日本、韩国等国，均设立专门立法甚至有更详细的配套细则法案。笔者认为，作为保障劳动者及其家人基本生活权益的关键性制度，有必要提高立法层次，以增强该项制度

---

① Schulten,T.et al.(2006).

的强制力和执行力。

（二）明晰工资概念

我国 2004 年公布的《最低工资规定》中指出，确定最低工资标准一般考虑城镇居民生活费用支出、职工个人缴纳社会保险费、住房公积金、职工平均工资、失业率、经济发展水平等因素。但就最低工资的定义和概念没有明确说明，因此各地实践中由于对最低工资内涵理解的不同，法规条款中对于最低工资是否包含个人缴纳的社保存在差异。如北京、上海发布的最低工资标准是不包含社保的口径，而其余大多数地区则是包含社保的口径。

从各国的法律规定分析看，尽管不同国家在最低工资标准内涵的具体口径差异较大，有的特指基本工资，有的指全部报酬，也有的罗列含部分奖金、津贴或不含加班工资等，但结合各国的社会保障制度分析看，大多数国家最低工资标准的口径是"税前"口径，除个别国家对最低工资劳动者免除缴纳社保或社保基数底线超过最低工资标准外，劳动者是需要额外缴纳社保或社保税款。因此，为提高工资宏观调控指导力度，并有序引导劳动者在省与省之间流动，建议统一最低工资概念内涵，明确将社保和公积金纳入标准，必要时进一步通过配套法规明确或具体罗列最低工资组成部分。同时，法律需明确不同工资制度条件下最低工资的换算方法。

（三）完善调整及评估机制

最低工资在各地测算时考虑的其他调整因素不一或考虑程度不同，比如重庆市在很长一段时间内为吸引招商引资将最低工资压很低，又如部分城市由于参与世界银行的企业营商环境评价，而将此作为近两年调整最低工资的考虑因素之一。此外，不少政策标准与最低工资标准产生联动机制，最低工资制定过程中承受过多挂钩标准的负重，进而有可能影响最低工资标准制定的科学合理性。比如领取最低工资的公益性岗位加大财政负担考虑、失业保险金简单挂钩最低工资后财政公共支出负担等问题，均本应不属于最低工资调整机制中应考虑的基本问题，会干扰最低工资最纯粹的功能定位。同时，近几年来各地最低工资评估工作效果差异较大，主要体现在经济发达与偏远或欠发达地区间的差异。

纵观国际历史上建立社保标准或其他社会政策标准与最低工资挂钩机制的国家，基本都基于公共财政负荷或提高就业积极性等考虑，经历了逐步脱钩的改革。建议科学规范标准测算机制，摒弃"简单挂钩"思想，让最低工资在调整过程中回归其固有的功能定位。同时，参考国外运行良好的独立专家委员会或小组全面、翔实评估最低工资运行情况，进一步发挥各地最低工资评估工作在调整过程中所起的作用，为科学合理调整最低工资提供技术性支持。

（四）细化最低工资标准

我国目前最低工资制度运行过程中，《最低工资规定》没有就精细化设定最低工资标准进行规定。大部分地区在制定最低工资标准过程中，除考虑地区经济差异外，基本采用"一刀切"的方式运行，没有详细考虑不同行业、不同年龄、是否残疾、是否试用期、是否实习期、是否提供住宿等因素而设定不同的标准。仅有个别地区规定实习期劳动者按照最低工资的一定比例支付。

从国外或我国港澳台地区的实践经验中发现，针对不同受益群体而设立最低工资标准体现了政策的精准性和公平性。如针对是否领取小费、是否包食宿通过可抵扣或降低标准的方式区别对待，还有针对残疾人、实习生或学徒工、青年劳动者甚至是不同工种均细化规定，对于复杂的劳动力市场用工特征，有利于提高政策针对性，有的放矢。建议我国也可考虑精细化设立最低工资标准，针对劳动者不同群体特征设定不同标准，同时在法律中明晰劳动者误工条件下或企业包吃包住条件下应如何抵扣或计算标准。

（五）强化法律罚则

《最低工资规定》中规定了劳动者与用人单位之间就执行最低工资标准发生争议，按劳动争议有关规定处理。《劳动争议调解仲裁法》明确了因劳动报酬发生的争议可向劳动争议仲裁委员会申请仲裁或劳动诉讼来维护报酬权益。《劳动合同法》规定，劳动报酬低于当地最低工资标准的，应当支付其差额部分；逾期未支付的，责令用人单位按应付金额50%以上100%以下的标准向劳动者加付赔偿金。《最低工资规定》第十三条规定了违反最低工资支付的规定，由劳动保障行政部门责令其限期补发所欠劳动者工资，并可责令其按所欠工资的 1 至 5 倍支付劳动者赔偿金。以上是我国目前相关劳动法律中涉及拒不按规定支付最低工资争议的规定及从行政执法的角度规定了用人单位违反最低工资制度的法律责任。但就劳动者在申请仲裁或起诉可获取的赔偿金的支付金额具体标准或依据没有明晰。建议加大拒不支付最低工资标准行为的惩戒，明确行政执法中赔偿金依据的基础上，可结合企业行为限制或取消相关资格等手段强化罚则，形成较强力度的震慑力。同时，加强劳动监察部门的监督检查力度，提升工会部门的参与度，有效维护劳动者最低工资权益。

第十章

最低工资制度的精细化设计

我国实行的是以地区性最低工资为主的法定最低工资制度。在此之外，部分地区采用集体协商的方式确定行业最低工资标准。在国外，最低工资制度的覆盖范围、计算口径、实施形式等较我国更为多元化，最低工资制度在设计上更为精细化。本部分从细化分类最低工资标准、技能要素纳入最低工资标准、最低工资与生活工资共建多层次制度网等三方面进一步阐述境外最低工资制度的细化设计理念、实施经验等。

一、细化分类最低工资标准

（一）不同年龄、求职或就业阶段的最低工资标准

新西兰的国家最低工资标准根据技能熟练度划分。新西兰共有三种类型的最低工资标准，分别为成人最低工资，起步工人最低工资和培训期最低工资。成人最低工资适用于 16 岁及以上的雇员，这些雇员不是起步工人或培训生，他们参与监督和培训其他员工。起步工人最低工资适用于：（1）年龄为 16 岁至 17 岁且没有为当前雇主工作满连续 6 个月的员工；（2）年龄为 18 岁至 19 岁已获得六个月及以上的一项或多项社会保障补助金，但自从领取福利以来没有完成为雇主的连续六个月工作的雇员；（3）16 岁至 19 岁的雇员，其雇佣协议规定他们必须每年接受至少 40 个学分的行业培训，才能在工作的领域获得资格。培训期最低工资适用于年龄在 20 岁或以上的雇员，其雇佣协议规定他们必须在行业培训中每年获得至少 60 个学分，才能在其工作的领域获得资格。[①] 自 2020 年 4 月 1 日起，新西兰成人最低工资标准为 18.9 新西兰元 / 小时，起步工人和培训期最低工资标准均为 15.12 新西兰

---

① Employment New Zealand. Different types of minimum wage rates. https://www.employment.govt.nz/hours-and-wages/pay/minimum-wage/different-types-of-minimum-wage-rates/.

元/小时，为前者的 80%①。根据该国《雇佣关系法》对于未按法律支付最低工资标准的企业将被处以罚金。

　　英国学徒有权在其学徒期内获得报酬。根据低薪委员会②发布的数据，2020 年 4 月起，对于 19 岁以下或者年满 19 岁但学徒期未满一年的学徒，其国家最低工资标准为 4.15 英镑/小时。若学徒年满 19 岁并且已完成第一年的学徒期，则可获得其对应年龄段的国家最低工资（详见图 10-1）。该国《国家最低工资法》规定，若雇主支付薪酬低于标准，则将收到执法官发出的落实告诫书，并在继续违法的基础上处以罚金。

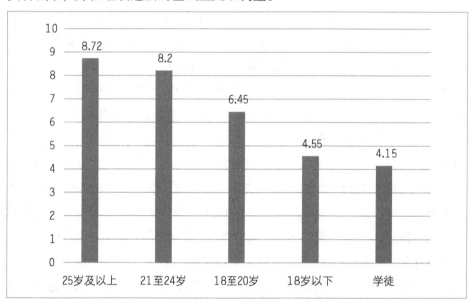

图 10-1　英国 2020 年 4 月起执行的最低工资标准（单位：英镑/小时）

数据来源：英国低薪委员会

（二）小费雇员、残疾雇员、包食宿雇员等特殊群体的最低工资

　　在美国，为避免因实行最低工资而使部分低收入者失去就业机会，《公平劳动标准法案》准许雇主在取得劳工部工资与工时处发出的授权证明书后，

---

① 　新西兰商业、创新和就业部数据。

② 　根据英国《国家最低工资法》规定，低薪委员会负责厘定最低工资标准，共有 9 名成员组成，包括国务大臣任命的主席和分别具有雇员、雇主和学术背景的共计 8 名委员。每位委员均以个人身份，而不是作为组织的代表而工作。

可以向部分人员支付法定最低水平以下的工资额。领取法定最低工资以下工资的人员主要包括以下四类：

（1）就读于职业学校的学生。雇主如雇用这类学生（至少年满 16 岁的中学生），必须支付他们不少于联邦最低工资的 75%。

（2）受雇于零售或服务机构、农业或高等教育机构的全职学生。雇主如雇用这类学生，必须支付他们不少于联邦最低工资的 85%。

（3）伤残工人。任何有肢体或心智残障以致其"就所做的工作"获得的收入或提供的生产能力下降，即属伤残工人。一名工人或许本身具有残障的事实，并不足以构成向其支付最低工资以下的理由。可能影响生产能力的残障包括失明、精神病、智障、痉挛、酗酒及毒瘾。教育障碍、长期失业、接受福利、缺课、少年犯罪，以及惩教机构执行的假释或感化等情况本身并不被视为符合资格支取最低以下的工资的残障。没有授权证明书的雇主，不论其伤残工人的生产能力如何，都必须向这些工人至少支付适用的最低工资。

制定这一类人员的最低工资，一方面必须与这些人员的生产能力相称，同时也要与同一劳动力来源地区，以及在工作种类、质量及数量方面基本相同的健全熟练工人的生产能力和工资水平成正比。制定合适的最低工资主要考虑的因素有：第一，制定健全工人的标准，作为量度伤残工人生产力的客观工具；第二，制定当前的工资，即在当地符合相同或类似工作的要求并正在从事这类工作的健全熟练工人所支取的工资；第三，评估伤残工人生产能力的量与质。当局会定期检查调整最低以下的工资，最低限度也会每 6 个月重新评估伤残工人的生产能力，以及至少每 12 个月就当时的工资进行新的调查等。

（4）小费雇员。小费雇员是指每月惯常收取超过 30 美元小费的雇员，如餐厅服务员、旅店和机场行李员等。雇主可把小费视作部分工资，但其支付的直接工资必须最少达每小时 2.13 美元。如雇员所得小费加上雇主发放的现金工资的总额仍未达到小时最低工资，雇主必须支付差额。目前在美国就小费如何确定上更多的是报税问题，而不是劳工问题，事实上一般情况下的小费雇员收入都超过了最低工资，因此在小费雇员的最低工资问题上从没有发生过劳动争议。

类似的，在加拿大一些省份对年轻雇员、残疾雇员、家庭雇员、农场工人等有着不同的最低工资率。澳大利亚也针对伤残雇员、未满 21 岁雇员、学徒以及见习雇员制定了不同的最低工资标准。部分年份对临时工进行规定，如标准是联邦标准最低工资的 23%。伤残雇员的最低工资也做出规定：第一，伤残雇员若非因伤残而影响其生产力，能够赚取成人雇员、未成年员工或见习雇员的全额工资的，则他们的特殊联邦最低工资税前不能低于联邦最低工资标准。第二，伤残雇员若因伤残而影响其生产力，导致履行职责时未能达到工作要求，且目前并非按薪级表支付薪金的，那么他们可根据其生产力评估结果获发标准联邦最低工资的一定比例。如一个雇员的评定生产力为 70%，其最低工资标准则为标准联邦最低工资的 70%。

此外，英国和加拿大的安大略省和爱德华王子岛省均针对提供食宿的工作岗位最低工资有相应的抵免政策，即所支付的最低工资可低于法定最低工资标准。

二、技能要素纳入最低工资标准

国外劳动部门历来重视劳动者技能培训和提升，也针对技能劳动者采取不同模式的最低工资制度用以体现技术技能价值和保护薪酬权益。这能够在吸引和激励技能提升的同时，达到企业劳动生产率提升和劳动者薪酬提升的双赢效果。本部分着重分析各国技能劳动者最低工资政策实践，以期为落实我国提升技能劳动者工资待遇政策、完善最低工资制度提供借鉴。

（一）技能劳动者最低工资制度实践

1. 行业分熟练程度确定最低工资标准

德国设有全国统一的法定最低工资标准以及行业性协商最低标准。自2020 年 1 月 1 日起，全行业的法定最低工资为 9.35 欧元 / 小时，部分行业根据集体协商确定分熟练程度或专业程度的最低工资标准，若集体协议覆盖人数过半可申请政府发布标准适用于整个行业。即，政府宣布产生的实际效果是将集体协议的工资标准明确为有关行业的法定最低工资标准。以建筑行业为例，根据德国联邦劳动和社会事务部发布的第十一版《建筑业强制性工作条件》①，从 2020 年 4 月 1 日起，德国全国境内不需要资格证的建筑业简单施工和组装工作工人的最低工资标准为 12.55 欧元 / 小时，对于建筑业的熟练工人在原西德地区的联邦州最低工资标准为 15.4 欧元 / 小时，柏林地区为 15.25 欧元 / 小时，原东德地区联邦州的标准仍为 12.55 欧元 / 小时，均远高于全行业法定最低工资标准（详见表 10-1）。《建筑业强制性工作条件》明确指出，违反该行业最低工资标准支付的企业将根据量刑处以最高罚款 50 万欧元，或扣缴企业利润或因挪用工资承担刑事责任。此外，针对公共服务提供商将取消竞投资格。

表 10-1　2020 年德国特定行业的最低工资（欧元 / 小时）

特定行业		有效时间	原西德和柏林地区	原东德地区
废品利用经济		2020 年 1 月—2020 年 9 月	10	10
建筑业	简单的施工和组装工作	2020 年 4 月—2020 年 12 月	12.55	12.55
	专业性工作	2020 年 4 月—2020 年 12 月	15.41②	12.55
屋面工艺	非熟练工人	2020 年 2 月—2020 年 12 月	12.4	12.4
	技术工人	2020 年 2 月—2020 年 12 月	13.6	13.6
电工		2020 年 1 月—2020 年 12 月	11.9	11.9
油漆工艺	非熟练工人	2020 年 5 月—2021 年 4 月	11.1	11.1
	技术工人	2020 年 5 月—2021 年 4 月	13.5	13.5
建筑清洁	室内清洁工作	2020 年 1 月—2020 年 11 月	10.8	10.55
	玻璃 / 外墙清洁工作	2020 年 1 月—2020 年 11 月	14.1	13.5
护理行业	非熟练工人	2020 年 4 月—2021 年 6 月	11.8	11.5
	熟练工人	2020 年 4 月—2021 年 6 月	12.5	12.2

　　数据来源：德国联邦统计局

---

① 《建筑业强制性工作条件》中规定了建筑行业内的工作条件和最低工资标准的适用范围。该条例的第 1 条第 1 款也指出，德国境内建筑业最低工资规定的集体协议是由德国建筑业中央协会、德国建筑业总协会和德国建筑环境工业行业联盟及相关方缔结的。

② 柏林：15.25 欧元。

印度中央政府和邦政府均有权制定最低工资标准[1]，最低工资标准根据地区、行业和工人技能熟练度划分。不同的邦和直辖区实行不同的最低工资标准和划分方法，如在印度德里国家首都辖区，最低工资标准依据技能和学历被分为六类，技能类工人分为非熟练、半熟练和熟练工人三类。其中，熟练工人是指能够有效地独立判断并可负责任地履行职责，且他必须对他所从事的行业、工艺或行业有全面地了解的技术工人，同非研究生类高等教育毕业管理人员最低工资标准相同（详见表10-2）。此外，也有的邦和辖区则将技能熟练程度和行业结合以设置最低工资标准。印度《最低工资法》明确规定对于未按规定支付雇员按工作类别确定的最低工资标准的雇主，可判处监禁6个月或处以罚款甚至两者兼有。

表10-2　印度德里国家首都辖区 2019 年 10 月起最低工资标准

（单位：卢比）[2]

分类	每月基本工资	物价津贴	每月总工资	每日工资
非熟练工人	14468	338	14806	569
半熟练工人	15920	364	16284	626
熟练工人	17508	416	17924	689
文书和管理职员 –没有学位	15920	364	16284	626
文书和管理职员 –录取入学非研究生	17508	416	17924	689
文书和管理职员 –研究生及以上	19060	462	19522	751

[1]　中央政府负责制定国有企业以及国家战略行业企业的最低工资标准，地方政府负责制定其他类型企业的最低工资标准。

[2]　Paycheck.in. https://paycheck.in/salary/minimumwages/16749–delhi.

2. 根据技术工种、技能等级确定最低工资标准

泰国除设定省级不同最低工资标准外，近年来为推动产业转型发展、调整劳动力价值链战略，国家薪资委员会[①]基于平等的原则，听取各方的意见且在各方均接受的条件下，针对特定行业12个工种按照技能标准不同级别分别设定最低工资标准。如2017年机械制图技术员、大型空调技术员、自动铣床技术员等可获得更高的最低工资，最低工资标准则由370泰铢/天至600泰铢/天不等[②]。其中1级和2级分别是依据知识、技能和重要能力三个维度确定的国家劳动技能标准而分级（详见表10-3）。与这些熟练工人相比，同年全国各府全行业最低工资标准为300—310泰铢/天，远低于技术工人最低工资标准。

表10-3　泰国2017年依照技能标准规定的最低工资标准（泰铢/日）

行业	工种	级别	最低工资
1. 机械及金属工业	1.1 机械制图技术人员	1级	460
		2级	550
	1.2 机械及金属工业焊接技术人员	1级	500
		2级	600
	1.3 动力传输系统技术人员	1级	450
		2级	540
	1.4 机械及金属工业焊接技术人员	1级	460
		2级	550

[①]　根据技能水平确定最低工资标准是该国1998年颁布的《劳动保护法》规定的第三方组织——薪资委员会的权力和职责。委员会包括雇主代表、雇员代表和政府代表，三方各5名代表。

[②]　2017年1月24日发布的《关于根据技能标准划分的熟练工人工资标准的通知（第6号）》，特定行业的熟练工人有权依照其技能标准获得更高的最低工资。这项条例自2017年4月24日生效。

续表

行业	工种	级别	最低工资
2. 空调及制冷机工业	2.1 空调及制冷机工业管道系统焊接技术人员	1 级	400
		2 级	485
	2.2 大型空调技术人员	1 级	385
		2 级	470
	2.3 小型冷藏室技术人员	1 级	385
		2 级	470
	2.4 空调组装技术人员	1 级	370
		2 级	455
3. 模具工业	3.1 自动铣床技术人员	1 级	450
		2 级	540
	3.2 电火花机技术人员	1 级	430
		2 级	515
	3.3 电火花线切割机技术人员	1 级	430
		2 级	515
	3.4 模具抛光技术人员	1 级	380
		2 级	455

数据来源：泰国劳动部

3. 按照职级定位、职业标准确定最低工资

澳大利亚最低工资标准体系较其他国家更为精细化。劳动者享受特定企业协议 Enterprise Agreement（EA）、现代劳资裁定协议 Modern Award（MA）中所规定的最低工资标准，如未有适用的 EA 或 MA 最低工资标准，则享受政府每年公布学徒期、培训期劳动者不同等级的最低工资标准。三类最低工资标准为劳动者提供了就业条件，特别是工资支付的最低安全网保护。作为全国劳资关系的仲裁庭的公平工作委员会，每年更新 MA 中包括最低工资标准的工作条件内容，目前有 122 个行业或职业设有强制性的通用标准。以

2020 年制造业及相关行业职业裁定协议中最低工资标准为例，行业标准分为普通制造业和汽车制造业两大类标准，涉及行业内主要技术职业。该 MA 在按照制造业和工程行业咨询委员会发布的《国家金属和工程能力标准实施指南》设定不同职级职责范围和认定资格的基础上，依据工作价值、工作性质、所需技能和责任水平以及完成工作的条件等维度设定了相应的最低工资。如 C12 级是三级工程或制造业员工，需具备一级工程生产类证书或二级工程证书的技能要求（详见表 10-4）。此外，对于违反 MA 中最低工资标准的企业，该国《公平工作法》明确规定法院将处以罚款。

表 10-4　2020 年澳大利亚制造业及相关行业职业最低工资标准

（单位：澳元）

分级	最低周薪	最低时薪	普通制造业	汽车制造业
C14 / V1	740.8	19.49	工程或制造业员工——一级	装配工、车库助理工、三级机械师（金属）等
C13 / V2	762.1	20.06	工程或制造业员工——二级	混凝土工、除冲天炉外的炉工、使用便携式机器铸造的磨床工等
C12 / V3	791.3	20.82	工程或制造业员工——三级	空气锤操作员、车身板钻工、电机切刀修整工、二级电镀机操作工等
C11 / V4	818.5	21.54	工程或制造业员工——四级 / 实验室测试员	模切机操作工、叉车司机、金属精整机工、底漆油漆工、焊接工等
C10 / V5	862.5	22.7	工程 / 制造业技工——一级 / 工程或制造业系统五级员工	电气装配工、钳工和车工、热处理工、汽车修理工、制模工等
C9 / V6	889.5	23.41	工程 / 制造业技工——二级 / 一级工程或实验室技术员	汽车行业二级技工——特殊类别、汽车行业一级技师
C8 / V7	916.6	24.12	工程 / 制造业技工——特殊类别一级 / 二级工程或实验室技术员	汽车行业三级技工——特殊类别、汽车行业二级技师

分级	最低周薪	最低时薪	普通制造业	汽车制造业
C7	941.1	24.77	工程/制造业技工—特殊类别二级/三级工程或实验室技术员	—
V8	943.6	24.83	—	汽车行业四级技工—特殊类别、汽车行业三级技师
C6/V9	988.8	26.02	高级工程技工——一级/四级工程或实验室技术员	汽车行业五级技工—特殊类别、汽车行业四级技师
C5/V10	1009	26.55	高级工程技工——二级/五级工程或实验室技术员	汽车行业六级技工—特殊类别、汽车行业五级技师
C4/V11	1036	27.27	一级工程助理/实验室技术官	汽车行业工程助理——一级
C3/V12	1090	28.69	二级工程助理/实验室技术官	汽车行业工程助理——二级
C2(a)/V13	1117	29.41	首席技术官	汽车行业首席技术官、工程管理执行负责人/培训官/协调官
C2(b)/V14	1166	30.69	首席技术官	汽车行业首席技术官

数据来源：澳大利亚公平工作委员会。其中 C 类序列属于一般制造业，V 类序列属于汽车制造业。不同职位职级认定资格标准略。

4. 低收入行业按技能提升确定最低基本工资标准

新加坡没有设立最低工资制度，每年由工资委员会发布工资增长指导原则。2019—2020 年的指导原则中将低收入工人的工资门槛从 1300 新元/月提至 1400 新元/月。其中包括固定工资每月 50 至 70 新币的增长以及针对生产率提升的一次性奖励金，从 200 至 360 新币不等。[①] 尽管没有整体设立最低

①　Ministry of Manpower. National Wages Council 2019/2020 Guidelines. https://www.mom. gov.sg/newsroom/press-releases/2019/0530-national-wages-council-2019-2020-guidelines.

工资制度，但 2015 年起，新加坡为了改变低收入行业流失率高、五年实际工资零增长局面，逐步对三个低收入行业强制实施渐进式薪金模式（Progressive Wage Model），该模式是涵盖薪资、职业发展、技能和生产力提升四个元素的框架，旨在让拥有不同技能和承担不同责任的员工，有不同的薪资起点，以鼓励员工接受培训提高生产力和工资水平。目前清洁、保安、园林景观行业由国家三方委员会确定 5 年内最低基本工资标准，使低技能劳动者可以看到一定时间内职业发展规划及收入预期，也引导行业企业在保证员工实施技能培训的基础上执行最低基本工资标准（详见表 10-5、表 10-6）。对于上述行业企业违反国家人力部公布的基本工资支付标准规定的，企业将无法进行工商注册和更新登记。

表 10-5　新加坡 2020 年 7 月起执行的清洁行业最低基本工资标准

（单位：新加坡元）

第 1 组　办公楼和商业建筑 如办公室、学校、医院和 综合医院		第 2 组　餐饮 如小贩中心和美食广场		第 3 组　公共部门 如市议会和公共清洁	
				卡车驾驶员（4/5 级）	≥ $2016
主管	≥ $1910	主管	≥ $1910	主管 / 机械操作工	≥ $1910
多技能清洁工 / 机器操作工	≥ $1697	多技能清洁工 / 机器操作工	≥ $1697	多技能清洁工 / 机器操作工 / 垃圾收集工	≥ $1697
户外清洁工 / 医疗卫生清洁工	≥ $1485	洗碗工 / 垃圾收集工	≥ $1485	一般清洁工	≥ $1485
一般室内清洁工	≥ $1273	桌面清洁工	≥ $1379		
		一般清洁工			

数据来源：新加坡人力部

表 10-6　新加坡 2020 年 1 月起执行的园林景观行业最低基本工资标准

岗位等级	月度基本工资
园景主管	≥ 2100 新币
↑	
完成园景管理 WSQ 高级认证中的 4 个模块培训	
园景主管助理	≥ 1700 新币
↑	
完成园景管理 WSQ 高级认证中的 1 个模块培训	
园景技师	≥ 1500 新币
↑	
完成园景操作 WSQ 高级认证中的 4 个模块培训	
园景人工	≥ 1300 新币
↑	
进入园林景观行业 3 个月内完成园景操作 WSQ 认证中的 3 个模块培训	
↑	
新手	

数据来源：新加坡人力部

（二）技能劳动者最低工资标准的确定模式比较

纵观各国技能劳动者薪酬数据，我们可以发现，相比于非熟练工人，熟练工人或拥有较高技能的劳动者常能得到更高的工资报酬（较高的最低工资标准、平均收入等）。政府和企业常提倡用更好的教育或培训来弥补员工的技能差距，进而提升工资报酬。同时，当工资薪酬能够准确反映各个职业对技能的供求关系时，才能对劳动者有吸引力，进而激励其提高技能，并可在企业内部形成技能和待遇双提升的良性循环，技能劳动者的创造力将被进一步激发，推动社会劳动生产率的提高，最终实现国家经济和社会的高质量发展。

作为收入分配政策中最常见的法定或强制性政策，最低工资政策在世界上绝大多数国家被采用。上述不少国家采用了精细化的最低工资标准，除保护技能劳动者薪酬权益外，在引导和鼓励劳动者提升技能及企业分配技能导向方面起到了一定的积极作用。从功能定位看，各国定位略有不同。新加坡逐步制定以一定技能提升为前提的最低工资标准要求是为了解决部分低收入行业长期生产率低、收入水平低的问题。泰国是为鼓励和推动制造业生产力水平。澳大利亚则考虑保障相对生活水平的同时，也有考虑通过渗透于整个职业发展路径中的最低工资标准来促进工作绩效。从确定机制看，大部分国家都采取了集体协商或具有三方性质的委员会制定或审议不同职业或技术工种分不同熟练程度或不同职级最低工资标准。同时，行业协会等相关机构在制定本领域职级资格或工作条件认定方面起到了至关重要的专业支持作用。从覆盖范围和强制程度看，德国行业集体协议需满足覆盖人群过半才可申请政府发布并适用于整个行业，最终强制实施的行业为数不多。泰国仅发布个别行业中少数工种标准，新加坡则仅仅强制发布个别行业标准，且在年度工资指导原则中建议其他行业采取类似的渐进式薪金模式并引导劳动者提升技能水平。而澳大利亚不论行业还是职业发展结构均更为细化，且设置了层层兜底的最低工资安全网，也显示了工资政策具有较高的集权性。

表 10-7　部分国家技能劳动者最低工资模式比较

国家	确定机构/机制	分类模式	覆盖范围	是否强制
德国	行业集体协商制定	行业、熟练程度	行业集体协议覆盖行业人员过半即可由政府发布全行业适用	经由政府发布的全行业强制适用
印度	具有三方性质的协商委员会制定	熟练程度	中央或地区	强制
澳大利亚	国家公平工作委员会制定	职业、职级	122个行业或职业	强制
泰国	工资委员会制定	技术工种、职级	3个行业12个工种	强制

续表

国家	确定机构/机制	分类模式	覆盖范围	是否强制
新加坡	三方委员会制定	职业/职级发展	3个行业	部分行业强制，其他行业引导
英国	低薪委员会制定	年龄、学徒	全行业	强制
新西兰	商业创新和就业部审议制定	学徒、培训期、入职起步期		

数据来源：各国最低工资法律或相关官方网站信息

（三）政策启示

我国技能劳动者就业领域长期以来存在一线技术工人工资低、发展通道不畅、制造业人员流失率高的现象。近年来，中央和地方出台不少针对高技能人才的工资待遇提升政策，但对于大量的普通技术工人工资正常调整机制仍然缺乏一定的引导与支持，政策落地仍需细化配套措施。与此同时，基于保障一线劳动者及家庭基本生活支出功能定位的最低工资制度相对其他国家实施时间较短，除地区性法定最低工资标准外，集体协商确定行业或职业最低工资标准覆盖面较小，规模效应较差，技能导向较弱。为进一步加强国家工资分配宏观政策引导，鼓励技能劳动者提升技能提升收入，健全技术、技能要素参与分配的机制，就细化最低工资、提升技能劳动者薪酬及相关配套政策提出以下建议：

一是细化最低工资标准制度，改变仅发布地区性最低工资标准的惯例，试点发布紧缺技术工种最低工资标准。参考国外精细化设置最低工资标准思路，立足于引导提高技能、技术创新和生产率水平，试点地区可引入紧缺技术工种最低工资标准。模式一：行业紧缺工种最低工资集体协议。鼓励行业企业协会、行业工会积极参与制定和协商电梯安装维修工、焊工、电工、模具工等当地紧缺技术工种最低工资标准，签订行业最低工资专项协议，并在机制成熟的基础上按照技能等级设定最低工资标准。模式二：参考德国做法，行业最低工资集体协议覆盖超一半行业从业人员时可在多方评估基础上由政府发布最低工资标准并适用于整个行业。上述两类模式设定的最低工资标准将起到稳定技术工人队伍、调动生产积极性以及吸引更多年轻人加入技术劳动队伍。

二是完善技术工种等级及评价体系，为健全技术工种最低工资标准奠定基础。提高技能劳动者待遇是一项系统性工程。作为前提条件或关联因素，吸引年轻人选择技术技能职业、提升职业技能、规范资格认证、畅通职业发展通道等均需要顶层设计、多方参与、建立健全体系。建立健全行业或职业通用的职业技能或技术工种等级评价体系，有利于不同技能要求条件下对应的最低工资标准协商或设置，也有利于引导企业为技能劳动者设计和规划职业发展通道。同时，应加强行业协会人员专业素质培养，优化人员结构，推动行业协会深入企业，做好行业专业统计、信息咨询、调查研究等，在此基础上为行业生态和职业发展提供技术性支持。

三是建立技能等级和管理技术等级薪酬比较制度，为合理确定不同技能等级最低工资标准提供参考。各地可在逐步完善薪酬调查数据统计制度的基础上，向公众公布部分技能职位分不同技能等级或工作年限的薪酬收入数据或分析报告，并科学合理地对标比较技能劳动者与管理、技术不同等级薪酬水平，为行业工资集体协商和企业内部工资分配提供引导与支持，同时也为按照技能等级确定最低工资标准提供合理性参考。

四是强化技能工种最低工资标准的执行监督，促进提升生产一线人员工资水平。无论是覆盖部分企业集体协议中设定技能工种最低工资标准，还是全覆盖强制发布的紧缺工种最低工资标准，均应加强引导执行和明确罚则力度，积极宣传技术工种最低工资有关规定及功能定位，明晰这一针对性措施对企业升级发展的正面作用，可以有效提高制定标准的执行力，并在加强执行监督检查和落实罚则的基础上，能够切实促进提升生产一线人员的工资水平。

三、最低工资与生活工资

主要发达国家采取的政府干预市场工资分配措施除含法定最低工资在内的工资支付保障、工资指导原则、信息发布、协商平台支持外，部分国家或城市采取了最低"生活工资"保障政策。"生活工资"最早设立基于贫困线计算标准，后来有美国学者界定了更宽泛的概念，即"使工人有能力供养家庭，维持自尊，有途径，也有休闲时间来参与国家公民生活的工资水平"。如美国自 20 世纪 90 年代起，140 多个城市设有强制性生活工资法案（主要适用于与政府签订公共合同的承包商的雇员、公共服务业劳动者等，也有部分城市直接应用于城市最低工资标准），而英国是采取生活工资指导标准（分为非强制性国家级和城市级标准）的政策，加拿大 2011 年个别城市开始效仿美国设立强制性生活工资政策。此外，也有部分国家在实施最低工资政策中采用了"生活工资"理念，如法国为代表的部分欧洲国家最低工资定位是"生活工资"理念，即一是给予最低劳动收入的劳动者购买力的保证，二是保证低收入人群在国民经济中的劳动参与。

（一）法定最低生活工资

1. 国家最低工资标准中设立最低生活工资标准

英国于 2015 年 8 月确定了大胆尝试改革最低工资制度的方案，目的在于将其最低工资推高至发达经济体中的较高标准。该改革主要面向 25 岁及以上的劳动者，设立新的最低工资标准——"全国最低生活工资"，它以每小时 7.2 英镑起步，预计到 2020 年提高至收入中位数的 60%，即类似法国最低工资标准的相对价值水准，相当于每小时约 9 英镑。这意味着，对于 25 岁以上的劳动者，最低工资相对于收入中位数的比值在截至 2020 年的 5 年间的涨幅，将于之前 16 年的涨幅相同。该国政府旨在将英国目前"低工资、高税收、高福利"社会导向转向"高工资、低税收、低福利"社会。该国财政大臣 George Osborne 认为，这样可以借助此举为数以百万计的人们提高工资，而不致损害过去 5 年的就业繁荣。此类政策或理念体现出了国外工资收入分配领域政策灵活性与多样性。

2. 实施生活工资法案

目前，单独设立生活工资法案的主要有美国，该国有 140 多个城市设立生活工资法案。此外，2011 年起，加拿大个别城市开始效仿美国设立强制性生活工资政策。

美国当代生活工资运动开始于 1994 年，始于美国巴尔的摩，从那时起美国已经目睹了很多州的城市有关生活工资倡议的快速扩张。这些倡议的措施通常要求一个工资的底线要高于州和联邦的法定最低工资数值，使一个全职工人可以支撑一个3—4人家庭在联邦贫困线以上。比如2003年，一个全职工人用于支撑四口之家位于联邦贫困线18400美元以上，需要达到最低8.85美元/小时的工资收入，远高于联邦最低工资。截止到2009年，已经有100多个城市实施生活工资法案，这与美国工人运动领袖的意图核心及有条理的组织分不开[1]。

美国生活工资制度是强制性的，自1994年在劳工和宗教人士发起了一次成功要求城市服务承包商支付生活工资的活动后，巴尔的摩市1994年建立该国第一个生活工资法案。之后，很多城市逐步都效仿建立。这些城市的生活工资标准实质上比美国联邦最低工资甚至是所属州最低工资都要高，如洛杉矶法令于1997年3月获得通过，生存工资标准被定位7.25美元/小时，比当年州最低工资5美元/小时高出了45%，同样类似的，最初巴尔的摩生活工资法案规定6.15美元/小时，比所属的马里兰州推行的最低工资4.25美元/小时也高出了45%。

尽管生活工资标准相对较高，但是覆盖人群和企业数量有限。他们通常只适用于与城市有服务合约的企业，如向城市建筑提供门卫、泊车或园林服务的企业。当然，也有部分城市如圣菲市、旧金山市的生活工资标准是直接被应用于当地最低工资标准，这样两个标准覆盖人群则一致。

表10-8　美国2014年选定城市法定生活工资概况

法案	首次颁布时间	覆盖群体	生活工资标准	备注
巴尔的摩市生活工资条例	强制性，1994年首次采用	公共劳务合同雇员	2014年，公共劳务合同生活工资为每小时11.07美元（有效期至2014年6月底）	2014年，在马里兰州和巴尔的摩市，所有拥有至少2名雇员商业的最低工资为每小时7.25美元

① Deborah M. Figart, Living Wage Movements Global Perspectives, Marquette University.

法案	首次颁布时间	覆盖群体	生活工资标准	备注
洛杉矶生活工资条例	强制性，1997年首次采用	生活工资适用于拥有3个月或25000美元以上合同的城市承包商，也适用于洛杉矶机场的雇员	2014年，洛杉矶具有保健福利金的生活工资为每小时10.91美元，无保健福利的为每小时12.16美元（有效期至2014年7月）。2014年，洛杉矶机场具有保健福利金雇员的生活工资为每小时10.91美元，无保健福利雇员的为每小时15.67美元（有效期至2014年7月）	生活工资还为病假、休假或个人需要提供每年12天的带薪假期，加上额外10天的家庭或个人疾病无薪假期。2014年，对于其他雇主，加利福尼亚州的最低工资为每小时8.00美元
波士顿工作和生活工资条例	强制性，1998年首次采用	适用于通过赠款、贷款、税收优惠、债券融资、补贴或其他形式获得政府性基金至少100000美元援助的城市承包商和公司，例外为不同方案下的建设项目、青年方案和实习方案	2014年，波士顿生活工资为每小时13.76美元（有效期至2014年6月底）	2014年，对于其他雇主，马萨诸塞州最低工资为每小时8.00美元
芝加哥生活工资条例	强制性，1999年首次采用	适用于接收政府性基金的某些承包商和公司。其中，承包商包括非本市雇用的保安人员、停车场服务员、临时工、家庭和医护人员、收银员、电梯操作员、保管人员和文职人员，不包括非营利组织	2014年，芝加哥生活工资为每小时11.78美元	2014年，对于其他雇主，伊利诺伊州最低工资为每小时8.25美元

续表

法案	首次颁布时间	覆盖群体	生活工资标准	备注
旧金山市和县最低工资条例	强制性，2000 年首次采用	适用于所有私营和公共部门的雇主，无论他们身在何处，无论是否有雇员在旧金山工作。这包括合法或非法在旧金山工作的雇员	旧金山市和县所有员工生活工资为每小时 10.74 美元；旧金山市和县的承包商以及旧金山机场工人生活工资为每小时 12.66 美元；旧金山市和县的非营利组织承包商生活工资为每小时 11.03 美元	2014 年，对于其他雇主，加利福尼亚州的最低工资为每小时 8.00 美元
佛罗里达州最低工资修正案	强制性，2004 年首次采用		2014 年，佛罗里达州最低工资为每小时 7.93 美元	设立了高于联邦最低工资的最低工资水平

数据来源：Michael Reich, Ken Jacobs, and Annette Bernhardt. (2014). "Local Minimum Wage Laws: Impacts on Workers, Families and Businesses". IRLE Working Paper No. 104-14.http://irle.berkeley.edu/workingpapers/104-14.pdf.

　　加拿大各地的社区一直在尝试效仿英美倡导应对越来越高水平的低工资的贫困。他们主张家庭赚取收入应足以让他们支付生活的基本必需品，使他们能够有尊严地生活在我们的社会。他们倡导生活工资。生活工资加拿大（Living Wage Canada）是一个促进这些社区之间的学习和信息共享并帮助建立一个全国性的生活工资运动的门户网站。它提供了一致的生活工资的定义、计算方法，以及识别企业和社区领导承诺通过一个生活工资政策策略的细节。但是这都不是官方出具的指导性或强制性生活工资相关标准[①]。目前，加拿大 New Westminster（新西敏）市是该国唯一一个效仿美国通过城市生活工资条例的城市。

---

① Living Wage Canada, Canadian Living Wage Framework, http://www.livingwagecanada.ca/.

新西敏的生活工资采用的计算标准来源于由组织倡导生活工资法律的加拿大政策选择中心（CCPA）为大温哥华地区所计算的方式。CCPA 的生活工资计算方法是基于一个家庭的父母，两人每人每周工作 35 小时，并抚养两个 4—7 岁的孩子的家庭基本支出①。2013 年，CCPA 制定的大温哥华区生活工资是每个工作的父母 19.62 加元 / 小时或 35708 加元 / 年，但有加拿大学者认为这个数据测算偏高。学者的测算中发现，基本需求水平需要支付的金额有营养食物、住房、衣服、个人卫生、通信、公共交通、家庭保险、自付医疗和牙科保健费用和许多其他项目。换句话说，这些基本需求的收入水平已经不是绝对的必需品了。基于学者的计算方法，一对夫妇在不列颠哥伦比亚省有两个孩子的基本需求在 2010 年是 25,377 加元，这是 CCPA 测算的家庭开支的约 42%。

新西敏的生活工资法适用于所有为市政服务的全职和兼职劳动者，也包括市属单位雇用的从事体力活的雇员。

（二）非强制性生活工资

英国除了有强制性法定最低生活工资标准外，还设有非强制性或指导性的生活工资标准。如伦敦生活工资方案，是由英国最大的公民组织"公民英国"(Citizens UK) 发起。目前，英国很多城市议会宣传和践行生活工资标准线，有的城市将此作为经济发展战略目标之一来运行。"公民英国"统计发现，2014 年在英国接受这项工资标准的公司与去年同期比已高出两倍。截止到 2014 年，全英有超过 1000 位雇主采用生活工资作为工资基准，包括 Barclays、Standard Life、国家肖像画廊、众多地区政府和慈善机构，涉及 35000 名员工。接纳最低生活工资的雇主成为良好雇主的认可标志之一。现在有成千上万的签约雇主，自豪地展示出生活工资雇主标志。伦敦市当局自 2005 年以来每年均会调整生活工资标准，生活工资的基本计算思路是，最低工资率至少要让员工能过上体面的生活。截止到 2016 年 7 月底，英国最低生活工资指标标准是 8.25 英镑 / 小时，伦敦市最低生活工资标准是 9.40 英镑 / 小时。

---

① Charles Lammam, "The Economic Effects of Living Wage Laws", Fraser Institute, 2014.

（三）生活工资制度与最低工资制度的比较与联系

1. 美国生活工资制度与最低工资制度比较

（1）区别

美国法定生活工资制度与法定最低工资制度在功能定位、覆盖群体、标准高低、制定程序等方面均有区别。首先从功能定位上看，美国法定最低工资奉行的是"工资下限"理念，并非"生活工资"理念，其目的是确保国民享有最基本的生活水平，同时不会对就业造成重大影响。而生活工资制度则从另外一个角度出发，能考虑到劳动者及其家庭基本的体面生活的需求。

从覆盖群体看，最低工资基本涵盖了所有企业和雇员，而生活工资制度只涵盖了少量的企业和雇员数量。据学者不完全估算，生活工资在美国覆盖群体只占全体劳动者的十分之一[①]。甚至还有学者提到，位于收入最低 10% 以内的劳动者中仅有 2/3 的人真正被生活工资法案覆盖[②]。

表 10-9 美国法定最低工资与法定生活工资的比较

比较维度	法定最低工资	法定生活工资
功能定位	"纠正和尽快切实消除不利条件，维持最低生活标准，不损害工人就业和挣钱所需的健康身体、有效劳动和一般享受。"一是覆盖面要广；二是工资水平要能保证一个足够劳动者"自给自足的标准"	保证一个全职劳动者及其家庭满足一定体面的生活的标准。很多城市会计算一个全职劳动者负担四口家庭的贫困线之上的收入
是否强制	是	是
覆盖群体	宽（适用于雇有至少两名雇员的以下行业或机构：每年营业额至少达 50 万美元的公司，以及大部分雇员群体）	窄（只适用于少量的签有城市服务合同的企业，而不能在整个所属区域范围内通用）
工资标准	低	高
基本形式	联邦最低工资和州最低工资	城市生活工资
制定主体	由国会发布	都市议会

---

① Neumark and Wascher, 2008.
② Holzer, 2008.

比较维度	法定最低工资	法定生活工资
制定程序	联邦最低工资由国会制定。联邦最低工资标准的提高要由总统提出议案，通过国会表决批准并在《公平劳动标准法案》修正案中做出调整、加以体现	由都市议会以地方法律的形式规定

（数据来源：贾东岚，《国外最低工资》；孙劲悦，《衡量公平－生存工资与最低工资经济学》）

　　一般而言，州立法制定的最低工资标准远远低于各城市认为合理的生活工资标准，如截止到 2013 年 10 月，纽约市生活工资标准比该市最低工资标准高 58.6%，波士顿市生活工资比最低工资高 72%。

表 10–10　美国 2013 年选定城市生活工资与
最低工资标准比较（美元/小时）

城市	最低工资	生活工资（含福利）	生活工资（不含福利）	最低工资与生活工资（不含福利）的差距
纽约	7.25	10.00	11.50	58.6%
洛杉矶	8.00	10.91	12.16	52.0%
芝加哥	8.25	11.78	11.78	42.8%
波士顿	8.00	13.76	13.76	72.0%
旧金山	10.55	12.43	12.43	17.8%

数据来源：C.Lammam, The Economic Effect of Living Wage Laws, Fraser Institute, 2014.

（2）联系

　　除了有区别，这两项制度也存在一定的联系。首先，最低工资制度和生活工资制度尽管在不同处发生作用，但均起到了减贫的作用。或者说生活工资法案的出现可以作为一个补充性机制[①]，体现多层次最低工资保障结构的优化。其次，生活工资制度的发展很大程度上推动了最低工资的发展。美国历

---

① 杨欣：《美国最低工资制度的发展及启示》，《改革与战略》2012 年第 2 期。

史上多位总统曾提议将最低工资提高到生活工资标准，这个呼吁在美国部分城市已经完全实现。如新墨西哥州阿尔伯克基市和桑迪亚普韦布洛市、威斯康星州欧克莱尔市、拉克罗斯市和密尔沃基市，以及加利福尼亚州旧金山市、新墨西哥州圣达菲市、路易斯安那州新奥尔良市，还有华盛顿特区均已将生活工资在全市范围内执行，即最低工资标准与生活工资标准一致。

2. 英国生活工资制度与最低工资制度比较

相对美国而言，英国生活工资制度与最低工资制度之间的互补与联系更加紧密，该国最低工资制度的实施体制与机制较为成熟及完善，信息制度较为透明。同时，生活工资制度既有引导性的，又有强制性的形式。两个政策之间形式多样，交叉存在。

（1）区别

英国政府和低薪委员会都强调最低工资是工资下限，而非生活工资，即全国最低工资的厘定并非考虑工资是否足以维持生活水平。推行全国最低工资是为了防止工人受剥削，同时也确保公司在经营业务时以货品及服务素质来竞争，而非主要靠压低工资以求削价竞争。而由雇主自愿参与和接受的伦敦市生活工资及英国生活工资则由伦敦当局或科研机构，基于能接受的家庭生活支出来进行计算标准。从标准水平看，非强制性生活工资标准要高于法定最低工资水平，截止到 2016 年 7 月，英国全国最低工资（新政策为 25 岁以上强制性全国生活工资）为 7.2 英镑 / 小时，伦敦区生活工资为 9.4 英镑 / 小时，英国生活工资为 8.25 英镑 / 小时。从覆盖群体看，生活工资覆盖群体较低，法定最低工资覆盖面要广很多。

表 10-11　英国非强制性生活工资与法定最低工资标准比较

比较维度	非强制性生活工资	法定最低工资
功能定位	倡导雇主支付员工能够接受的不同家庭的生活支出标准，有的城市将此作为经济发展战略目标之一来运行	"工资下限"定位：保证工人的劳动权益不受侵犯，并鼓励企业合理合法竞争，从而促进劳动力市场的完善与发展。全国最低工资的目标是在不会对通胀或就业造成任何重大负面影响的情况下，订立能够帮助最多低薪工人的最低工资

比较维度	非强制性生活工资	法定最低工资
是否强制	否	是
覆盖群体	自愿接受生活工资的公司，一般是公共部门或大企业	适用于"任何按照合同在英国从事工作或者正常工作且超过法定上学年龄的工人"
工资标准	高	低
基本形式	伦敦市生活工资、英国生活工资	英国国家最低工资
制定主体	Living Wage Foundation（英国公民联盟）、Greater London Authority– 大伦敦政府	低薪委员会
制定程序	Living Wage Foundation 伦敦区设置生活工资，具体计算由大伦敦管理局完成；伦敦以外的英国生活工资由该 Foundation 设置后，拉夫堡大学社会政策研究中心完成计算	低薪委员会负责每年向政府就最低工资事宜提供独立的专业咨询意见。低薪委员会从雇主协会、工会及学术专家等多个不同的资料来源收集证据，然后订立其认为合适的最低工资额，并向政府（即贸易及工业大臣）（Secretary of State for Trade and Industry）提供意见，最终国会通过

数据来源：Living Wage Foundation，英国最低工资条例及修正案等。

（2）联系

英国财政大臣奥斯本 2015 年 7 月正式公布保守党单独执政以来的首个预算案，旨在变"低工资、高税收、高福利"为"高工资、低税收、低福利"，英国政府此举首先是为了减少政府财政赤字，另一个目的是要革除福利弊端，矫正长期以来的"福利依赖症"。其中最吸引眼球的方案是 2016 年 4 月起实行针对 25 岁以上劳动者的强制性国家最低生活工资标准，由 2015 年全国最低工资标准 6.7 英镑 / 小时提高为 7.2 英镑 / 小时的生活工资，提高了 7.5%，按照一整年增速计算同比增长了 10.8%，这是自重新建立最低工资制度以来最大的涨幅，而且根据规划，2016 年到 2020 年最低工资将提高 17% 左右，年均增速 6.5%。均远高于往年增速，目标将达到 9.16 英镑 / 小时。这个新的举措一方面是为了改变税收和财政政策的一项举措，另一方面也是在引入生活工资理念的最低工资制定措施。

（四）政策启示

1. 工资政策需要有针对性覆盖群体，有的放矢

不论是英国还是美国，不同工资政策的覆盖群体均有明确界定，针对不同的对象有不同的政策扶持，产生不同的政策效应。我国目前的工资政策，特别是最低工资政策没有区分不同年龄、工作背景等方面的细分标准或政策，缺乏精细化管理思路，可借鉴和参考国外有针对性的政策思路，出台一些细分政策。

2. 工资政策实施需要基于评估工作，有理有据

英国、美国、加拿大等国在最低工资评估方面一直做得比较谨慎和全面，在标准测算前后均会进行评估各方面的影响。值得一提的是英国低薪委员会每年会对过去实施的最低工资以及即将实施的最低工资进行非常翔实的数据分析，在有理有据分析的基础上提出调整建议，特别是对调整新政策后的国家生活工资标准也进行了对收入、就业等各方面影响的预测。这是目前我国做是不够完善的地方，有必要借鉴参考，做实最低工资调整的科学合理性。

3. 工资政策实施需要多层次多样化，有机结合

从某种意义上讲，英国是目前全球唯一一个集强制性和非强制性生活工资制度为一体的国家，不同政策间相互贯穿、有机结合，构建了多层次多样化的工资收入分配政策体系。我们国家在设立工资宏观调控政策方面也可借鉴这样的思路，科学化、精细化考虑政策措施。

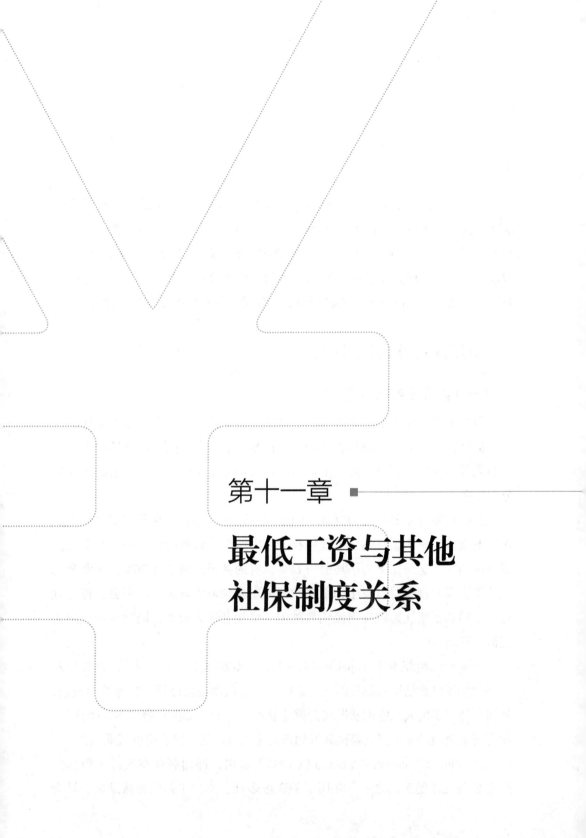

第十一章

最低工资与其他
社保制度关系

本章整理汇总了最低工资标准、失业保险金标准、城市最低生活保障标准制度实施基本情况，比较了 2008 年以来三条标准间变动关系，并基于三项制度的区别和共同点，从防止社会救助政策福利化、社会保险政策救济化、劳动者权益维护政策主体指标偏离化的角度探讨分析了三者间合理的比例关系区间。此外，在借鉴国外经验基础上结合国内各地实践提出有关建议。

一、国内外文献研究概况

（一）国外三条标准线比例关系研究现状

国外文献中有关最低工资标准、最低生活保障标准、失业保险金标准等三类标准相互衔接关系研究资料较少。但是，欧洲主要国家对于最低工资标准与最低生活保障标准、最低工资标准与失业保险金标准之间关系的研究和分析较多。

经济发展与合作组织 (OECD) 公布的数据显示，欧洲大多数国家失业人员领取的救济金平均金额达到了他们在职期间所领取薪资的约 65%，其中在很多富裕国家，这一比率的平均值为 67%，有的甚至达到了近 70%。失业金比最低工资高的现象时有发生，很多欧洲人宁愿领取失业金，也不去选择再就业。高福利制度让财政支出流动性减弱、增加劳动力成本，同时也让欧洲人变得"懒惰"。

国际劳工组织专家 Vaughan-Whitehead (2009) 提出，匈牙利在 2002 年左右将最低工资翻倍增长的目的之一是扩大社会救助金与最低工资标准的差距，从而促使更多的人从空闲状况转为就业状态，进而来减少社会成本。他认为，没有证据表明最低工资大幅提高将创造更多的劳动收入或更高的就业倾向。

Standing & Vaughan-Whitehead（1995）提出，保加利亚将最低工资作为规范公共支出的工具之一，并用于关联很多社会支出（如失业救助金、社会养老金等）后，负面效应多于正面效用。

世界银行在 2006 年的劳动市场研究报告（Labor Market Study，2006a）中指出，建议将最高失业救助金与最低工资脱钩，并建议失业救助金最高标准应与私营部门平均工资挂钩。

日本 2007 年修订了《最低工资法》。针对一些地区最低工资甚至低于当地生活保障水平的状况，其中一条修订首次提出了最低工资标准的制定要与政府为公民提供基本生活保障的公共救助相适应的要求。修订者认为，虽然公共救助福利标准和最低工资标准两者覆盖的范围不同，受众没有交叉，因此从激励工作的方面讨论最低工资和社会救助似乎没有什么意义。但实际上，这两种制度不仅会对工作积极性造成影响，还会对就业和公平等问题产生影响。

（二）国内三条标准线比例关系研究现状

目前，国内围绕"三条线"关系的研究鲜见，很多关于"三条线关系"的观点散见于一些文章之中。

孙永勇和崔莎莎（2011）分别运用比重法、恩格尔系数法、线性支出系统法对武汉市三条保障标准之间合理比例关系进行测算，并根据不同测算方法各自利弊进而赋予不同权重得出最低工资、失业保险金、城市最低生活保障标准三条线的合理比例关系约为 1 : 0.78 : 0.55。

范君晖（2008）分析了上海三条保障线比例关系，提出最低工资标准与最低生活保障标准的关系为：最低工资标准 =1.5（家庭赡养系数）× 最低生活保障标准 + 劳务成本 + 劳动激励。他还提出上海一些低保家庭不愿放弃低保带来的丰厚附带福利，从而削弱了就业的经济危机，建议政府在保障人民基本生活的同时，采取鼓励低保人群积极参加就业的措施。

吕学静等（2008）采用比重法对北京市 2004 年至 2006 年最低工资标准、失业保险金标准和最低生活保障标准进行模拟测算，计算公式为：最低工资标准 = 低收入户人均消费支出 × 人均赡养系数 × 工薪与可支配收入的比 + 职工个人最低社会保险缴费额；失业保险标准 = 生存线人均消费支出 × 人均赡养系数 × 工薪与可支配收入之比；最低生活保障标准 = 生存线人均消费支出。模拟测算发现三者比例关系过于接近，容易造成负面影响。同时，研究认为三者比例关系在增幅上应不一致，比例关系不固定。

林志伟（2006）认为，城市低保标准作为三条保障线之一，在贫困线之上，而在最低工资标准之下。城市低保标准应与最低工资标准保持一定差距，这样才能促使享受低保人员积极寻找工作，实现就业以摆脱贫困，因此，城市低保标准与最低工资标准的比例系数不应过高。按照三口之家两人工资的一般状况，最低生活保障标准应是失业保险金的 2/3 左右，根据目前我国失业保险条例，失业保险金应为最低工资的 60% 至 85%，现实中大多数地区的失业保险金平均为最低工资的 2/3，因此最低生活保障标准与最低工资标准的比例关系应为 0.44。他认为，目前我国城市低保标准相对于最低工资而言偏高。因此政府今后在调整最低生活保障标准时应注意最低生活保障标准应与最低工资标准相互衔接、拉开距离、分清层次、整体配套，这样才能尽可能减少各种制度间的摩擦与冲突，最大限度地发挥整个社会保障制度的综合效益。

王乔和李春根（2013）认为，失业保险金不能直接与最低生活保障金直接进行比较，因为这两种标准针对的目标人群不同。最低生活保障金所要解决的是保证领取人不至于生活在贫困线以下，而失业保险作为一项缴费型社会保险项目，要保证参保人失业后的基本生活水平。因此，失业保险金的给付标准必须与社会救济的水平拉开一定距离，以区别两种不同性质的保障体系。另外，失业保险金不应直接与现行最低工资标准进行关联。《中华人民共和国劳动法》将制定最低工资的权限授予省级政府，而在实践中，省级政府多数将最低工资制定权授权给地市政府，这样造成的结果是地市间最低工资标准差别很大，甚至同一城市不同的城区也有差别。而最低工资标准是参照当地生活水平而定的，这样可能导致根据最低生活保障金而制定的贫困线过低。

宁光杰（2011）认为，在中国，最低工资与各地最低生活保障、失业保险水平要保持合理的比例。最低生活保障是社会保障的最后一道防线，其获得者不仅包括劳动者，还包括没有劳动能力的人。失业保险是劳动者失去工作时获得的补偿，其水平应高于最低生活保障。而最低工资是劳动者就业获得的最低报酬，它的水平应比前两者高，如果这一标准过低，会导致劳动者就业的积极性下降，形成对失业保险和最低生活保障的依赖，不利于社会经济的发展。

根据韩兆洲等（2006）的测算，最低生活保障、失业保险和最低工资三

者的比例应为 1∶1.6∶2.3。但是，也有的地方以最低工资水平为参考标准来
制定最低生活保障。

　　总的来看，目前国内有针对性的研究不多，而且大多数研究主要基于某
个城市 1 年或 3 年以内数据进行测算，覆盖范围较小，而且有的测算方法不
是按照目前现行国家规定的测算办法，且有关低收入户人均消费性支出的八
大类统计内容和分类标准也在变化，近年来缺少进一步的研究和分析。

二、三条保障标准制度及实施情况

（一）最低工资标准制度及实施情况

1. 最低工资功能定位

　　1993 年原劳动部发 333 号文《企业最低工资规定》、2004 年原劳动部 21
号令《最低工资规定》、2015 年人社部有关建立评估机制的文件均明确了我国
最低工资制度的功能定位是保障劳动者个人及其家庭成员的基本生活。

2. 最低工资保障对象

　　《最低工资规定》明确指出，最低工资制度适用于在中华人民共和国境内
的企业、民办非企业单位、有雇工的个体工商户（以下统称用人单位）和与之
形成劳动关系的劳动者。国家机关、事业单位、社会团体和与之建立劳动合同
关系的劳动者。即，只要通过提供劳动获取劳动酬劳的从业人员均适用于最低
工资制度保障范围。前提是，劳动者在法定工作时间或依法签订的劳动合同约
定的工作时间内提供了正常劳动，用人单位依法应支付最低劳动报酬。

3. 最低工资标准测算方法

　　根据 2004 年原劳动部 21 号令《最低工资规定》，确定最低工资标准一般
考虑城镇居民生活费用支出、职工个人缴纳社会保险费、住房公积金、职工
平均工资、失业率、经济发展水平等因素。该文件提出确定最低工资标准采
用如下通用方法：

　　一是比重法。即根据城镇居民家计调查资料，确定一定比例的最低人均
收入户为贫困户，统计出贫困户的人均生活费用支出水平，乘以每一就业者
的赡养系数，再加上一个调整数。

　　二是恩格尔系数法。即根据国家营养学会提供的年度标准食物谱及标准

食物摄取量，结合标准食物的市场价格，计算出最低食物支出标准，除以恩格尔系数，得出最低生活费用标准，再乘以每一就业者的赡养系数，再加上一个调整数。

通过以上方法计算出月最低工资标准后，再考虑职工个人缴纳社会保险费、住房公积金、职工平均工资水平、社会救济金和失业保险金标准、就业状况、经济发展水平等因素进行必要的修正。

2015 年人社部关于建立最低工资评估机制的有关文件提出，各地要统筹考虑劳动者及其赡养人口的最低生活费用、城镇居民消费价格指数、职工个人缴纳社会保险费、职工平均工资、经济发展水平和就业状况等因素，特别是关注企业人工成本承受能力。

在 2016 年之前，各地在测算最低工资标准时，如采用比重法，指标参考口径有所不同。如有的地区以统计部门发布的城镇居民 20% 最低收入户数据为依据，而有的地区则按 10% 或 5% 最低收入户数据来进行测算。

4. 最低工资实施情况

自 1993 年开始建立、2004 年《最低工资规定》公布实施以来，最低工资在制度上和实践中都取得了重大进展。作为政府调节企业工资分配的重要"抓手"，最低工资是保障劳动者特别是低收入劳动者取得劳动报酬合法权益的重要手段，也是国家"提低、扩中、调高"收入分配制度改革思路中"提低"的主要措施之一。但最低工资制度在实施中也存在一些问题。例如，部分企业把最低工资当作企业员工标准工资，或作为社保缴费基数导致员工实际收益受损；一些劳动密集型企业因政府提高最低工资加大了企业用工成本而产生抵触情绪，甚至出现产业迁移到东南亚地区的现象；各省在最低工资调整过程中随意性较大，调整的幅度、频次、时间、程序、方法差异较大，不少地区最低工资调整受其他干扰因素影响较多，甚至出现一些盲目攀比现象等。

近年来，人社部相关部门开展全国最低工资评估并对各地最低工资提出指导意见。2014 年至 2018 年，全国分别有 25、27、9、20 和 16 个地区调整了最低工资标准，调增地区对应平均调整幅度分别为 14.1%、14.9%、10.7%、11.05% 和 11.39%。

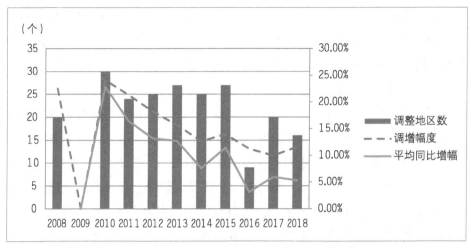

图 11-1　2008—2018 年最低工资调增地区数和增幅

根据人社部最低工资评估课题组分析，总体而言，近几年最低工资标准快于同期人均 GDP 增速的状况得到明显改善。就全国来看，2010 年至 2015 年，扣除价格因素，最低工资标准各档次平均值实际增长 8.99%；同期按不变价计算，人均地区生产总值年均增速为 7.34%，最低工资实际增速快于人均地区生产总值实际增速 1.55 个百分点左右。2016 年各地最低工资标准按照稳慎原则调整后，2010 年至 2016 年，人均 GDP 年均增幅为 7.13%，低于同期最低工资标准实际年均 7.48% 的增幅，但相差幅度有所改善。2017 年，在全国最低工资标准调整地区相对较多的背景下，2010 年至 2017 年人均 GDP 年均增幅为 7.10%，较同期最低工资标准实际年均 7.13% 的增幅，差距进一步缩小。这表明，绝大多数地区最低工资调整对于企业承受能力可能产生的负面影响得到了控制。但个别地区最低工资增幅仍快于人均 GDP 增幅。例如，安徽省 2010 年至 2018 年人均 GDP 年均增速 9.21%，同期最低工资年均实际增速 11.25%；宁夏 2010 年至 2018 年人均 GDP 年均增速 8%，同期最低工资实际增速 8.72%。

（二）失业保险金标准制度及实施情况

1. 失业保险金功能定位

现行《失业保险条例》明确提出失业保险制度的功能定位是"为了保障失业人员失业期间的基本生活，促进其再就业"。研究认为，失业保险的功能定位分为广义和狭义之分。前者需同收入分配政策、劳动力市场制度等相关制度体系相结合，以达到促进就业形势有效改善、合理配置劳动力资源、优化社会分配格局等宏观目标；而后者则是"保生活、防失业、促就业"的基本功能①。

2. 失业保险金保障对象

现行 1999 年《失业保险条例》规定具备下列条件的失业人员，可以领取失业保险金：一是按照规定参加失业保险，所在单位和本人已按照规定履行缴费义务满 1 年的；二是非因本人意愿中断就业的；三是已办理失业登记，并有求职要求的。总体而言，现行失业金覆盖面较窄，仅覆盖了城镇企事业单位的职工。《失业保险条例》还规定各省份根据当地实际，将区域内的社会团体、民办非企业单位、有雇工的城镇个体工商户及其所雇人员纳入制度覆盖范围，但未将乡镇企业及其职工、非正规就业人员纳入覆盖范围。2017 年底《失业保险条例修订征求意见稿》向社会公布，与现行条例相比，《征求意见稿》扩大了覆盖范围，在地域上打破城乡壁垒，将原来的"城镇"拓展为"城乡"；在主体上，将社会团体、民办非企业单位、基金会、律师事务所、会计师事务所等组织及其职工纳入保障范围，基本全部覆盖了与单位建立劳动关系的职业人群，基本符合我国当前经济社会发展的水平、趋势和要求。

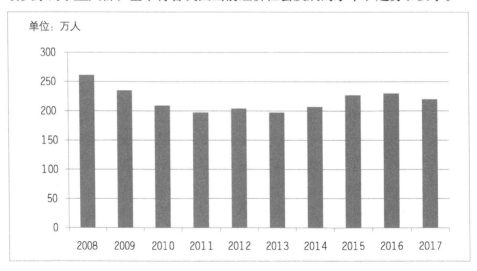

图 11-2　2008—2017 年底全国领取失业保险金人数

---

① 田大洲：《中国积极的失业保险政策》，社会科学文献出版社 2018 年版。

3. 失业保险金标准及相关待遇

现行《失业保险条例》规定，失业保险金的标准，按照低于当地最低工资标准、高于城市居民最低生活保障标准的水平，由省、自治区、直辖市人民政府规定。现行规定没有明确具体测算方法，仅提出与这两类标准相对的衔接位置。

现行失业参保人员的失业保险待遇包括失业保险金、死亡丧葬补助金和抚恤金、职业培训补贴、医疗补助金。《失业保险条例修订征求意见稿》规定失业人员的失业保险待遇共七项，分别是：失业保险金、代缴基本养老保险费、代缴基本医疗保险费、死亡丧葬补助金和抚恤金、职业培训补贴、职业技能鉴定补贴、创业补贴。与现行条例相比，新增了为失业人员代缴基本养老保险费、职业技能鉴定补贴和创业补贴，将医疗补助金调整为代缴基本医疗保险费。

4. 失业保险金制度实施情况

我国失业保险制度起步于 1950 年失业救济，初建于 1986 年国营企业职工待业保险，成型于 1999 年颁布实施的《失业保险条例》[1]。现行条例实行以来，该项制度在我国经济社会发展的不同历史阶段，都发挥了重要的作用。在 20 世纪末 21 世纪初推行的国有企业改革中，积极提供下岗失业人员基本生活保障，促进市场就业机制的建立发展。为应对 2008 年金融危机的影响，实行"一缓一减三补贴"政策。在汶川地震等重大灾害中，采取降低费率、预发失业保险金、向自谋职业和自主创业的失业人员一次性支付失业保险金和创业补助金等应急措施。2015 年以来为进一步降低实体经济企业成本，增强企业活力，国务院实施了多次阶段性逐步降低失业保险费率政策，积极推进深化供给侧结构性改革，为稳增长、促就业提供支撑。《国务院关于做好当前和今后一个时期促进就业工作的若干意见》指出，自 2019 年 1 月 1 日至 12 月 31 日，对面临暂时性生产经营困难且恢复有望、坚持不裁员或少裁员的参保企业，返还标准可按 6 个月的当地月人均失业保险金和参保职工人数确定，或按 6 个月的企业及其职工应缴纳社会保险 50% 的标准确定。

---

[1]　解读人社部《失业保险条例》修订草案征求意见稿，https://baijiahao.baidu.com/s?id=1584663236092856009&wfr=spider&for=pc。

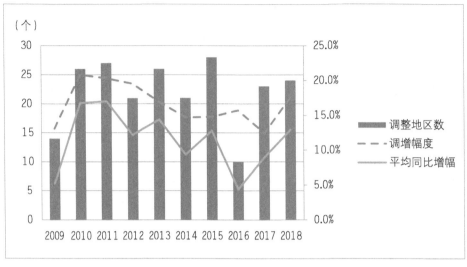

图 11-3　2009—2018 年全国失业保险金标准调增地区数和增幅

根据人社部发布《人力资源和社会保障事业发展统计公报》显示，2013 年至 2017 年，失业保险金基金收入分别为 1289 亿元、1380 亿元、1368 亿元、1229 亿元和 1113 亿元，支出分别为 532 亿元、615 亿元、736 亿元、976 亿元和 894 亿元。失业保险基金的累积结余规模逐年增加，近 5 年分别为 3686 亿元、4451 亿元、5083 亿元、5333 亿元和 5552 亿元。截至 2018 年 5 月底，国家失业保险基金累计结余规模已达 5600 多亿元。

（三）城市最低生活保障标准制度及实施情况

1. 城市最低生活保障标准功能定位

根据《城市居民最低生活保障条例》（1999 年国务院令第 271 号）规定，城市居民最低生活保障标准是立足于"保障城市居民基本生活"。

2. 城市最低生活保障标准保障对象

根据《城市居民最低生活保障条例》规定，凡是持有非农业户口的城市居民，凡共同生活的家庭成员人均收入低于当地城市居民最低生活保障标准的，均有从当地人民政府获得基本生活物质帮助的权利。根据《关于进一步加强城市低保对象认定工作的通知》（民函〔2010〕140 号）规定，家庭财产是指共同生活的家庭成员在规定期限内的全部可支配收入，包括扣除缴纳的个人所得税及个人按规定缴纳的社会保障性支出后的工资性收入、经营净收入、财产性收入和转移性收入等四大类。此外，优抚对象按照国家规定享受的抚恤金、补助金不计入家庭收入，独生子女费、孤残儿童基本生活费等也可减免。家庭人均月可支配收入低于当地低保标准的是可享受低保待遇的基本条件。

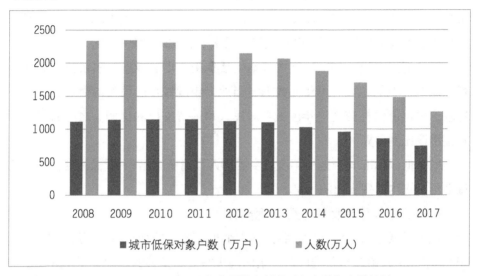

图 11-4　2008—2017 年全国城市低保对象户数和人数统计

3. 最低生活保障标准测算办法

《关于进一步规范城乡居民最低生活保障标准制定和调整工作的指导意见》（民发〔2011〕80 号）明确提出：要坚持科学性原则，以维持当地居民基本生活所必需的消费品支出数据为基础科学测算，充分论证；坚持合理性原则，统筹考虑困难群众基本生活保障需要、当地经济社会发展水平和财力状况。该文件指出城乡低保标准需与失业保险、最低工资、扶贫开发等政策标准合理衔接，并按照动态调整原则建立与物价上涨挂钩的联动机制。文件具体提出可采用以下三种办法测算城乡低保标准。

一是基本生活费用支出法。城乡低保标准 = 必需食品消费支出 + 非食品类生活必需品支出。其中，必需食品消费支出通过市场调查确定当地食品必需品消费清单、根据中国营养学会推荐的能量摄入量、相应食物摄入量以及食物的市场价格计算得出。非食品类必需品根据调查数据确定维持基本生活所必需的衣物、水电、燃煤燃气、公共交通、日用品等消费清单测算支出数额。

二是恩格尔系数法。城乡低保标准 = 必需食品消费支出 / 上年度最低收入家庭恩格尔系数。

以上两种办法计算出后，可再参考一些因素进行调整：包括当地上年度城乡居民人均消费支出、城镇居民人均可支配收入、农民人均纯收入、城乡低收入居民基本生活费用，以及经济发展水平、财政状况等因素。

三是消费支出比例法。已按基本生活费用支出法或恩格尔系数法测算出城乡低保标准的地区，可将此数据与当地上年度城乡居民人均消费支出进行比较，得出低保标准占上年度城乡居民人均消费支出的比例。之后的测算可直接用该比例测算。

城乡低保标准 = 当地上年度城乡居民人均消费支出 × 低保标准占上年度城乡居民人均消费支出的比例

4. 城镇最低生活保障制度实施情况

城镇最低生活保障制度是我国第一个现代意义的社会救助制度。自 20 世纪 90 年代初开始探索与推广，在全面落实并提高完善的基础上逐步进入了全民保障阶段[①]。与此同时，制度也在逐步向制度化和法制化演进。作为我国社会保障体系中的"最后一道保障网"，城市低保制度在正式运行的 20 余年实践时期，对于减少贫困人口和提高贫困人口生活水平起到了极大的作用。当然在实施过程中也存在一些问题：一是由于各地最低生活保障资金来源不稳定，渠道较为单一问题，地区保障程度存在差异；二是由于低保人群的附加优惠福利政策，部分地区低保领取人群存在有依赖性效应；三是不少地区测算科学合理性有待进一步提升。

[①] 周文明、谢圣远：《中国城镇居民最低生活保障制度的发展演进及政策评估》(2016)。

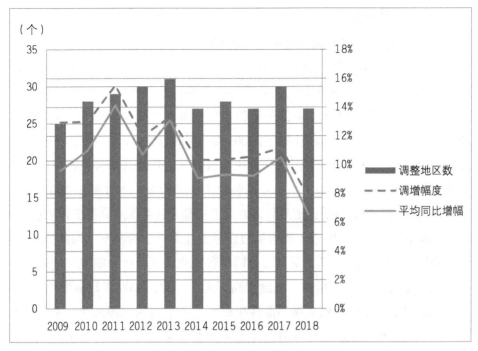

图 11-5　2009—2018 年最低生活保障标准调增地区数和增幅

三、关于三条保障标准间两两比例关系分析

我们统计整理了 2008 年以来十余年间我国不同地区失业保险金标准及低保标准同最低工资标准的比例关系数据，考虑到各省、市内最低工资标准、失业保险金标准及城市最低生活保障标准存在口径不同、档位标准不同等情况，为了保证不同类保障标准实施地区相关数据的可比性，我们采用了直辖市和各省会城市的最低工资标准、失业保险金标准、城市最低生活保障标准进行比较分析①。

---

① 遇到一个地区多个标准或限高限低的失业保险金标准情况，我们采取计算平均值或采取中间值的方式取值测算。

（一）失业保险金标准与最低工资标准比例关系分析

1. 2008 年以来失业保险金标准与最低工资标准比例变动情况

数据显示，2008 年以来，全国 31 个城市（直辖市、省会城市）中失业保险金标准同最低工资标准比例关系平均值基本维持在 67% 至 78% 左右水平，且 2008 年至 2013 年绝大部分年份该比例基本保持在 66% 至 67% 之间。其中，2009 年该比例小幅上浮，由 2008 年的 66% 增加到了 70%，主要受两方面因素影响。一是由于美国次贷危机导致我国宏观经济形势急转直下，部分企业特别是劳动密集型中小企业面临生产经营困难，人社部于 2008 年 11 月下发的《关于应对当前经济形势做好人力资源和社会保障有关工作的通知》（人社部明电〔2008〕25 号）要求暂缓调整企业最低工资标准，因此 2009 年全国各地区均未调整最低工资。二是同期各地失业保险金则响应文件中"稳步提高社会保险待遇"精神，继续提高标准。因此，2009 年数据上浮明显。金融危机过后，二者比例关系仍保持在 67% 左右。分析原因发现，主要是由于 2010 年至 2013 年，全国各地最低工资调整频率较高，幅度较大。金融危机后前几年快速提高，主要是因为许多地方最低生活费水平和物价指数上涨较快，同时各地经济发展速度也较快，而且部分地区存在一年一调整，所以出现快速全面补欠账的现象。除 2009 年受国际金融危机冲击暂缓调整，其后随着经济复苏加快了调整步伐。如 2010 年至 2013 年，全国分别有 30、24、25、27 个地区调整了最低工资标准，调增地区对应平均增幅分别达到了 22.8%、22%、20.2%、17%。而相对应而言，全国失业保险金标准平均同比增幅基本低于同期最低工资同比增幅。因此，失业保险金对应最低工资标准的比例处在相对较低的位置。

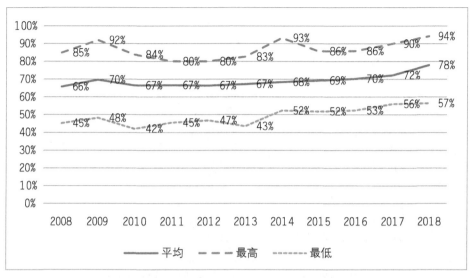

图 11-6 失业保险金同最低工资比例关系变化

自 2014 年起，该比例呈现逐年增速上涨趋势。2014 年至 2018 年，全国分别有 25、27、9、20、16 个地区调整了最低工资标准，调整地区平均增幅分别为 14.1%、14.9%、10.7%、11.05%、11.39%，增幅相对金融危机后的前四年要放缓一些。其中 2016 年至 2017 年增速回落较多以及 2018 年出现小幅回升的趋势是受 2015 年人社部发布的有关文件提出根据当期经济形势条件，要求各地按照"稳慎原则"做好最低工资标准调整工作，并适当放缓调整频率影响，各地也在评估对企业影响的基础上，充分考量企业承受力和底线保障之间的平衡，适当放慢调整的速度。2018 年调增地区幅度微增也和当年 7 个地区响应人社部有关建立评估机制的文件精神有关，跨了 3 年调整地区最低工资标准。

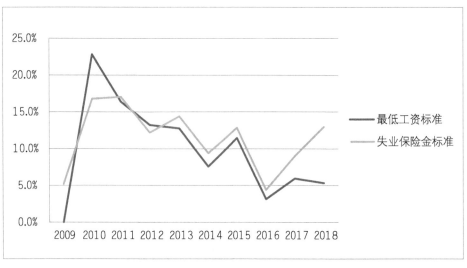

图 11-7　2009—2018 年最低工资标准和失业保险金标准同比增幅比较

正如上述分析，近五年来失业保险金标准同最低工资标准比例关系呈现逐年上涨的趋势。特别是 2017 年 9 月人社部发布的《关于调整失业保险金标准的指导意见》(人社部发〔2017〕71 号) 提出 "各省要在确保基金可持续前提下，随着经济社会的发展，适当提高失业保障水平，分步实施，循序渐进，逐步将失业保险金标准提高到最低工资标准的 90%"。按照这一文件要求，各地陆续建立了失业保险金标准与最低工资标准挂钩调整机制。有的地区明确要在最低工资标准调整后启动失业保险金标准调整程序，确保失业保险金标准调整执行时间与最低工资标准调整执行时间相一致（如广西）；有的地区直接将本地失业保险金标准提高到最低工资标准的 90%（如安徽合肥 2017 年底由最低工资的 75% 快速提高到 90%，青海西宁由最低工资的 72% 提高到 90%，2018年陕西由最低工资的 75% 提高到 90%，甘肃由最低工资的 73% 提高到 90%、内蒙古由最低工资的 80% 提高的 90%），有的地区人均失业保险金标准增幅达到了 20%，等等。因此，统计数据发现 2018 年全国 31 个城市失业保险金标准相当于将最低工资标准的平均比例快速提高到 78%。按照文件中所提逐步提高的导向，那么 2019 年和今后一段时期这个平均比例将会继续上升。

2. 不同地区失业保险金标准与最低工资标准比例变动情况

十余年来，各地失业保险金标准同最低工资标准的比例水平不一。从统计汇总数据看，广州市、呼和浩特市、长沙市、杭州市、郑州市 2008 年以来失业保险金标准和最低工资的相对比例关系平均值均在 80% 以上，其中广州市该比例最高，达到 85%。而石家庄市、哈尔滨市、天津市、济南市、乌鲁木齐市 2008 年以来失业保险金标准和最低工资的相对比例关系平均值均在 60% 以下，其中乌鲁木齐市比例平均值仅为 51%。

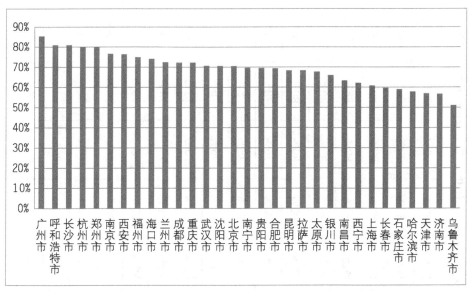

图 11-8　不同城市 2008—2018 年失业保险金 / 最低工资标准

此外，南京、西安、福州、海口、兰州、成都、重庆、武汉、沈阳、北京、南宁、贵阳等 12 个城市自 2008 年以来失业保险金和最低工资的相对比例平均值在 70% 至 79% 区间，而合肥、昆明、拉萨、太原、银川、南昌、西宁、上海、长春等 9 个城市该比例关系平均值在 60% 至 69% 区间内。

从不同年份看，海口市和重庆市比例数据分别于 2008 年和 2010 年达到全国最高水平。2011 至 2012 年，呼和浩特、长沙、杭州、郑州失业保险金标准和最低工资标准比例均达到全国最高值 80%。值得一提的是，2017 年 9 月人社部发布《关于调整失业保险金标准的指导意见》（人社部发〔2017〕71 号）后，安徽合肥市和青海西宁市在当年就将失业保险金标准对应最低工资标准比例提高到 90%，所以该城市此比例水平在 2017 年度内达到全国最高水平。其余时间，广州市比例数据均位居全国首位。

表 11-1 2008 年至 2018 年城市失业保险金和最低工资相对比例关系变动情况

城市	2008	2009	2010	2011	2012	2013	2014	2015	2016	2017	2018
广州市	80%	92%	80%	80%	80%	83%	93%	86%	86%	86%	94%
呼和浩特市	80%	80%	80%	80%	80%	80%	80%	80%	80%	80%	90%
长沙市	76%	80%	80%	80%	80%	73%	80%	85%	85%	85%	85%
杭州市	80%	80%	80%	80%	80%	80%	80%	80%	80%	80%	80%
郑州市	80%	80%	80%	80%	80%	80%	80%	80%	80%	80%	80%
南京市	68%	80%	77%	79%	77%	76%	76%	78%	78%	78%	76%
西安市	75%	75%	75%	75%	75%	75%	75%	75%	75%	75%	90%
福州市	—	75%	75%	75%	75%	75%	75%	77%	75%	75%	75%
海口市	85%	85%	65%	65%	66%	73%	73%	77%	77%	77%	72%
兰州市	—	59%	57%	76%	76%	75%	73%	74%	74%	73%	90%
成都市	70%	70%	70%	70%	70%	70%	70%	70%	70%	80%	80%
重庆市	69%	84%	84%	70%	70%	70%	70%	70%	58%	70%	80%
武汉市	70%	70%	70%	70%	70%	70%	70%	70%	70%	62%	85%
沈阳市	62%	67%	69%	61%	75%	75%	75%	75%	64%	75%	78%
北京市	70%	77%	71%	72%	71%	68%	68%	68%	67%	67%	75%

续表

城市	2008	2009	2010	2011	2012	2013	2014	2015	2016	2017	2018
南宁市	56%	70%	70%	70%	70%	70%	70%	70%	70%	70%	80%
贵阳市	70%	70%	70%	70%	70%	70%	70%	55%	70%	70%	80%
合肥市	60%	65%	65%	65%	65%	65%	65%	75%	75%	90%	73%
昆明市	74%	81%	72%	63%	63%	62%	64%	67%	67%	67%	78%
拉萨市	—	—	—	—	—	62%	69%	66%	68%	68%	76%
太原市	60%	71%	71%	71%	62%	72%	64%	57%	70%	66%	80%
银川市	至	65%	65%	65%	65%	65%	65%	65%	65%	65%	75%
南昌市	64%	64%	51%	69%	57%	61%	54%	65%	65%	65%	80%
西宁市	55%	55%	43%	49%	49%	50%	58%	58%	86%	90%	90%
上海市	52%	57%	54%	53%	56%	58%	61%	65%	67%	72%	73%
长春市	45%	50%	55%	57%	50%	43%	57%	71%	71%	71%	85%
石家庄市	61%	69%	58%	57%	54%	60%	54%	59%	53%	62%	62%
哈尔滨市	54%	54%	42%	45%	51%	63%	65%	67%	67%	65%	65%
天津市	63%	63%	63%	55%	53%	53%	52%	52%	54%	56%	60%
济南市	50%	55%	55%	50%	59%	60%	60%	59%	58%	60%	57%

续表

城市	2008	2009	2010	2011	2012	2013	2014	2015	2016	2017	2018
乌鲁木齐	48%	48%	48%	46%	47%	47%	54%	54%	54%	58%	58%
平均	66%	70%	67%	67%	67%	67%	68%	69%	70%	72%	78%
最高	85%	92%	84%	80%	80%	83%	93%	86%	86%	90%	94%
最低	45%	48%	42%	45%	47%	43%	52%	52%	53%	56%	57%

注：1. 数据来源：失业保险金标准来源于各省或省城市官方发布数据，数据以领取失业金的前 12 个月标准为准，如有地方区分累计缴费年限，则采用平均值，如北京、上海、石家庄、长春、沈阳等地，如有地区按照领取者失业前缴纳基数一定比例区分，则采用最高最低标准值的平均值计算，如海口、南京、昆明等。

2. 最低工资标准均采用本省一类地区或最高标准作为省会城市标准，不考虑市辖区较低数据。

3. 深色格为年度最高值和最低值。

部分城市一定时期内失业保险金标准和最低工资标准比例关系相对稳定。从不同城市这十余年变动情况分析看，我们先关注一定时期内失业保险金标准和最低工资标准比例关系持续不变的几个城市：杭州市和郑州市保持每年80%比例不变、福州保持每年75%比例不变。呼和浩特市、西安市分别在维持80%、75%十年不变后，自2018年起响应文件精神调至90%。成都市维持了九年70%后，2017年开始提高到80%的比例水平。武汉市维持了九年70%后，2017年由于失业保险金未调整而同期最低工资标准提高，造成了相对比例降到62%，但2018年提高到85%。南宁2009年至2017年比例关系持续维持在70%，而后提高到80%。贵阳除2015年外，2008年至2017年比例关系保持在70%，2018年提高到80%。合肥2008年起是65%，2009年至2014年比例关系维持65%不变，2015年至2016年提升到75%并维持两年未变，2017年底开始直接提高到90%，而2018年数据比例又回落到72%。

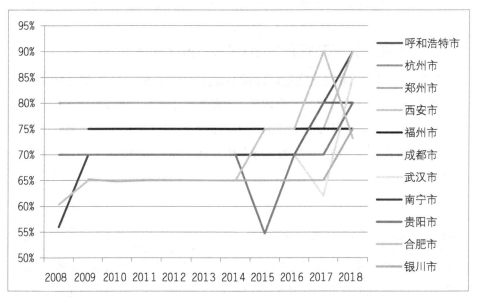

图11-9　部分城市2008—2018年失业保险金标准/最低工资标准比例关系

从各地变动情况看，十余年间变动趋势和增幅较为分化。其中，长春市失业金标准和最低工资标准比例关系年均增幅最大，达到6.5%，西宁、兰州等地也分别达到5%和4.4%。而海口、天津则整体上出现下降态势，年均增速为负。

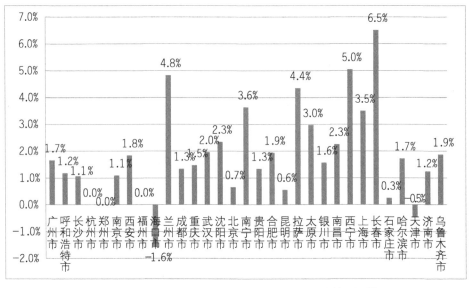

图 11-10　2008—2018 年 31 个城市 UI/MW 比例年均增幅

（二）最低生活保障标准与最低工资标准比例关系分析

1. 2008 年以来城市最低生活保障标准与最低工资标准比例变动情况

数据显示，2008 年以来，全国 31 个城市（直辖市、省会城市）中最低生活保障标准同最低工资标准工资标准比例关系平均值基本维持在 35% 至 40% 左右，且 2008 年至 2015 年绝大部分年份该比例保持在 35% 至 36% 之间，基本保持平稳。

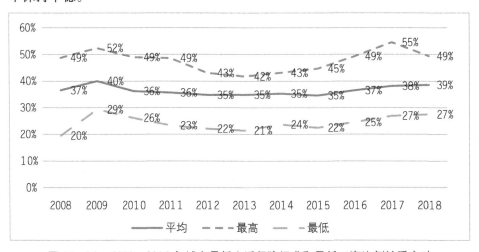

图 11-11　2008—2018 年城市最低生活保障标准和最低工资比例关系变动

其中 2009 年该比例小幅上浮，由 2008 年的 37% 增加到了 40%。和失业保险金标准相对于最低工资标准比例变动原因类似，由于当年受金融危机的影响，宏观经济形势较差条件下，人社部考虑企业经营难度，于 2008 年 11 月下发文件，提出暂缓调整企业最低工资标准。而同期全国绝大部分地区提高了最低生活保障标准水平。所以在 2008 年至 2015 年，大部分年份失业保险金标准同最低工资比例关系平均值维持在 35% 至 37%，仅在 2009 年出现挑头上浮的迹象。

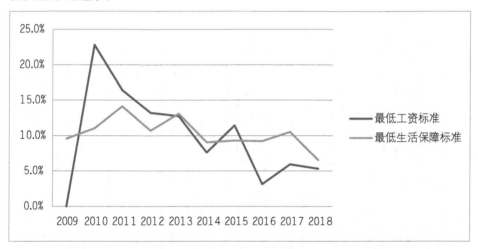

图 11-12　2009—2018 年全国各地最低工资标准和最低生活保障标准同比增幅比较

而从 2016 年起，城市最低生活保障标准和最低工资标准相对比例关系开始逐年上升。究其原因，各地最低工资调增地区数量和调增幅度受 2015 年底人社部文件提出"审慎调整"原则要求而相对前几年明显放缓，调增地区增幅由前几年的 20% 左右下降到 10% 左右，且 2016 年至 2018 年全国最低工资平均值同比增幅分别为 3.1%、5.9% 和 5.3%，平均增幅低于全国城市最低生活保障标准增幅，因此二者相对比例关系平均数据呈逐步上升趋势。

2. 不同地区城市最低生活保障标准与最低工资标准比例变动情况

近十余年以来，各地城市最低生活保障标准同最低工资标准的比例平均水平不一。从统计汇总数据看，北京、天津、沈阳、拉萨、上海、南京、西安、上海、杭州、广州等地 2008 年以来城市最低生活标准和最低工资的相对比例关系平均值均在 40%（含）以上，其中北京市该比例最高，达到 47%，接近最低工资的一半。而太原、福州、石家庄、银川、西宁、乌鲁木齐等城市 2008 年以来城市最低生活保障标准和最低工资的相对比例关系平均值均在 33%（含）以下，基本相当于最低工资标准值三分之一左右的位置，其中，乌鲁木齐市比例平均值仅为 24%，是唯一一个不足 30% 的地区。

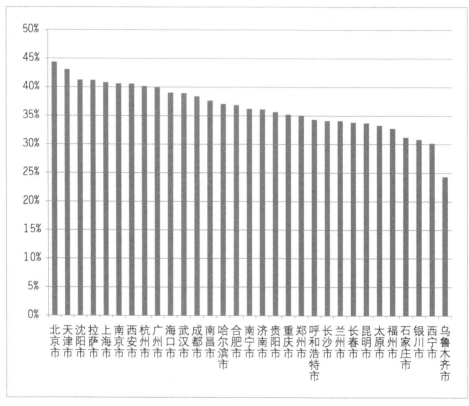

图 11-13　31 个城市 2008—2018 年城市最低生活保障标准和最低工资标准的平均比例

从不同年份看，北京市城市最低生活保障标准和最低工资标准相对比例关系值在全国最高，但仅在 2008 年达到全国最高值水平，说明十余年以来比例关系保持相对稳定。天津、沈阳、西安分别在 2009 年至 2010 年、2015 年和 2012 年至 2013 年比例关系达到全国最高值水平。值得一提的是，西藏自治区拉萨市从 2016 年起每年城市最低生活保障标准和最低工资标准的比值均位于全国最高水平。相对而言，新疆维吾尔自治区乌鲁木齐市基本每年该比例是全国最低值。

表11-2　2008年至2018年城市最低生活保障标准和最低工资相对比例关系变动

城市	2008	2009	2010	2011	2012	2013	2014	2015	2016	2017	2018
北京市	49%	51%	45%	43%	41%	41%	42%	41%	42%	45%	47%
天津市	48%	52%	49%	41%	40%	40%	38%	38%	40%	42%	45%
沈阳市	43%	49%	42%	35%	40%	38%	42%	45%	40%	42%	40%
拉萨市	36%	42%	35%	38%	33%	37%	41%	39%	49%	55%	49%
上海市	42%	44%	40%	39%	39%	40%	39%	39%	40%	42%	44%
南京市	36%	41%	40%	42%	39%	38%	40%	43%	42%	43%	43%
西安市	38%	38%	47%	42%	43%	42%	40%	38%	40%	38%	39%
杭州市	34%	38%	37%	37%	37%	40%	40%	40%	44%	46%	48%
广州市	41%	41%	36%	36%	41%	35%	39%	34%	44%	47%	44%
海口市	41%	48%	39%	42%	37%	38%	39%	41%	36%	36%	31%
武汉市	32%	39%	40%	38%	41%	40%	43%	37%	39%	38%	41%
成都市	43%	46%	35%	39%	36%	36%	36%	37%	37%	42%	35%
南昌市	40%	40%	42%	49%	40%	35%	33%	31%	33%	37%	35%
哈尔滨市	35%	34%	35%	41%	35%	40%	40%	34%	39%	36%	38%
合肥市	44%	46%	39%	32%	36%	33%	37%	34%	36%	38%	32%
南宁市	39%	42%	34%	37%	36%	33%	33%	29%	36%	43%	37%
济南市	39%	43%	39%	36%	36%	35%	34%	34%	34%	33%	32%
贵阳市	29%	34%	32%	33%	37%	41%	38%	33%	36%	38%	40%
重庆市	38%	38%	43%	37%	32%	34%	31%	34%	31%	33%	36%
郑州市	40%	40%	36%	31%	35%	35%	34%	33%	34%	35%	33%
呼和浩特市	32%	36%	32%	31%	31%	39%	35%	33%	33%	35%	39%
长沙市	37%	37%	35%	32%	30%	32%	32%	29%	32%	35%	44%
兰州市	34%	37%	32%	37%	33%	31%	31%	32%	34%	35%	41%

城市	2008	2009	2010	2011	2012	2013	2014	2015	2016	2017	2018
长春市	33%	40%	33%	35%	30%	28%	30%	34%	38%	35%	35%
昆明市	31%	38%	31%	33%	34%	34%	33%	34%	34%	36%	35%
太原市	34%	38%	34%	33%	31%	33%	32%	31%	32%	33%	36%
福州市	30%	30%	26%	27%	28%	30%	33%	37%	38%	41%	41%
石家庄市	28%	33%	28%	33%	29%	30%	31%	31%	31%	33%	36%
银川市	37%	39%	32%	29%	25%	24%	27%	26%	29%	34%	37%
西宁市	32%	33%	27%	26%	29%	31%	28%	29%	32%	30%	34%
乌鲁木齐市	20%	29%	27%	23%	22%	21%	24%	22%	25%	27%	27%
平均	37%	40%	36%	36%	35%	35%	35%	35%	37%	38%	39%
最高	49%	52%	49%	49%	43%	42%	43%	45%	49%	55%	49%
最低	20%	29%	26%	23%	22%	21%	24%	22%	25%	27%	27%

注：1.数据来源：各直辖市和省会城市的城市最低生活保障标准来源于民政部网站数据。

2.最低工资标准均采用本省一类地区或最高标准作为省会城市标准，不考虑市辖区较低数据。

3.深色格数据为年度最高和最低值。

整体而言，和各地失业保险金标准制定政策不同，没有一个地区城市最低生活保障标准在一定时期内是以单项特定比例关系挂钩而定。十余年间变动趋势和增幅也较为分化。其中，乌鲁木齐市因为基数较低的原因，该地区城市最低生活保障标准和最低工资标准比例关系年均增幅最大，达到3.5%，拉萨、杭州、贵阳、福州等地年均增幅也达到3.3%。而海口、合肥、济南、郑州则整体上出现下降态势，年均增速为负。

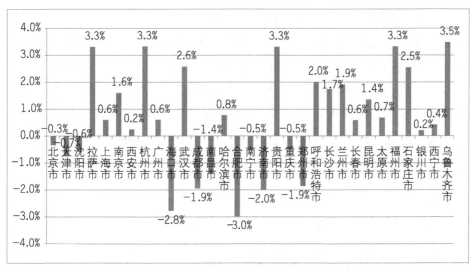

图 11-14　2008—2018 年最低生活保障标准和最低工资标准比例年均增幅

（三）失业保险金标准与城市最低生活保障标准比值关系分析

1. 2008 年以来失业保险金标准与城市最低生活保障标准比例变动情况

统计数据显示，2008 年以来的近十余年我国各地失业保险金标准和最低生活保障标准平均比值基本在 1.8 至 2.0 徘徊，整体上呈平稳态势。

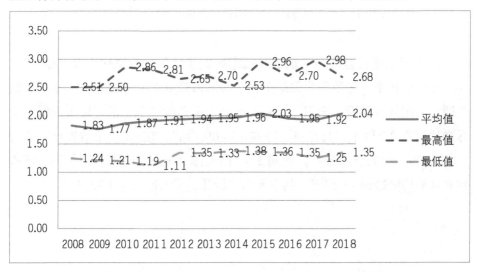

图 11-15　2008 年以来失业保险金与最低生活保障标准比例关系变动

其中，2009 年该比值小幅下降，由 2008 年的 1.83 降到了 1.77，主要由于失业保险金 2009 年全国各地平均值同比增幅仅为 5.2%，而同期全国城市最低生活保障标准平均值同比增幅为 9.6%。同样类似的情况出现在 2016—2017 年，失业保险金同比增幅在快速下降后缓慢回升，两者比值在 2015 年达到较高点 2.03 后，再次降回到 1.9 至 2.0 的区间。直到 2018 年全国不少地区响应政策精神大幅提高失业保险金标准，失业保险金标准和城市最低生活保障标准比值再次回升到 2.0 以上。

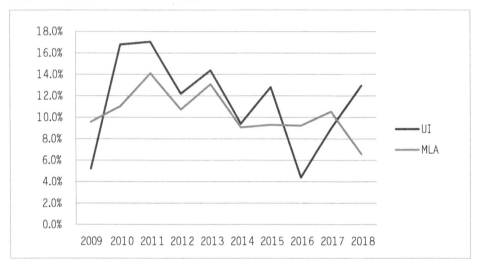

图 11-16　失业保险金标准和最低生活保障标准同比增幅比较

2. 不同地区失业保险金标准与城市最低生活保障标准比例变动情况

近十余年来，各地失业保险金标准与城市最低工资标准比例变动水平也不同。从统计数据看，全国一半左右的城市失业保险金标准与城市最低工资标准比值在 2.0 以上，长沙市、呼和浩特市、福州市以及郑州市该比值达到 2.3 以上，其中长沙市最高，达到 2.4。而天津、上海、拉萨、哈尔滨、济南和北京平均值达到 1.6 以下，其中天津市最低，平均值只有 1.33。

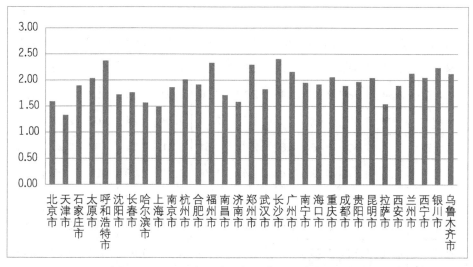

图 11-17　不同城市 2008—2018 年平均比例（失业保险金和最低生活保障标准比例）

从不同年份看，福州市 2009 年至 2012 年失业保险金标准同城市最低生活保障标准比例关系达到全国最高水平，长沙市和西宁市分别于 2014 年至 2015 年、2016 年至 2018 年达到全国最高水平。而天津则在大部分年份该比值位于全国最低水平，哈尔滨、上海和拉萨市也于个别年份达到全国最低水平。

表 11-3　2008 年至 2018 年失业保险金标准和城市最低生活保障标准比值变动

城市	2008	2009	2010	2011	2012	2013	2014	2015	2016	2017	2018
北京市	1.44	1.50	1.60	1.67	1.72	1.63	1.64	1.66	1.58	1.50	1.59
天津市	1.31	1.21	1.29	1.33	1.35	1.33	1.38	1.36	1.35	1.34	1.35
石家庄市	2.17	2.10	2.05	1.74	1.88	2.03	1.72	1.87	1.68	1.87	1.73
太原市	1.78	1.87	2.05	2.18	1.99	2.21	1.97	1.88	2.16	2.04	2.23
呼和浩特市	2.51	2.21	2.52	2.57	2.57	2.03	2.26	2.40	2.40	2.27	2.31
沈阳市	1.44	1.38	1.63	1.78	1.88	1.99	1.81	1.68	1.60	1.81	1.93
长春市	1.38	1.24	1.65	1.64	1.64	1.53	1.89	2.07	1.89	2.03	2.44
哈尔滨市	1.57	1.58	1.19	1.11	1.43	1.60	1.63	1.93	1.70	1.78	1.72
上海市	1.25	1.29	1.35	1.34	1.42	1.47	1.58	1.66	1.67	1.71	1.65

城市	2008	2009	2010	2011	2012	2013	2014	2015	2016	2017	2018
南京市	1.88	1.68	1.94	1.88	1.97	2.01	1.88	1.81	1.83	1.82	1.79
杭州市	2.34	2.08	2.15	2.16	2.13	2.00	2.00	2.00	1.82	1.75	1.68
合肥市	1.39	1.40	1.67	2.05	1.83	2.00	1.78	2.24	2.07	2.36	2.27
福州市		2.50	2.86	2.81	2.65	2.51	2.31	2.04	1.97	1.82	1.82
南昌市	1.61	1.61	1.23	1.43	1.43	1.74	1.63	2.08	1.96	1.79	2.31
济南市	1.27	1.27	1.42	1.38	1.62	1.73	1.76	1.73	1.72	1.81	1.75
郑州市	2.00	2.00	2.25	2.54	2.27	2.31	2.38	2.46	2.33	2.29	2.41
武汉市	2.21	1.80	1.75	1.83	1.71	1.76	1.63	1.87	1.81	1.62	2.08
长沙市	2.05	2.15	2.28	2.49	2.65	2.32	2.53	2.96	2.63	2.44	1.92
广州市	1.94	2.23	2.21	2.23	1.96	2.37	2.41	2.50	1.93	1.80	2.15
南宁市	1.44	1.68	2.05	1.91	1.94	2.10	2.10	2.45	1.96	1.63	2.17
海口市	2.06	1.75	1.70	1.54	1.77	1.94	1.88	1.87	2.13	2.13	2.33
重庆市	1.81	2.19	1.97	1.90	2.16	2.04	2.26	2.08	1.90	2.10	2.20
成都市	1.63	1.52	1.98	1.80	1.93	1.95	1.96	1.91	1.91	1.90	2.26
贵阳市	2.42	2.07	2.20	2.09	1.89	1.70	1.84	1.65	1.92	1.84	2.00
昆明市	2.38	2.16	2.35	1.94	1.86	1.86	1.91	1.97	1.97	1.87	2.20
拉萨市						1.68	1.70	1.70	1.39	1.25	1.55
西安市	1.96	1.96	1.58	1.79	1.74	1.80	1.88	1.96	1.88	1.97	2.29
兰州市		1.61	1.76	2.07	2.32	2.42	2.32	2.31	2.16	2.10	2.21
西宁市	1.71	1.65	1.57	1.89	1.66	1.62	2.10	1.98	2.70	2.98	2.68
银川市		1.66	2.00	2.24	2.64	2.70	2.45	2.53	2.24	1.89	2.01
乌鲁木齐市	2.47	1.64	1.80	1.99	2.12	2.19	2.27	2.40	2.19	2.15	2.11
平均值	1.83	1.77	1.87	1.91	1.94	1.95	1.96	2.03	1.95	1.92	2.04
最高值	2.51	2.50	2.86	2.81	2.65	2.70	2.53	2.96	2.70	2.98	2.68
最低值	1.25	1.21	1.19	1.11	1.35	1.33	1.38	1.36	1.35	1.25	1.35

从各地变动情况看，十余年间变动和增幅分化较大。其中，长春市失业金标准和最低生活保障金标准比值年均增幅最大，达到5.9%，合肥、西宁以及南宁市等地该比值分别达到5.1%、4.6%和4.2%。而福州、杭州、石家庄、贵阳和乌鲁木齐市则整体上出现下降态势，年均增速为负。

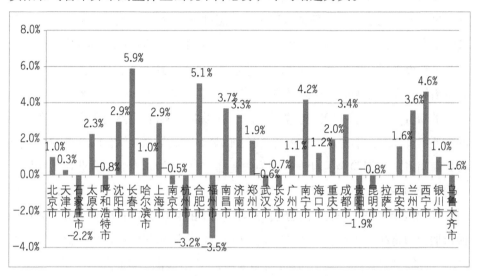

图11-18 2008—2018年失业保险金和最低生活保障标准比例平均增幅

四、三条保障标准的区别与衔接关系分析

（一）三条保障标准的区别与衔接关系分析

1. 有关标准衔接关系的政策

《关于进一步规范城乡居民最低生活保障标准制定和调整工作的指导意见》（民发〔2011〕80号）明确指出城乡低保标准需与失业保险、最低工资、扶贫开发等政策标准合理衔接，并按照动态调整原则建立与物价上涨挂钩的联动机制。

我国现行《失业保险条例》（国务院令〔1999〕258号）第十八条规定失业保险金的标准，按照低于当地最低工资标准、高于城市居民最低生活保障标准的水平。《国民经济和社会发展十三五规划纲要》也提出："强化政策衔接，推进制度整合""加强社会救助制度与其他社会保障制度、专项救助与低保救助统筹衔接"。2017年9月，财政部人社部印发了《关于调整失业保险金标准的指导意见》，引导各地随着经济社会的发展适当提高失业保障水平，该文件提出，逐步将失业保险金标准提高到最低工资标准的 90%。

2. 不同地区标准衔接实践

目前全国各地三条保障线标准衔接或联动情况不一。除了整体原则上保持国家宏观指导的衔接关系外，具体衔接比例关系各有特色。以各地失业保险金给付标准确定实践为例，大多数地区采用均一制进行给付失业金，有 19 个省市参照最低工资标准的一定比例，有 2 个省参照城市最低生活保障标准的一定比例，也有 8 个省市采用其他参考因素确定给付标准。此外，还有 2 省是采用薪资比例法确定给付标准，即参照失业前缴费基数支付，但也均以当地最低工资标准或最低工资的 98% 作为最高限确定。如南京市失业保险金标准不得高于户籍所在区县的最低工资标准，不得低于户籍所在区县的城镇居民最低生活保障标准的 1.3 倍。再如海南省失业保险金的计发标准为失业前 12 个月的本人缴纳失业保险费用月平均工资的 60%。高于或者等于本省一类地区规定的职工最低月工资标准的，按照一类地区最低月工资标准（当前是 1430 元）的 98% 发放；低于或等于海口市城市居民最低生活保障标准的 150%，按照海口市城镇居民最低生活保障标准的 150% 发放。值得注意的是，作为海南省最低工资标准二类地区的儋州市，截至 2018 年 5 月，最低工资标准为 1330 元 / 月，而如果按照上述实施细则规定，该市计发标准如果高于或者等于本省一类地区规定的月最低工资标准的，按照一类地区 98% 计算是 1401 元 / 月，这个标准是高于当地最低工资标准的。

表 11-4 我国各地失业保险金给付标准确定及
衔接实践分类（截止到 2018 年前）

给付标准确定方法	参照标准	地区个数	地区	水平比例
均一制	参照最低工资标准	19 省市	北京、河北、内蒙古、浙江、安徽、福建、江西、河南、湖北、湖南、广东、广西、四川、贵州、陕西、甘肃、宁夏、新疆	55% 至 80%
	参照城市最低生活保障标准	2 省	吉林、西藏	120% 至 165%
	当地政府自行确定标准	8 省市	天津、山西、黑龙江、上海、山东、云南、青海、重庆	
薪资比例法	参照失业前缴费基数	2 省	江苏、海南	40% 至 60%

　　再以各地最低生活保障标准看，全国各地大多数地区的城市最低生活保障标准基本是参考当地最低工资标准来确定的，一般为最低工资的 35% 至 40%。此外，最低工资在调整后的评估界定中也将最低生活保障标准和失业保险金标准作为分析"保基本生活"的评估指标之一。

　　各地三条标准线调整和衔接情况不是一成改变，也随着国家政策文件导向和当地政府部门意愿等因素逐步调整。以北京为例，1999 年 9 月 14 日北京市人民政府第 38 号令发布《北京市失业保险规定》，北京市失业保险金标准与最低工资标准单向挂钩，即失业保险金的五档标准分别为最低工资标准的 70% 至 90%，并随其调整而调整。当时，主要是为了配合全民所有制企业转换经营机制，落实企业用人自主权，解决冗员过多的问题。之后，北京市认为由于最低工资标准的不断调整，造成失业保险金标准较高，影响了失业人员再就业的积极性，不利于促进再就业。为避免因保障水平过高而产生福利化倾向，2007 年 6 月 14 日北京市人民政府第 190 号令修改后的《北京市失业保险规定》中，失业保险金标准的确定及调整，根据失业人员失业前缴纳失业保险费的年限，按照低于本市最低工资标准、高于城市居民最低生活保障标准的原则，结合本市经济发展状况及居民生活水平等因素，由市劳动保障行政部门会同财政部门提出，报市人民政府批准并公布后执行。这意味着北京失业保险金标准与最低工资标准完成了单项脱钩，转变为整体平均标准同最低工资标准挂钩或参照，并结合其他因素合理确定。类似的还有山东省，2003 年之前，该省失业保险金的标准为统筹地区企业最低工资标准的 75%，2003 年出台的《山东省失业保险规定》，失业保险金的标准，按高于失业人员原单位所在地城市居民最低生活保障标准、低于失业人员原单位所在地最低工资标准的原则，由设区的人民政府提出。失业保险金的标准，可以根据经济发展状况、失业保险基金的承受能力等因素，按照规定的原则和程序适时调整。再如杭州市最低生活保障标准确定方法的改革，2018 年 1 月 1 日起，该市低保标准与企业最低工资标准脱钩，与全市上年城镇常住居民人均消费支出挂钩。低保标准按不低于城镇常住居民人均消费支出的 30% 测算，由市民政局、市财政局根据每年消费支出变化及时调整并向社会公布。上述政策机制的调整，体现了各地政府在政策逐步实施过程中具体保障标准线测算方法更加科学化、合理化和规范化。

（二）三条保障标准区别与联系

1. 三条保障标准联系

一是标准制定均具有政府主导性。最低工资标准是国家以法律形式保障劳动者在法定工作时间内提供了正常劳动的劳动者劳动权益的保障制度。失业保险金制度是承担为缴纳失业保险的失业人员提供基本生活保障、促进再就业的保障制度。城市最低生活保障制度是国家以保障全体城镇居民基本生存权利为目标的社会救助制度。三类标准均由政府部门主导制定标准并适时调整。

二是标准水平均具有"保基本生活"的功能。最低工资标准功能定位是保障劳动者个人及其家庭成员的基本生活。失业保险金标准功能定位为保障失业人员失业期间的基本生活，促进其再就业。城市最低生活保障标准是保障人均收入低于当地城市居民最低生活保障标准的城镇家庭成员的基本生活。

三是标准影响因素具有共同点。三条标准线的共同影响因素有维护居民基本生活费用、平均工资、人均消费支出、物价指数、地区经济发展水平以及能够促进个人和社会可持续发展功效等因素。

2. 三条保障标准区别

一是主要功能定位有差异。上述三条保障标准的功能定位均具有"保基本"相同点外，也存在有具体的功能定位差异。比如最低生活保障标准作为社会保障体系中"兜底线"的一环，是社会保障的安全底线或安全网。所以它作为三类标准中最低的一档，仅仅是为了维持最基本的生活底线水平。最低工资功能定位是保障劳动者及其家人基本生活，是作为保障劳动者工资下限的唯一法定标准；而失业保险金标准则是定位除了保失业人员的基本生活外，还具有促进就业的功能。

二是测算或调整因素有差异。目前，各地最低工资调整前，一般先基于城镇居民10% 低收入群体人均消费性支出[①] 乘以这个群体的赡养系数计算出家庭基本生活支出，再加职工个人缴纳社会保险费、住房公积金[②] 得出一个基

---

① 2016 年之前各地测算选取的群体不一。对于基本支出中八大类别，有的地区按照衣食住行 4 类，有的按照 8 大类全口径计算。

② 北京、上海、安徽最低工资标准不含社保和公积金，这三个城市除外。

础数据，然后不同地区按照当地经济发展水平、企业承受力、就业市场供求变动趋势等因素，也将最低工资和就业人员平均工资或中位数 ① 比值 (Kaitz 指数) 和国家大多数和地区统计区间 35% 至 60% 之间参照和比对，最后再综合多方因素考虑后得出调整标准。除了一些通用的指标外，部分地区还有一些其他个性考虑因素，比如部分参加世界银行组织的企业营商环境评估指标体系的城市受一些相关劳动力市场指标导向或领导风格影响，会一定程度上影响提高最低工资标准。对于失业保险金标准，则基于失业人员缴纳失业保险年限和缴纳基数、失业人员原工资水平、最低工资标准、失业保险基金运行情况等因素进行调整。对于城市最低生活保障标准，其调整随意性略大，很大程度上依据的是地方的财政状况或地方不同时期政府行政工作重心变化情况，往往是先定经费后定标准 ②。

表 11-5 三条保障标准调整机制中的影响因素

最低工资	失业保险金	城市最低生活保障
城镇居民 10% 低收入群体人均消费性支出	社会经济发展水平	城镇居民最低收入群体人均消费支出
城镇居民 10% 低收入群体赡养系数	失业人员基本生活水平	当地食品必需品消费清单及物价
职工个人缴纳社会保险费、住房公积金	社会平均工资	地区经济发展水平
物价指数	失业人员缴纳失业保险年限和缴纳基数	财政预算经费
职工平均工资 / 中位数	失业人员原工资水平	
劳动力市场供求情况	最低工资标准	
经济发展水平	失业保险基金运行情况	其他因素（不同时期政策导向）
企业人工成本承受力	其他因素（不同时期政策导向）	
其他因素（当地政府招商引资政策导向、领导风格等）		

① 国际上通用的 Kaitz 指数是最低工资 / 工资中位数的比值。
② 祝建华：《城市居民最低生活保障制度的评估与重构》，中国社会科学出版社 2011 年版。

三是保障对象有差异。最低工资保障的是提供正常劳动的劳动者以及家人基本生活，而最低生活保障标准保障的群体特征比较多样，以 2010 年民政部发布的社会服务发展统计报告统计数据为例，全国 2310.5 万城市低保对象中：在职人员 68.2 万人，占总人数的 3.0%；灵活就业人员 432.4 万人，占总人数的18.7%；老年人 338.6 万人，占总人数的 14.7%；登记失业人员 492.8 万人，占总人数的 21.3%；未登记失业人员 419.9 万人，占总人数的 18.2%；在校生357.3 万人，占总人数的 15.5%；其他 201.2 万人，占总人数的 8.7%。而失业保险金领取者只针对失业人员，具备缴纳保险一年以上且非本人意愿失业群体。

四是出台程序有差异。根据有关规定，最低工资标准的确定和调整方案，由省、自治区、直辖市人民政府劳动保障行政部门会同同级工会、企业联合会 / 企业家协会研究拟订，并将拟订的方案报送人社部。直辖市、设区的市的城市居民最低生活保障标准，由市人民政府民政部门会同财政、统计、物价等部门制定，报本级人民政府批准并公布执行。县（县级市）的城市居民最低生活保障标准，由县（县级市）人民政府民政部门会同财政、统计、物价等部门制定，报本级人民政府批准并报上一级人民政府备案后公布执行。失业保险金标准是按照介于上述两个标准之间的水平，由省、自治区、直辖市人民政府确定。

五是出资主体有差异。失业保险金标准和最低生活保障金标准均由财政出资，其中，最低生活保障金支付分为中央和地方财政拨款，失业保险基金目前尚处于省级统筹阶段。而最低工资的支付主体是劳动力市场中的出资方企业。

表11-6　全国城市低保资金来源情况

年份	城市低保对象户数（万户）	人数（万人）	各级财政支出城市低保资金（亿元）	其中中央财政补助资金（亿元）	中央财政补助资金占比
2008	1110.5	2334.8	393		
2009	1141.1	2345.6	482	359.1	74.5%
2010	1145.0	2310.5	515	355.6	69.1%
2011	1145.7	2276.8	660	502.0	76.1%
2012	1114.9	2143.5	674	439.1	65.1%

续表

2013	1097.2	2064.2	757	545.6	72.1%
2014	1026.1	1877.0	722	582.6	80.7%
2015	957.4	1701.1	719		
2016	855.3	1480.2	688		
2017	741.5	1261.0	641		

数据来源：民政部历年统计公报数据。

　　六是影响群体及效果有差异。最低工资保障的是正常工作时间内提供正常劳动的劳动者，直接影响的对象群体不仅仅是领取最低工资标准的工薪劳动者，还有其他相关人群。而最低生活保障标准保障的对象是凡共同生活的家庭成员人均收入低于当地城市居民最低生活保障标准的人群。对于失业保险领取者，基于我国目前法律规定，领取人的资格要求较多，领取人数相对较少。我们初步统计比较了下这十年来最低工资标准保障和影响群体数量以及其他两类标准领取人数，人群特征和人群范围区别相对较大。最低工资直接领取者一般是公益性岗位、低端岗位等人群，但受涟漪效应和联动对标或挂钩基数影响，最低工资政策产生的影响范围相对较大。

图 11-18　全国三条保障标准领取或影响人数比较（单位：万人）

数据说明：最低工资作为工资标准人群按照课题研究结果，直接领取人群为年底就业人数的 2.5% 估算（2014 年劳科院《部分地区最低工资评估研究》课题组基于薪酬调查数据的"工资报酬"数据在剔除加班工资后，也许有些部分也属于原劳动部 2004 年 21 号令所规定的不属于最低工资的部分津贴或福利，所以研究中"最低工资直接受益群体"在筛选和计算中采取了领取"最低工资水平至上浮 5% 区间"的人群比例），间接影响人群按照低线 20% 估算。

（三）三条保障标准合理比例关系再讨论

就目前各地现有的三条保障标准联动机制而言，主要是以最低工资作为基准线从而进行联动，本部分通过理论上探讨其他两条标准与最低工资合理比例关系，旨在为下一步合理比例关系提出建议。

首先关注最低工资标准和城市最低生活保障标准的比例关系 (MW/MLA)，理论上两者应该存在数量上的比例关系，实践中，最低生活保障标准的确定受到政府财政支付能力、保障人口认定范围大小以及附加在最低生活保障标准之上的住房保障、大病救助等其他福利因素的影响，最低生活保障标准具有一定随意性。尽管如此，两者比较，可以在一定程度上验证两者比例关系是否协调，也是评估最低工资标准能否保障劳动者及其赡养人口基本生活的一个角度。按照同样以比重法计算，二者最大的差距在于"保基本"的程度确定，和赡养系数的差别，以及其他差别性影响因素。以 2017 年为例，全国 20%、10% 低收入户城镇每一就业者负担人口系数分别为 1.5、1.6，那以 2018 年北京市和上海市的最低工资计算口径，剔除其他影响调整因素外，比值应该就是赡养系数，而以其他省市的计算口径（含社保和公积金）看，比值应该更高，即最低生活保障标准和最低工资标准的相对比例应更低。但值得深入探讨的是最低生活保障领取家庭的赡养系数要远高于统计部门中 20%、10% 低收入户城镇每一就业者负担人口系数，以 2018 年北京市总工会调查北京市困难职工户赡养系数为 2.7，由此可估算有领取最低生活保障标准的家庭中赡养系数可能类似。就目前的两类标准测算公式，最低 10% 收入户人均衣食住行现金消费性支出作为低保标准，也作为计算最低工资的人均值基础，再乘以赡养系数。用等式可表示二者的相关关系如下：

（最低工资 – 其他调节因素）/ 最低 10% 收入户赡养系数 = 最低生活保障标准

当然，上述公式是基于一个测算前提，二者"保基本"功能都是保证最低 10% 收入户人均最基本的生存生活，即选择八大类消费性支出中衣食住行四类支出作为测算基础，这也与实践中各地测算数据比较接近，也符合政策导向。由于最低工资和最低生活保障标准的保障群体有差异，最低生活保障标准保障的是家庭中人均收入低于低保标准的个人，而且往往越低收入家庭户中赡养系数越高。因此，为了在保障低保群体最低赡养要求的同时，避免出现"坐享低保、远离就业"的"贫困陷阱"情形，一个家庭中的单一劳动者获取的最低工资也应高于该家庭在全部失业情况下低保收入之和，且应高出一定比例，其中后者可以通过将最低生活保障标准与低保领取家庭赡养系数相乘近似估计。用等式可表示二者的相关关系如下：

最低工资 ×70%= 最低生活保障标准 × 低保领取家庭赡养系数

最低生活保障标准 = 最低工资 ×70%÷ 低保领取家庭赡养系数

（上述等式中最低工资指剔除社保和其他调节因素的值）

我们暂且以低保家庭平均赡养系数为 2.0 估算后合理的各城市低保水平，除新疆乌鲁木齐外，模拟测算的低保水平是低于目前的水平。这样容易削弱有劳动能力的低保领取者就业意愿，加之我国社会救助制度中存在有低保的不少附带福利，如医疗救助、教育救助、廉租房及其他优惠措施和服务，更不利于走向劳动力市场的经济动机。

表 11-7　2018 年全国城市低保标准模拟比较测算

地区	最低工资	低保	养老最低缴费基数	医疗最低缴费基数	最低工资剔除社保后	（最低工资×70%)/2	差额
北京市	2120	1000	3387	5080	2120	742	(258)
天津市	2050	920	3364	3364	1646	576	(344)
石家庄市	1650	594	3263	5000	1224	428	(166)
太原市	1700	610	3077	3077	1331	466	(144)
呼和浩特市	1760	685	3384	4205	1338	468	(217)
沈阳市	1620	655	3082	4624	1219	427	(228)

地区	最低工资	低保	养老最低缴费基数	医疗最低缴费基数	最低工资剔除社保后	（最低工资×70%)/2	差额
长春市	1780	620	3967	3607	1311	459	(161)
哈尔滨市	1680	630	2787	5629	1289	451	(179)
上海市	2420	1070	4279	4279	2420	847	(223)
南京市	2020	860	3030	3030	1656	580	(280)
杭州市	2010	955	3054	3054	1644	575	(380)
合肥市	1907	614	3397	3397	1550	543	(72)
福州市	1700	700	1850	4382	1427	500	(200)
南昌市	1680	580	3071	3501	1303	456	(124)
济南市	1910	616	3510	3510	1489	521	(95)
郑州市	1900	630	3524	3524	1477	517	(113)
武汉市	1750	715	3400	3400	1342	470	(245)
长沙市	1580	700	2695	2695	1257	440	(260)
广州市	2100	920	3170	4455	1694	593	(327)
南宁市	1680	620	3080	3080	1310	459	(161)
海口市	1670	520	3453	3453	1256	439	(81)
重庆市	1500	546	3664	3664	1060	371	(175)
成都市	1780	630	2388	3255	1476	517	(113)
贵阳市	1680	673	3227	4303	1271	445	(228)
昆明市	1780	590	3676	3676	1339	469	(121)
拉萨市	1650	814	4552	4552	1104	386	(428)
西安市	1680	660	3371	3889	1265	443	(217)
兰州市	1620	659	3286	3286	1226	429	(230)
西宁市	1500	503	3827	3827	1041	364	(139)
银川市	1660	620	3639	3639	1223	428	(192)

续表

地区	最低工资	低保	养老最低缴费基数	医疗最低缴费基数	最低工资剔除社保后	（最低工资×70%)/2	差额
乌鲁木齐市	1820	500	3019	3019	1458	510	10

再关注失业保险金标准和最低工资的相对比例（UI/MW）。笔者认为失业保险金给付标准应分两大类群体对待：

一是失业前缴费基数介于最低工资与最低工资的 1.3 倍之间的低收入群体。一方面考虑到领取失业金人员缴纳了一年以上保险，失业金标准从"投保获赔"角度而言，应天然高于纯财政拨款支付的低保标准；另一方面，按照《〈失业保险条例〉修订草案》相关规定，失业保险待遇还包括代缴基本养老保险费、基本医疗保险费等社保费用，按照同口径比较，除北京、上海一些最低工资标准中不含社保的城市外，其余各地含社保的最低工资标准应剔除最低社保缴纳额度，如按照目前文件精神失业金达到最低工资 90% 比例算法，那么同口径比较实际上失业保险金基本等于或超过最低工资（考虑到各地社保缴费基数均远高于最低工资，按照养老 8%、医疗 2% 估算）。所以，考虑到失业保险仅能领取 2 年且次年金额减少因素，失业保险金标准应相当于最低工资标准的 75%—90%（以含社保最低工资测算），也就是说对于低收入人群，不工作最高可获得的失业保险金应等于劳动者提供正常劳动所得的不含社保的最低工资。

二是失业前缴费基数高于最低工资 1.3 倍以上的失业人群。应考虑工资的替代率概念，而不仅仅是体现失业保险金缓解贫困的功能。有学者认为中国失业保险金给付标准抛弃了工资替代率概念，使得失业保险制度的功能从收入维持转变为缓解贫困[①]。国际上其他国家失业保险金替代率平均达到 50%—60%，而我国目前替代率基本在 30% 左右。可将此类群体失业金标准定位于城镇全部就业人员平均工资的 50%—60%，基于目前我国最低工资功能定位，

---

① 顾昕：《通向普遍主义的艰难之路：中国城镇失业保险制度的覆盖面分析》，《东岳论丛》2006 年第 3 期。

最低工资标准基本相当于城镇就业人员平均工资的40%，即，失业保险金给付标准可高于最低工资一定比例。

五、国际经验

（一）最低工资标准与最低生活保障标准／最低生活费间的关系

瑞典国家健康和福利理事会提供不同家庭类别的社会救助水平。根据Skediger（2009）的数据，在瑞典Stockholm市，假设领取社会救助金的家庭中有就业人员，社会救助金中包含工作相关成本，例如工会费、儿童保健费、工作交通费。最低工资增速比社会救助的两个类别水平快，但是依然低于有一个成人、两个孩子的家庭社会救助水平，且比较接近于有一个成人，一个孩子的家庭社会救助水平。这就出现了"贫困陷阱"——对于很多家庭，相比就业接受最低工资而言，更多会选择接受社会救助。为此，政府2007年推行税收信用改革措施，该举措的效果表现在2007年，税后最低工资与一个成人、一个孩子的家庭社会救助水平基本一致。根据瑞典健康与福利理事会的数据，1995年至2006年，长期（每年10至12个月）领取社会救助金的人员总数从120000人降到80000人。其中，近半人员是外国出生或者是当年没有领取失业保险金的非就业者。

从1996年到2007年，土耳其（具体联动机制见下一部分）最低工资委员会根据不同情况，采取不同的最低工资测算方法。2001年危机之前，最低工资是考虑为最低生活工资，且基于生活基本保障，所以，最低工资高于最低生活费。2001年金融危机后，基于优先考虑经济条件，2001年到2003年最低工资Gross[①] 或Net均低于最低生活费标准。后金融危机过后，2004年开始采取过去的测算办法，所以最低工资（Gross）又高于最低生活费，但Net值仍然低于最低生活费。

匈牙利在2001年，右翼政府突然将最低工资由25000福林提高到了40000福林，最低工资的大幅上升打破了最低工资相对值下降的趋势。一年后，最低工资进一步调高到了50000福林，是2000年的两倍。在计算最低工

---

① 这里指的是扣除收入所得税、社会保障缴纳款之前的额度。

资的时候，该国国家统计局的最低生活费也计算在内了。自 2001 年起，最低工资或多或少地涵盖了最低生活费用。2000 年，最低工资与最低生活标准的比值为 72.5%，而 2002 年达到 116% 的峰值，2003 年至 2005 年基本维持在 100% 左右[①]。

斯洛伐克从 1996 年起开始有国家统一的最低工资标准。随着时间的推移，最低工资和最低生活费都在不断增加。同时最低工资和最低生活费的比率也在上升，从 1998 年的 100% 上升到了 2005 年的近 146%。

巴西的很多社会保障项目与最低工资挂钩，如部分社会救助项目的受保障条件与最低工资标准挂钩。如残疾人员或者 65 岁以上的老年人，只要能证明其经济贫困或者缺乏生活资料，而且他们的家庭人均收入少于最低工资的 25%，那么他们就有资格获得社会福利救济。对于伤残救助，月标准相当于月最低工资，根据最低工资的调整而进行调整[②]。同样地，在 2003 年起实施的"家庭津贴"计划，巴西将贫困线设定为家庭人均收入为最低工资的一半以下[③]，将工资和收入援助政策结合起来，使得积极、系统的最低工资调整能够减少低工资劳动，并及时为低收入家庭提供额外的资助，以达到避免工资贫困转化为收入贫困的目的。

巴西基本上已经实现了最低工资制度与社会保障制度的联动，从巴西的经济发展状况来看，这种联动机制在减少收入分配不平衡、减少贫困方面发挥了一定的作用，但因最低工资在过去十年中迅速提高造成了巴西政府的公共支出不断膨胀，这种联动机制也引来了一些诟病。为遏制养老金费用的增长态势，限制政府公共开支，巴西国会已经开始讨论改革措施，尝试切断最低养老金和最低工资之间的联系的同时，保障人们的生活质量。

（二）最低工资标准与失业保险金 / 救助金标准间的关系

1997 年以前，保加利亚设立最低工资的目标之一是减少社会福利支出及

[①]　［荷］马腾·科伊内、［匈］贝拉·高尔戈齐，《欧洲：工资和工资集体协商》，崔钰雪译，中国工人出版社 2013 年版。

[②]　Janine Berg, *José Ribeiro and Malte Luebker: Decent Work Country Profile Brazil*, ILO, 2009.

[③]　国际劳工局：《2010/11 年全球工资报告——危机时期的工资政策》，2010。

其他非工资性支出（Tzanov，2009）。该国的很多社会福利政策，如失业救助金、儿童津贴、社会养老金、教育补助金等等均与最低工资标准挂钩。1997年后，一项新的政策改革，取消了各类社会福利政策与最低工资的联动机制，很快改变了有关工资与社会保障间关系。具体效应如下：一是最低工资名义和实际值都有明显的增加。1998年到2007年，最低工资实际值翻番；二是最低工资占平均工资的比例提高。从1998年的29.2%提高到了2007年的41.8%；三是最低工资从底部压缩了工资分布。Bite数据（最低工资占收入中位数的比例）从2002年的39.4%提高到了2006年的58.4%；四是社会福利标准更加接近于救助对象的需要。

匈牙利2001年前属于欧洲最低工资标准较低的国家。2000年的时候，Kaitz指数（最低工资占平均工资比例）从最初设立时的35%降低到29%。2001年到2002年，最低工资政策有很大改变，名义最低工资几乎翻倍，促成了Kaitz指数14%的增加，以及实际最低工资64%的增加。因为2001年以前，社会保障福利系统（失业保险金、额外社会救助等）中对于支付给失业人群的标准都有极高的收入替代比率。所以，此举是为了拉大社会福利金与工资的差距，并提高更多人的就业积极性（Kollo，2009）。

在土耳其，最低工资被作为一个指数（Erodogdu，2009），用在很多社会救助金和行政罚款确定中：

——根据Income Tax Law No.193，年最低工资数据可用来计算最低生活津贴。

——根据Law No.4447规定，失业金标准不得超过最低工资水平（Net）。

——根据Social Security Law No.506规定，最低工资可用于计算特定的缴纳金和救济金。

——根据Law No.5222，最低工资的三分之一，作为计算医疗成本由国家承担部分的人员的收入水平。

——根据Law No. 506规定，最低工资作为计算社会保障或失业保险计划中的行政罚款参数。

——根据Law No. 5595规定，最低工资作为很多退伍军人养老金的联动参数。

——根据有关残疾人保护的法律（2006）规定，需要接受保健服务的残疾人领取 2 倍最低工资，对于家里亲戚提供保健服务的领取 1 倍最低工资。

关于最低工资联动机制的讨论，土耳其国内最低工资委员会中雇主代表层建议行政罚款不应该和最低工资联动。

比利时的月平均最低工资保障（GAMMI）由社会伙伴谈判得出。从 1990 年到 2002 年，该国平均工资的增长超出 GAMMI 的增长大约 15%，即 GAMMI 占平均工资的比例逐步下降。这个比例从 1995 年的 52% 下降到 2004 年的 42% 左右，比利时的 GAMMI 和社会福利不再有明显的直接联系，GAMMI 的相对下降不会影响社会福利。对于失业救助金而言，水平更低。据该国官方统计数据，2004 年，失业救济金和平均工资比例为 27.5%，远低于最低工资水平。该国的失业救济金第一年、第二年分别领取不同数额，且逐步下降。近年来，由于领取最低工资的人员比重低，但是领取社会福利的人员较多，社会福利和工资的差距越来越大，仅在 2006 年 9 月，社会合作伙伴采取了一系列措施，增加了 200 万元补贴，以弥补社会福利和平均工资之间的差距[1]。

直到 2004 年 6 月前，西班牙最低工资一直被用作基准计算一些与工作无关的其他事项的支出，这些事项的支出大多会对公共开支造成影响。这也意味着历届政府会选择小幅提高最低工资标准，从而导致了其购买力不断被侵蚀。从 2004 年底，新的改革逐步提高最低工资，恢复自 1996 年以来购买力的损失。近期的改革提高了社会保障缴款的收入门槛，也提高了失业救济金金额。最低工资的提高对超过 100 万人的工人造成了影响。最低工资仍然作为确定工资和某些福利的基准，但不再作为劳工政策领域以外的其他政策或福利的参考标准线。

六、相关建议

（一）科学规范标准测算机制，摒弃"简单挂钩"思想

纵观国际历史上建立社保标准或其他社会政策标准与最低工资挂钩机制的国家，基本都基于公共财政负荷或提高就业积极性等考虑，经历了逐步脱

---

[1]　Maarten Keune & Bela Galgoczi，《欧洲：工资和工资集体协商》，崔钰雪译，中国工人出版社 2013 年版。

钩的改革。在我国，最低工资制定过程中不少地区也已经意识到最低工资承受过多挂钩标准的负重，进而有可能影响最低工资标准制定的科学合理性。比如领取最低工资的公益性岗位财政负担考虑、失业保险金简单挂钩最低工资后财政公共支出负担考虑等问题，均不属于最低工资调整机制中应考虑的基本问题，会干扰最低工资最纯粹的功能定位。同时，最低工资在各地测算时考虑的其他调整因素不一或考虑程度不一，比如有些城市在很长一段时间内为吸引招商引资将最低工资压得很低，又如有些城市由于参与世界银行的企业营商环境评价而将此作为近两年调整最低工资的考虑因素之一。此外，最低工资受经济发展影响较大，特别是考虑企业经营成本和劳动力权益维护同等重要，所以出现经济下行期暂缓调整或增幅谨慎微调的现象，而失业保险金标准和最低生活保障标准则可考虑物价联动正常调整，所以在不同经济发展时期三者比例关系可能发生变动。综上所述，三条标准应在本着制度功能定位的基础上，逐步明确测算指标范围、细化测算方法，科学规范标准测算机制。

（二）加强收入分配领域政策融合，注重不同层次间政策衔接

国发〔2013〕6号文《关于深化收入分配制度改革若干意见》中提出，初次分配和再分配都要兼顾效率和公平，初次分配要注重效率，创造机会公平的竞争环境，维护劳动收入的主体地位；再分配要更加注重公平，提高公共资源配置效率，缩小收入差距。党的十九大报告提出，要加强社会保障体系建设。按照兜底线、织密网、建机制的要求，全面建成覆盖全民、城乡统筹、权责清晰、保障适度、可持续的多层次社会保障体系。尽管最低工资、失业保险金和最低生活保障分别属于劳动者权益保障、社会保障、社会救助领域的标准，但应立足于公平与效率的原则，加强各领域内政策融合，注重三类制度间的细化政策衔接，防止社会救助政策福利化、社会保险政策救济化，劳动者权益维护政策主体指标偏离化。同时，也加强保障群体的数据监控和分析，有的放矢地实施对策，避免不同政策重叠造成公共资源配置的浪费和错配。

（三）基于政策功能定位，精细化保障相应政策实施对象

比较在我国已实行 20 年或 30 年以上的这三项保障制度，同世界上其他相关制度实行历史较长的典型国家比较，我国在制度的精细化设计及保障对象的针对性上有待进一步研究探索。我们也应在结合实际的同时，借鉴国外典型国家经验，更多国家在对失业人员家属基本生活保障方面出台具体对策，如除给付标准额外，再支付家属津贴或与家庭抚养儿童数来挂钩支付不同标准等。同时，最低工资政策也可借鉴国外方法，考虑针对学徒工、实习生、特殊行业工人等不同群体设计个性化的标准，提高政策的弹性和灵活性。此外，最低工资对近年来发展起来的平台经济中的骑手、网约司机等新业态从业人员是否适用，以及如何计算合理工时等问题，均需进一步深入研究和分析，满足新兴职业发展需求，提升最低工资政策的精准性和可操作性。

附录1：

《最低工资规定》（劳动和社会保障部令第 21 号）

第一条

为了维护劳动者取得劳动报酬的合法权益，保障劳动者个人及其家庭成员的基本生活，根据劳动法和国务院有关规定，制定本规定。

第二条

本规定适用于在中华人民共和国境内的企业、民办非企业单位、有雇工的个体工商户（以下统称用人单位）和与之形成劳动关系的劳动者。 国家机关、事业单位、社会团体和与之建立劳动合同关系的劳动者，依照本规定执行。

第三条

本规定所称最低工资标准，是指劳动者在法定工作时间或依法签订的劳动合同约定的工作时间内提供了正常劳动的前提下，用人单位依法应支付的最低劳动报酬。 本规定所称正常劳动，是指劳动者按依法签订的劳动合同约定，在法定工作时间或劳动合同约定的工作时间内从事的劳动。劳动者依法享受带薪年休假、探亲假、婚丧假、生育（产）假、节育手术假等国家规定的假期间，以及法定工作时间内依法参加社会活动期间，视为提供了正常劳动。

第四条

县级以上地方人民政府劳动保障行政部门负责对本行政区域内用人单位执行本规定情况进行监督检查。 各级工会组织依法对本规定执行情况进行监督，发现用人单位支付劳动者工资违反本规定的，有权要求当地劳动保障行政部门处理。

第五条

最低工资标准一般采取月最低工资标准和小时最低工资标准的形式。月最低工资标准适用于全日制就业劳动者，小时最低工资标准适用于非全日制就业劳动者。

第六条

确定和调整月最低工资标准，应参考当地就业者及其赡养人口的最低生活费用、城镇居民消费价格指数、职工个人缴纳的社会保险费和住房公积金、职工平均工资、经济发展水平、就业状况等因素。 确定和调整小时最低工资标准，应在颁布的月最低工资标准的基础上，考虑单位应缴纳的基本养老保险费和基本医疗保险费因素，同时还应适当考虑非全日制劳动者在工作稳定性、劳动条件和劳动强度、福利等方面与全日制就业人员之间的差异。 月最低工资标准和小时最低工资标准具体测算方法见附件。

第七条

省、自治区、直辖市范围内的不同行政区域可以有不同的最低工资标准。

第八条

最低工资标准的确定和调整方案，由省、自治区、直辖市人民政府劳动保障行政部门会同同级工会、企业联合会/企业家协会研究拟订，并将拟订的方案报送劳动保障部。方案内容包括最低工资确定和调整的依据、适用范围、拟订标准和说明。劳动保障部在收到拟订方案后，应征求全国总工会、中国企业联合会/企业家协会的意见。 劳动保障部对方案可以提出修订意见，若在方案收到后14日内未提出修订意见的，视为同意。

第九条

省、自治区、直辖市劳动保障行政部门应将本地区最低工资标准方案报省、自治区、直辖市人民政府批准，并在批准后7日内在当地政府公报上和至少一种全地区性报纸上发布。省、自治区、直辖市劳动保障行政部门应在发布后10日内将最低工资标准报劳动保障部。

第十条

最低工资标准发布实施后，如本规定第六条所规定的相关因素发生变化，应当适时调整。最低工资标准每两年至少调整一次。

第十一条

用人单位应在最低工资标准发布后10日内将该标准向本单位全体劳动者公示。

第十二条

在劳动者提供正常劳动的情况下，用人单位应支付给劳动者的工资在剔除下列各项以后，不得低于当地最低工资标准：（一）延长工作时间工资；（二）中班、夜班、高温、低温、井下、有毒有害等特殊工作环境、条件下的津贴；（三）法律、法规和国家规定的劳动者福利待遇等。 实行计件工资或提成工资等工资形式的用人单位，在科学合理的劳动定额基础上，其支付劳动者的工资不得低于相应的最低工资标准。 劳动者由于本人原因造成在法定工作时间内或依法签订的劳动合同约定的工作时间内未提供正常劳动的，不适用于本条规定。

第十三条

用人单位违反本规定第十一条规定的，由劳动保障行政部门责令其限期改正；违反本规定第十二条规定的，由劳动保障行政部门责令其限期补发所欠劳动者工资，并可责令其按所欠工资的 1 至 5 倍支付劳动者赔偿金。

第十四条

劳动者与用人单位之间就执行最低工资标准发生争议，按劳动争议处理有关规定处理。

第十五条

本规定自 2004 年 3 月 1 日起实施。1993 年 11 月 24 日原劳动部发布的《企业最低工资规定》同时废止。

附件：最低工资标准测算方法

最低工资标准测算方法

一、确定最低工资标准应考虑的因素

确定最低工资标准一般考虑城镇居民生活费用支出、职工个人缴纳社会保险费、住房公积金、职工平均工资、失业率、经济发展水平等因素。可用公式表示为:

$M = f(C、S、A、U、E、a)$

M 最低工资标准;

C 城镇居民人均生活费用;

S 职工个人缴纳社会保险费、住房公积金;

A 职工平均工资;

U 失业率;

E 经济发展水平;

a 调整因素。

二、确定最低工资标准的通用方法

1.比重法即根据城镇居民家计调查资料,确定一定比例的最低人均收入户为贫困户,统计出贫困户的人均生活费用支出水平,乘以每一就业者的赡养系数,再加上一个调整数。

2.恩格尔系数法即根据国家营养学会提供的年度标准食物谱及标准食物摄取量,结合标准食物的市场价格,计算出最低食物支出标准,除以恩格尔系数,得出最低生活费用标准,再乘以每一就业者的赡养系数,再加上一个调整数。

以上方法计算出月最低工资标准后,再考虑职工个人缴纳社会保险费、住房公积金、职工平均工资水平、社会救济金和失业保险金标准、就业状况、经济发展水平等进行必要的修正。

举例:某地区最低收入组人均每月生活费支出为210元,每一就业者赡养系数为 1.87，最低食物费用为 127 元，恩格尔系数为 0.604，平均工资为 900 元。

1.按比重法计算得出该地区月最低工资标准为：

月最低工资标准 $=210×1.87+a=393+a$（元）（1）

2.按恩格尔系数法计算得出该地区月最低工资标准为：

月最低工资标准＝$127÷0.604×1.87＋a＝393＋a$（元）（2）

公式（1）与（2）中 a 的调整因素主要考虑当地个人缴纳养老、失业、医疗保险费和住房公积金等费用。

另，按照国际上一般月最低工资标准相当于月平均工资的 40%—60%，则该地区月最低工资标准范围应在 360—540 元之间。

小时最低工资标准 =〔（月最低工资标准 $÷20.92÷8$）×（1+单位应当缴纳的基本养老保险费、基本医疗保险费比例之和）〕×（1+浮动系数）

浮动系数的确定主要考虑非全日制就业劳动者工作稳定性、劳动条件和劳动强度、福利等方面与全日制就业人员之间的差异。

各地可参照以上测算办法，根据当地实际情况合理确定月、小时最低工资标准。

附录2：

第135号建议书（1970年）最低工资确定公约

序　言

国际劳工组织大会，由国际劳工局理事会召集，于1970年6月3日在日内瓦举行其第五十四届会议；并注意到1928年《最低工资确定机制公约》、1951年《最低工资确定机制（农业）公约》和1951年《同工同酬公约》的条款，其中载有关于最低工资确定机构的宝贵准则，以及考虑到最近几年的经验强调了与确定最低工资有关的某些额外因素的重要性，包括采取使最低工资制度既成为社会保护的有效工具，又成为经济和社会发展战略的一个要素的标准，以及考虑到最低工资的确定决不应妨碍自由集体谈判的行使和发展，作为确定高于最低工资的一种手段，同时，决定通过关于确定最低工资机制和有关问题的某些提案，特别是关于发展中国家的提案，这是本届会议议程上的第五个项目。

经决定，采纳本届会议提案采取国际公约的形式。

通过1970年6月22日的以下建议，可引称为1970年最低工资确定公约：

一、确定最低工资的目的

1. 确定最低工资应成为旨在消除贫困和确保满足所有工人及其家庭需要的政策的一个要素。

2. 确定最低工资标准的根本目的应该是，在最低允许工资水平方面给予工薪阶层必要的社会保护。

二、确定最低工资水平的标准

3. 在确定最低工资水平时，除其他外，应考虑以下标准：

（a）工人及其家庭的需要；

（b）本国的总体工资水平；

（c）生活费用及其变化；

（d）社会保障福利；

（e）其他社会群体的相对生活水平；

（f）经济因素，包括经济发展的要求、生产力水平以及实现和保持高水平就业的必要性。

三、最低工资确定制度的覆盖面

4. 根据 1970 年《确定最低工资公约》第 1 条的规定，不包括在内的工薪阶层的人数和组别应保持在最低限度。

5.

（1）最低工资制度可适用于《公约》第 1 条所涵盖的工薪阶层，办法是确定一个普遍适用的单一最低工资，或是确定一系列适用于特定工人群体的最低工资。

（2）基于单一最低工资的制度——

（a）不必与在不同地区确定不同的最低工资标准相抵触，以便考虑生活费用的差异；

（b）不应损害过去或将来将最低工资定为高于特定劳动者群体一般最低工资的决定的效果。

四、最低工资机制

6.《公约》第 4 条规定的最低工资确定机制可以采取多种形式，例如通过——

（a）法规；

（b）主管当局的决定，不论是否考虑到其他机构的建议；

（c）工资委员会或理事会的决定；

（d）工业或劳工法院或法庭；或

（e）赋予集体协议条款法律效力。

7.《公约》第4条第2款规定的协商应特别包括就下列事项进行协商：

（a）确定最低工资水平的标准的选择和应用；

（b）确定的最低工资标准；

（c）随时调整最低工资率；

（d）在执行最低工资立法方面遇到的问题；

（e）收集数据并进行研究，以获得最低工资确定当局的信息。

8.在已设立机构就最低工资问题向主管当局提供咨询意见或政府已将最低工资决定的责任下放给这些机构的国家，依照《公约》第4条第3款所述，最低工资确定机制的运作时应包括这样的机构参与。

9.关于《公约》第4条第3款（b）项规定，参与最低工资确定机制运作的代表国家一般利益的人，应是适当资格的独立人士，他们可以在适当情况下，是在劳资关系、经济和社会规划或决策领域负有责任的公职人员。

10.在本国条件允许下，应尽可能将足够的资源用于收集统计数据和其他数据，以便对有关经济因素，特别是本建议第3段所述的经济因素及其可能的演变进行分析研究。

五、最低工资调整

11.最低工资标准应不时予以调整，以考虑到生活费用和其他经济条件的变化。

12.为此目的，可参照生活费用和其他经济条件对最低工资标准进行审议，这种审议可定期进行，也可根据生活费用指数的变化在适当时进行审议。

13.

（1）为了协助实施本建议书第11条，应在国家资源允许的范围内，定期调查国民经济状况，包括人均收入、生产力和就业、失业和不充分就业的趋势。

（2）此类调查的频率应根据国情确定。

六、强制执行

14. 根据《公约》第5条的规定，确保有关最低工资的所有规定得到有效实施的措施应包括：

（a）安排以需要保护的工人能够理解的语言或方言宣传最低工资规定，必要时根据文盲的需要加以调整；

（b）雇用足够数量的训练有素的视察员，配备履行职责所需的权力和设施；

（c）对违反最低工资规定的行为给予适当的处罚；

（d）简化法律规定和程序，以及其他适当手段，使工人能够有效行使最低工资规定的权利，包括有权追回他们可能被少付的工资；

（e）联合雇主和工人组织协会，努力保护工人免受虐待；

（f）充分保护工人免受伤害。

附录 3:

部分国家和地区最低工资法律

英国 1998 年《全国最低工资法》

1.(1)对于享受全国最低工资标准的人员,雇主应在一切计薪期内,按照不低于全国最低工资标准的水平,核发其本人工资。

(2)享受全国最低工资标准的人员为符合以下条件的个人:

- 劳动者;
- 正在或日常在英国境内工作的合同制人员;以及
- 已过法定义务教育年龄段。

(3)全国最低工资标准,以国务大臣最新制订的计时工资为准。

(4)本法中,"计薪期"是指由国务大臣专为本法设定的期限。

(5)以上第(1)点至第(4)点,须遵循本法以下规定执行。

2.(1)国务大臣有权以条例形式,就雇主在计薪期内所核发的工资,制订本法所适用的计时工资核算办法。

(2)条例应针对下列情况,针对计时工资的核算做出规定:

(a)定期给付的薪酬按固定标准核算的;

(b)不同时间段或不同环境下所适用的全部或部分薪酬有所差异的;

(c)全部或部分薪酬不按照定期标准核算的;

(d)薪酬全部或部分由各类福利组成的。

(3)条例可针对以下各项做出规定:

(a)视同个人工作或不工作的情况、时段或期限,以及此类待遇的适用范围;

(b)带薪或无薪休假期、待工期的处置方式,以及相应时期内的薪酬待遇。

(4) 针对以上第（3）款（a）点所做规定，包含以下各项下的适用条款：

(a) 特定时期内，视同个人工作或不工作的最长、最短期限，或时间占比；

(b) 结合协议条款，认定与该点有关的一切事务。

(5) 条例可针对以下各项做出规定：

(a) 应视为或不应视为个人薪酬组成部分的项目，以及应照此对待此类项目的范围；

(b) 各类福利的价值认定；

(c) 收入扣除方式；

(d) 个人应承担费用的处理方式。

(6) 条例可针对以下各项做出规定：

(a) 全部或部分薪酬或工作的归属期，或两段以上归属期之间的分配方式，不以相应时期内是否领取薪酬或实际工作为转移；

(b) 不同时期内全部或部分薪酬的合并计算方式；

(c) 应视为已领取或正在累计薪酬的时间。

(7) 以上第（2）款至第（6）款，均不妨碍以上第（1）款的普遍适用性。

(8) 不得依据本条制订，相同情况下，因以下原因给予不同待遇的规定：

(a) 不同地区；

(b) 不同行业；

(c) 不同经营规模；

(d) 不同年龄段人士；或

(e) 不同职业人士。

3. (1) 本条适用于未满 26 周岁的人员。

(2) 国务大臣有权以条例形式，针对本条适用人员做出规定：

(a) 将其排除在全国最低工资标准适用人群之外；或

(b) 就全国最低工资标准制订，与以上第 1（3）款现行统一计时工资不同的计时工资标准。

(3) 不得依据以上第（2）款制订，因以下原因给予不同待遇的规定：

(a) 不同地区；

(b) 不同行业；

(c) 不同经营规模；或

(d) 不同职业。

(4) 所有依据以下第 4 条制订的条例，针对年满 26 周岁人员，在本条适用人员范围的基础上制订增补说明的，均不得依据以上第（2）款制订，对于符合条件的 26 周岁以上人员，按不同年龄段给予不同待遇的规定。

4.（1）国务大臣有权以条例形式，在以上第 3 条适用人员范围的基础上，通过对年满 26 周岁人员制订增补说明的方式，修订第 3 条。

(2) 不得依据以上第（1）款制订，因以下原因给予不同待遇的修订案：

(a) 不同地区；

(b) 不同行业；

(c) 不同经营规模；

(d) 26 周岁以上的不同年龄段；或

(e) 不同职业。

低薪委员会

5.（1）制订以上第 1（3）款、（4）款或第 2 条项下的首部条例之前，国务大臣应将以下第（2）款所述事务，提交低薪委员会讨论。

(2) 相关事务为：

(a) 应将依据以上第 1（3）款所制订的那一个计时工资，制订为全国最低工资标准；

(b) 应将多久期限，确立为以上第 1（4）款项下的计薪期；

(c) 应运用何种方法，核算以上第 2 条项下的计时工资，将其视为个人依据本法所领取的薪酬；

(d) 是否应就以上第 3 条制订实施细则，如有必要，应制订哪些细则；以及

(e) 是否应就以上第 3 条适用人员范围制订增补说明，如有必要，应将哪些人员纳入其中，应针对该条适用人员制订哪些细则。

(3) 依照以上第（1）款，将上述事务提交低薪委员会讨论后，低薪委员会应就相关事务展开讨论，随后向首相和国务大臣提交一份报告，内含低薪委员会就其中每一项事务所提出的具体建议。

(4) 如国务大臣在接到以上第（3）款项下低薪委员会所提交的报告后，决定：

(a) 不制订条例，不予落实低薪委员会建议的；或

(b) 制订条例，仅落实低薪委员会部分建议的；或

(c) 制订第 1（3）款项下全国最低工资标准，但其中采用的统一计时工资与低薪委员会所建议的标准不同的；或

(d) 制订条例，但其他一部分环节的规定与低薪委员会建议不同的；或

(e) 制订与低薪委员会建议无关联性条例的；

国务大臣应在国会两院做陈情报告，阐述其做出相关决定的原因。

(5) 倘若低薪委员会未在以下第 7 条规定的汇报期限内提交报告的，则国务大臣有权行使本法所赋予的条例制订权，视同为以上第（1）款规定尚未制订。

6.（1）国务大臣有权就本法所涉及的相关事务，在自视妥当的情况下，随时征求低薪委员会的意见。

(2) 所有依照第（1）款，向低薪委员会征求相关事务意见的，低薪委员会应在就相关事务展开讨论后，向首相和国务大臣提交一份报告，内含低薪委员会就其中每一项事务所提出的具体建议。

(3) 如依照本条征求意见时：

(a) 国务大臣就隶属于以上第 5（2）款范围内的相关事务，征求低薪委员会意见；

(b) 低薪委员会依照以上第（2）款所提交的报告，含有就此类事务所提出的建议的；且

(c) 落实其中某项建议，涉及到行使以上第 1 条至第 4 条所赋予的立法权限的；

以上第 5（4）款规定均适用于此类报告，以涉及以上（c）点之中所述建议，且就第 5（3）款之中报告做出回应的范围为准。

(4) 如依照本条征求意见时：

(a) 国务大臣就隶属于以上第 5（2）款范围内的相关事务，征求低薪委员会意见，但

(b) 低薪委员会未在以下第 7 条规定的期限内，提交以上第（2）款报告的，国务大臣有权依照以上第 1 条至第 4 条制订条例，视同为从未就相关事务，征求低薪委员会意见。

7.(1)本条适用于依照以上第5条或第6条，就相关事务征求低薪委员会意见的情况。

(2)国务大臣有权以通知函形式，要求低薪委员会在通知函中规定的期限内提交报告。

(3)国务大臣有权通过不定期向低薪委员会下达后续通知函的形式，延长低薪委员会提交报告的期限。

(4)低薪委员会就拟编入报告的相关建议形成结论之前，应首先咨询：

(a)相关组织机构的雇主代表，以其认为合理的范围为准；

(b)相关组织机构的劳动者代表，以其认为合理的范围为准；

(c)自视合理时，其他机构或人员。

(5)低薪委员会在考虑应将哪些建议编入报告时：

(a)应兼顾本法对英国整体经济形势和竞争力所带来的影响；以及

(b)兼顾国务大臣征求意见时所明确提到的一切附加因素。

(6)低薪委员会报告须做到：

(a)明确编制报告的委员会委员；

(b)解释其所采取的咨询、证据采纳及行业代表接见程序；

(c)给列提出相关建议的原因；以及

(d)对于以上第（5）(b)款项下国务大臣明确提到需考虑附加因素的情况，说明已在编制相关建议的过程中，兼顾此类因素。

(7)国务大臣应当：

(a)将低薪委员会所编制的每一份报告文本，提交国会两院审议；以及

(b)安排公布报告。

(8)本条中：

"建议"是指依照以上第5(3)款或第6(2)款规定，须编入报告的相关建议，视具体情况为准；

"报告"是指依照以上第5(3)款或第6(2)款规定，低薪委员会须就以上第（1）款所述事务编制的报告，视具体情况为准。

8.(1)以符合本条以下规定为前提，本法之中的所谓低薪委员会是指非法定低薪委员会。

(2)本法中，"非法定低薪委员会"是指名为"低薪委员会"的非法人团

体，由国务大臣在 1997 年 5 月 1 日之后、本法通过之前设立，目的是就全国最低工资的制订、应用和推行提出相关建议。

（3）国务大臣在本法生效前，向非法定低薪委员会随时咨询、与以上第 5（2）款所列事项相对应的各项事务（不以具体性质为转移），均应视为履行第 5（1）款项下法定咨询程序，国务大臣另行决定的除外。

（4）国务大臣在本法生效前和生效后，但在以下第（9）款所述机构成立之前，向非法定低薪委员会随时咨询、以上第（3）款所述事务以外的其他事务，均应视为履行以上第 6（1）款法定咨询程序，国务大臣另行决定的除外。

（5）非法定低薪委员会向首相和国务大臣提交、含有委员会对以下事务具体建议的报告（不以本法生效前或生效后提交为转移）：

（a）作为以上第 5（1）款咨询程序，以上第（3）款范围内的事务；或

（b）作为以上第 6（1）款咨询程序，以上第（4）款范围内的事务；

均应视为由国务大臣咨询相关问题后，以上第 5（3）款或第 6（2）款项下的低薪委员会报告，视具体情况为准，但国务大臣于报告提交前或提交后，就咨询事务做出以上第（3）款或第（4）款决定的除外。

（6）对于以上第（5）（a）款所述事务，或以上第（5）（b）款所述某项具体事务，如国务大臣在本法生效之前，已经：

（a）要求非法定低薪委员会在特定期限内提交报告的；或

（b）在提出限期要求后，延长报告提交期限的；

此类要求均应视为以上第 7（2）款项下的强制性要求，一切此类延期均应视为第 7（3）款项下延期。

（7）因此，如果：

（a）国务大臣未做出以上第（3）款决定的；以及

（b）非法定低薪委员会未能在本法所允许的期限内，按照以上第 5（3）款要求提交报告的；

则适用以上第 5（5）款规定。

（8）所有以下时间过后，提出以上第 5（1）款或第 6（1）款项下咨询要求的，非法定低薪委员会均不得被视为，本法之中名为低薪委员会的机构：

（a）非法定低薪委员会已提交以上第 5（3）款报告；或

(b) 本法给予非法定低薪委员会提交该报告的限期已到，但后者未提交报告的；或

(c) 国务大臣已做出以上第（3）款决定的。

(9) 国务大臣有权随时设立一个名为"低薪委员会"的机构，由后者履行本法赋予低薪委员会或规定由其履行的各项职能。

(10) 本法附件1对依据以上第（9）款所设立机构的宪章和工作程序有效。

(11) 所有国务大臣行使以上第（9）款所赋予权限的，本法中规定名为低薪委员会、应就国务大臣向低薪委员会咨询的一切事务提供咨询服务的机构，在国务大臣行使此项权限后，即为依照该款所设立的机构。

(12) 如国务大臣做出以上第（3）款决定的，以上第（9）款所赋予的权限及以上第5（1）款所规定的咨询程序，均须归属于依照以上第（9）款所设立的机构并向其提出要求。

(13) 所有国务大臣做出以上第（3）款或第（4）款决定的：

(a) 均应向非法定低薪委员会通知相关决定；以及

(b) 通知函文本应提交国会两院审议。

(14) 自本法通过之日起满十二个月后，均不允许做出以上第（3）款或第（4）款决定。

9. 以落实本法为目的，国务大臣有权以条例形式，要求雇主承担以下义务：

(a) 按照法定格式和方式，留存法定记录；以及

(b) 按照法定期限，保存此类记录。

10. (1) 劳动者有权，按照本条以下规定：

(a) 要求其雇主出示一切相关记录；以及

(b) 核对和检查此类记录，并复制其中任何部分。

(2) 以上第（1）款所赋予的权利，仅限在劳动者有合理依据认定，其本人曾经、目前或可能就某一计薪期，被其雇主支付低于全国最低工资标准的薪酬前提下，方可行使。

(3) 以上第（1）款所赋予的权利，仅限以明确劳动者是否曾经、目前或可能就某一计薪期，被其雇主支付低于全国最低工资标准的薪酬为目的，方

可行使。

(4)以上第（1）款所赋予的权利，可由以下人员行使：

(a)劳动者单独行使；或

(b)劳动者在自视合理的其他人员陪同下行使。

(5)以上第（1）款所赋予的权利，仅限在劳动者事先向其雇主出具通知（以下简称"查阅通知"），要求其雇主出示通知之中指定期限内的一切相关记录的前提下，方可行使。

(6)如劳动者有意行使以上第（4）(b)款所赋予权利的，查阅通知中须说明此类意向。

(7)对于已出具查阅通知的情况，雇主应通知劳动者合理地点和时间，以便届时出示相关记录。

(8)相关记录的出具地点须为：

(a)劳动者工作地点；或

(b)一切其他合理地点，无论任何情况，均以方便劳动者查阅相关记录为原则；或

(c)劳动者与雇主共同约定的其他地点。

(9)相关记录的出具时间须为：

(a)自雇主收到查阅通知之日起的十四天期限到期之前；或

(b)在此期限内，由劳动者和雇主共同约定的延后时间。

(10)本条中：

"记录"泛指劳动者的雇主承担存档义务，且在其接到查阅通知之时，按照以上第9条保存的记录；

"相关记录"泛指便于认定，对于记录所涉及的某一计薪期，雇主向劳动者所给付的薪酬，是否至少达到全国最低工资标准的一切相关记录之中的章节或节选件。

11.(1)劳动者有权以其雇主存在以下行为为由，向劳动仲裁庭提出投诉：

(a)未按照以上第10(8)款和第10(9)款规定，出示全部或部分相关记录的；或

(b)不允许劳动者行使第10(1)(b)款或第10(4)(b)款所赋予的全

部或部分权利的。

（2）如劳动仲裁庭认定本条项下的投诉理据充分，仲裁庭应当：

（a）公告案件结论；且

（b）裁决雇主向劳动者支付全国小时最低工资标准（以下达裁决之时的最新标准为准）80倍的补偿金。

（3）自以下日期起满三个月之前未接到相关投诉的，劳动仲裁庭均不依据本条规定，受理此类投诉：

（a）以上第10（9）（a）款所述十四天期限到期之日；或

（b）依照第10（9）（b）款约定延后日期的，该延后日期。

（4）所有劳动仲裁庭认定，劳动者在以上第（3）款所述三个月期限到期之前，提出本条项下投诉不具有合理可行性的，仲裁庭有权在自视合理的延长期内，受理劳动者在延长期内所提出的投诉。

（5）本条和以上第10条之中所使用的词语，用于本条和第10条之中时，释义相同。

12.（1）条例可以立法形式赋予员工知情权，强制雇主在向劳动者给付一切薪酬之时或之前，向劳动者提供一份书面声明。

（2）条例可以立法形式，就此类声明的内容做出规定，尤其是规定声明中须包含：

（a）本法或其项下实施细则的相关固定格式法律条文；或

（b）便于劳动者认定，相应计薪期内其本人所获薪酬，是否至少达到全国最低工资标准的固定格式信息。

（3）本条中雇主须向劳动者出具的一切声明，在劳动者为雇员时，可纳入1996年《就业权利法》第8条或1996年《就业权利（北爱尔兰）令》第40条中规定，雇主须向以书面形式雇员出具的工资明细，视具体情况为准。

（4）条例可针对以下条款的应用制订规定：

（a）1996年《就业权利法》第11条和第12条（诉诸劳动仲裁庭审议及归口管辖权认定）；或

（b）对于北爱尔兰，1996年《就业权利（北爱尔兰）令》第43条和第44条（诉诸产业仲裁庭审议及归口管辖权认定）；

以便依据该法第8条或该令第40条规定，在雇主应向雇员出具的声明及雇员权利范围内，规范以上第（1）款中所提及的劳动者权利及相关声明。

执法官

13.（1）国务大臣：

（a）有权任命官员，担任本法执法人员；以及

（b）有权在不依据本条任命官员或任命官员之外，经与内阁大臣、政府部门或代表内阁行使职能的一切机构商定安排后，由相应内阁大臣下属官员、政府部门或代理机构充当本法执法人员。

（2）执行本法时，官员应在对象人员要求的情况下，出具正规证明材料，以证明自身享有执法权限。

（3）如官员在执行本法的过程中判断，对象人员并不知晓其执法官身份的，则应向对象人员明确其执法官身份。

14.（1）担任本法执法官的官员，在履行公职时享有以下权限：

（a）要求相关人员出具依照以上第9条留存和保管的一切记录，核对和审查此类记录，并复制其中任何重要组成部分；

（b）要求相关人员就一切此类记录做出解释（单独解释或在其他人员在场的情况下共同解释，以执法官认定合理为准）；

（c）要求相关人员提供（单独提供或在其他人员在场的情况下共同提供，以执法官认定合理为准），已由相关人员掌握、可能对认定本法或以下第19条之中告诫书是否已经或正在得到落实合理所需的一切附加信息；

（d）在所有合理时段，进入一切相关场所，以便行使以上（a）点和（c）点所赋予执法官的一切权限。

（2）以上（1）（b）款及（1）（c）款规定，均不强迫任何人员回答或提供，可能令其本人或对于其本人已婚的情况，其配偶，受到犯罪指控的一切问题或信息。

（3）以上第（1）款所赋予的权限，包括经提前一定合理期限书面通知相关人员后，指令其落实以下要求的权限：

（a）按照执法官在通知函中指定的时间和地点，向执法官出具第（1）（a）款中所提及的一切相关记录；或

（b）按照通知函中指定的时间和地点，向执法官当面提供第（1）（b）款或第（1）（c）款中提及的一切相关解释或附加信息。

(4) 本条中，"相关人员"是指本法执法官有合理依据认定，具有下列身份的一切人员：

(a) 劳动者的雇主；

(b) 构成以下第34条之中代理人或主顾的人员；

(c) 为享受全国最低工资标准待遇的个人提供工作的人员；

(d) 以上（a）点、（b）点或（c）点范围内人员的下属工作人员、服务人员或代理人；或

(e) 享受全国最低工资标准的人员。

(5) 本条中，"相关场所"是指本法执法官有合理依据认定，符合以下条件的一切场所：

(a) 雇主经营场所；

(b) 雇主经营业务所使用的相关场所（包括与经营活动有关、为居家务工人员提供工作所使用的场所，以隶属于以下第35条定义范畴为准）；或

(c) 以下第34条之中代理人或主顾的经营场所信息。

15.（1）本条涉及本法执法官所获取的一切信息，不以任命方式为以上第13（1）(a)款或第13（1）(b)款为转移。

(2) 本条适用信息，由国务大臣负责管理。

(3) 本条适用信息，可由下列人员用于与落实本法有关的一切用途：

(a) 国务大臣；或

(b) 获取信息的执法官所隶属的一切相关部门。

(4) 本条适用信息：

(a) 可由国务大臣或经国务大臣批准后，以落实本法一切相关用途为目的，提供给任何相关部门；以及

(b) 可由接收人用于本法一切相关用途。

(5) 依照以上第（4）款所提供的信息：

(a) 不得由接收人提供给任何其他人员或机构，以办理与本法有关的民事及刑事案件为目的而提供的除外；以及

(b) 未经国务大臣批准，均不得在此类情况下提供。

(6) 本条均不限制，允许在本条规定以外，提供或使用信息的各类情况。

(7) 以上第（2）款均不影响以下人员所享有的产权或权利：

(a) 获取信息前一刻，符合以上第（1）款所述条件的一切人员原有财产；或

(b) 在本法所赋予权限以外，通过或凭借此类人员主张产权或权利的一切人员。

(8) 本条中，"相关部门"是指与国务大臣达成以上第 13（1）（b）款项下有效安排的一切内阁大臣、政府部门或其他机构。

16.（1）本条适用于农业工资法执法官所获取的信息。

(2) 本条适用信息可经相关部门批准后上报国务大臣，用于本法一切相关用途。

(3) 依据以上第（2）款上报的信息，可由接收人在下列情况下，向相关内阁大臣、政府部门或其他机构提供：

(a) 接收人与该部长、部门或机构之间达成以上 13（1）（b）款项下有效安排的；以及

(b) 出于本法一切相关用途提供信息的。

(4) 除符合以上第（3）款规定外，否则依据以上第（2）款或第（3）款提供的信息：

(a) 均不得由接收人提供给任何其他人员或机构，以办理与本法有关的民事及刑事案件为目的而提供的除外；

(b) 未经相关部门批准，均不得在此类情况下提供。

(5) 本条均不限制，允许在本条规定以外，提供或使用信息的各类情况。

(6) 本条中：

"农业工资法"泛指：

(a) 1948 年《农业工资法》；

(b) 1949 年《农业工资（苏格兰）法》；以及

(c) 1977 年《农业工资（条例）（北爱尔兰）令》。

"相关部门"泛指：

(a) 对于英格兰境内执法官所获取的信息，农渔食品部部长；

(b) 对于威尔士境内执法官所获取的信息，依据 1948 年农业工资法第 12 条，行使威尔士境内执法官任命职能的内阁大臣；

(c) 对于跨越英格兰和威尔士的区域执法官所获取的信息，由以上（a）点和（b）点所述部长联合执法；

(d) 对于苏格兰境内执法官所获取的信息，依据 1949 年《农业工资（苏格兰）法》第 12 条，行使执法官任命职能的内阁大臣；以及

(e) 对于北爱尔兰境内执法官所获取的信息，北爱尔兰农业部。

执法

17.（1）如果享受全国最低工资标准的劳动者，就某一计薪期从雇主处所领取的薪酬低于全国最低工资标准的，则应认定劳动者有权依据本人合同，就该计薪期领取以下第（2）款既定金额的补发薪酬。

（2）以下二者之间的差额：

(a) 劳动者就该计薪期所收入的相关薪酬；以及

(b) 劳动者本应就该计薪期收入、雇主应按全国最低工资标准给付的相关薪酬。

（3）以上第（2）款中，"相关薪酬"是指上文第 2 条所述条例统筹范围内的薪酬。

18.（1）如身为以上第 17 条之中劳动者和雇主的人员，不属于以下法规（本条除外）所认定的劳动者和雇主范畴的：

(a) 1996 年《就业权利法》（工资保障）第二部分；或

(b) 对于北爱尔兰，1996 年《就业权利（北爱尔兰）令》第四部分；

则对于第 17 条所赋予的权利，应落实相应部分的原有规定。

（2）依照以上第（1）款规定，在执行以下法令的过程中：

(a) 1996 年《就业权利法》第二部分；或

(b) 1996 年《就业权利（北爱尔兰）令》第四部分；

对于以上第 17 条规定，倘若身为劳动者和雇主的人员之间，现在或过去不存在以上部分法令中所规定的劳动合同的，则应推定现在或视情况，过去已签订此类合同。

（3）以合同索赔形式，通过民事程序追讨以上第 17（1）款补发薪酬款项时，所有实际上劳动者和雇主之间现在或过去未订立劳动合同的，则应针对本条规定，在此类款项所涉及的范围内，就一切民事程序推定双方现在或视情况，过去已签订此类合同。

19.（1）如本法执法官认定，享受全国最低工资标准的劳动者，就某一计薪期从雇主处领取的薪酬，达不到全国最低工资标准的，执法官有权向雇

主下达整改通知（以下简称"告诫书"），勒令雇主就告诫书之中既定终止日期止或起始日期起的计薪期，向劳动者核发至少不低于全国最低工资标准的薪酬。

(2) 告诫书还可勒令雇主，在其中规定的期限内，就雇主此前未按全国最低工资标准给付劳动者薪酬的违法行为，向劳动者给付以上第17条中规定、告诫书中可予以明确的补发薪酬。

(3) 同一份告诫书可涉及不止一名劳动者（且对于牵涉多名劳动者的情况，告诫书行文框架应能够充分反映各个劳动者的身份信息或具体情况）。

(4) 告诫书收件人有权自告诫书送达之日起四个星期到期之前，就告诫书提出申诉。

(5) 以上第（4）款申诉程序，由劳动仲裁庭负责受理。

(6) 劳动仲裁庭在接到以上第（4）款申诉后，除认定存在下列事实外，否则均应驳回申诉：

(a) 对于告诫书所涉及的一名或多名劳动者情况，掌握相关事实的执法官本无理由向申诉人下达告诫书的；或

(b) 对于告诫书所涉及的两名或两名以上劳动者情况，掌握相关事实的执法官本无理由，将其中一部分劳动者纳入向申诉人下达的告诫书的；或

(c) 对于告诫书围绕劳动者提出以上第（2）款要求的：

(i) 不存在以上第17条项下欠付劳动者薪酬的情况；或

(ii) 告诫书中规定，应依据该条向劳动者补发的薪酬数额有误的；

同时本款中提及劳动者之处，均包括告诫书中有意视为劳动者的相关人员。

(7) 对于符合以上第（6）(a)款规定的一类申诉，劳动仲裁庭应撤销告诫书。

(8) 对于不适用以上第（7）款规定，但符合以上第（6）(b)款或第（6）(c)款规定的情况：

(a) 劳动仲裁庭应纠正告诫书内容；以及

(b) 纠正后的告诫书，自原告诫书送达之日起生效。

(9) 对于以上第（8）款适用情形，劳动仲裁庭所享有的申诉支持权，均包括在仲裁庭认为适当的情况下，针对自身依照以下第21条所下达、由告诫书所引发的一切申诉裁决书、处罚通知书中自身决定所造成的后果予以纠正

的权利。

（10）所有依照以上第（9）款纠正处罚通知书的，纠正后的处罚通知书一律自原处罚通知书送达之日起生效。

20.（1）所有告诫书中的指令未能全部或部分得到落实的，本法执法官有权代表告诫书中所涉及的一切劳动者：

（a）依据1996年《就业权利法》第23（1）(a)款（违反该法第13条，克扣劳动者工资），就以上第17条项下欠付劳动者的一切薪酬数额，向劳动仲裁庭提出指控；或

（b）对于北爱尔兰，依据1996年《就业权利（北爱尔兰）令》第55（1）(a)款（违反该令第45条，克扣劳动者工资），就以上第17条项下欠付劳动者的一切薪酬数额，向产业仲裁庭提出指控；或

（c）以合同索赔形式，就以上第17条项下欠付劳动者的一切薪酬数额，启动其他民事追偿程序。

（2）以上第（1）款所赋予、从雇主追偿应付劳动者欠薪数额的权利，均不减损劳动者可能享有、通过民事程序追讨此类欠款的一切权利。

21.（1）所有本法执法官据理认定，告诫书收件人未全部或部分落实告诫书指令的，执法官有权向该收件人下达处罚通知书（以下简称"处罚通知书"），勒令其向国务大臣缴纳罚金。

（2）处罚通知书中须明确：

（a）罚金数额；

（b）罚金缴纳期限（不得少于自处罚通知书送达之日起的四个星期）；

（c）罚金所涉及的时期；

（d）执法官认定，未予落实告诫书的具体环节；以及

（e）罚金数额核算方式。

（3）罚金数额应按照全国小时最低工资标准（以处罚通知书下达之日的通行标准为准）的两倍，在每一名劳动者所对应的持续欠薪期内逐日核算。

（4）国务大臣有权以条例形式，不定期针对以上第（3）款全国小时最低工资标准的适用倍数做出调整。

（5）本条所规定的罚金：

（a）英格兰和威尔士境内，应在县法院下达判令的情况下，依据县法院下

达的执行令给付，或对照县法院偿付令给付；

(b) 苏格兰境内，应按照与注册仲裁案裁决书相同等的形式，随附由苏格兰各郡法院所下达的执行令执行；

(c) 北爱尔兰境内，应在法院下达判令后，依照法院偿付令给付。

(6) 所有某人依照以上第 19（4）款就告诫书提出申诉的，在申诉未被撤销或最终裁定之前，均不以已提出申诉为转移：

(a) 告诫书依然有效；以及

(b) 执法官有权在告诫书的基础上，下达处罚通知书。

(7) 如在以上第（6）款所述案例中，执法官在告诫书的基础上，下达处罚通知书的，则：

(a) 在申诉被撤销或下达最终裁决之前，该处罚通知书均不生效；以及

(b) 对于申诉后撤销告诫书的情况，该处罚通知书不再有效；但

(c) 以符合以上（b）点和以下第 22（4）款及第 22（6）（a）款规定为前提，自相关申诉被撤销或下达最终裁决之日起，处罚通知书开始生效，视同为以上（a）点规定无效。

(8) 国务大臣依据本条所收入的一切款项，统一上缴财政金库。

22.（1）处罚通知书的收件人有权自接到处罚通知书之日起的四个星期到期之前，就处罚通知书提出申诉。

(2) 以上第（1）款申诉，由劳动仲裁庭负责受理。

(3) 劳动仲裁庭应在接到以上第（1）款申诉后，除能够认定以下事实外，否则均应驳回申诉：

(a) 针对未落实告诫书的各项指控，掌握相关事实的执法官无理由针对申诉人下达处罚通知书的；或

(b) 处罚通知书中的部分细节有误，影响到罚金数额的；或

(c) 罚金数额核算有误的；

在裁定处罚通知书所涉及的相关申诉时，应视为涉案告诫书（可依照以上第 19 条申诉程序撤销或纠正）正确无误。

(4) 当申诉符合以上第（3）（a）款所述情况、应予以支持时，劳动仲裁庭应撤销处罚通知书。

(5) 如以上第（4）款情况不适用，但相关申诉属于以上第（3）（b）款或

第（3）(c) 款所述情况的：

(a) 劳动仲裁庭应纠正处罚通知书内容；以及

(b) 纠正后的处罚通知书，自原处罚通知书送达之日起生效。

(6) 如某人依照第（1）款针对处罚通知书提出申诉的，在申诉未被撤销或下达最终裁决之前，该处罚通知书：

(a) 在申诉被撤销或下达最终裁决之前，均不生效；但

(b) 以符合以上第（4）款和第 21（7）(a) 款及第 21（7）(b) 款为前提，自相关申诉被撤销或下达最终裁决之日起，处罚通知书开始生效，视同为以上（a）点规定无效。

不被无理辞退及不受其他侵害的权利

23.（1）劳动者有权享有，不被其雇主因下列原因，通过任何行为或蓄意不作为而受到任何侵害的权利：

(a) 以行使或保障本条所赋予劳动者的权利、收益为目的，由劳动者自行或委托他方采取、意向采取任何措施的；或

(b) 以行使或保障本条所赋予劳动者的权利、收益为目的，由劳动者自行或委托他方采取措施，因此导致雇主受到以下第 31 条指控的；或

(c) 劳动者正在、将会或可能享受全国最低工资标准，或全国最低工资特定标准待遇的。

(2) 落实以上第（1）(a) 款或第（1）(b) 款时，以下问题并不重要：

(a) 劳动者是否享有此项权利；或

(b) 此项权利是否受到侵犯；

但作为该款适用前提，权利主张或适用时，侵权主张须以诚信为原则提出。

(3) 本条所适用的权利如下：

(a) 本法条款规定或赋予、通过向劳动仲裁庭提出投诉的途径，针对侵权行为获取救济的一切权利；以及

(b) 以上第 17 条所赋予的一切权利。

(4) 除下列情况辞退相关人员外：

(a) 依据 1996 年《就业权利法》第 197 条（固定期限合同）规定，该法第十部分（无理辞退）不适用于相关辞退事件的；或

(b) 对于北爱尔兰，依据 1996 年《就业权利（北爱尔兰）令》第 240 条，

该令第十一部分不适用于相关辞退事件的；

否则本条规定均不适用于以上部分释义范畴内、因特定违法违规行为而导致最终被辞退的事件。

24. (1) 劳动者有权针对本人受到违反以上第 23 条的侵害情况，向劳动仲裁庭提出投诉。

(2) 以符合本条下列规定为前提，以下条款：

(a) 1996 年《就业权利法》第 48（2）款至第 48（4）款及第 49 条（向劳动仲裁庭提出投诉及获取救济）；或

(b) 对于北爱尔兰，1996 年《就业权利（北爱尔兰）令》第 71（2）款至第 71（4）款及第 72 条（向产业仲裁庭提出投诉及获取救济）；

均在适用于该法第 48 条或该令第 71 条（视具体情况为准）项下投诉的同时，适用于本条项下投诉，但凡此类条款中提及雇主之处，均应视为以上第 23（1）款意义范畴内的雇主。

(3) 所有：

(a) 针对劳动者所实施的侵害，是终止劳动合同，但：

(b) 该合同不为劳动合同的；

对于以上第（2）款情况，则 1996 年《就业权利法》第 49 条或 1996 年《就业权利（北爱尔兰）令》第 72 条所给予的补偿金，均不得超出以下第（4）款中规定的限额。

(4) 以上第（3）款所述限额，为以下二者的合计金额：

(a) 无理辞退情况下的基本补偿金数额，按照 1996 年《就业权利法》第 119 条或 1996 年《就业权利（北爱尔兰）令》第 153 条核算（视具体情况为准），以劳动者为雇员、已终止合同为劳动合同为前提；以及

(b) 该法第 124（1）款或该令第 158（1）款中规定的最新限额（视具体情况为准），即按照该法第 123 条或该令第 157 条核算（视具体情况为准），应向相关人员给付的补偿金限额。

(5) 所有劳动者相关工作安排，不属于以下法律视为的劳动合同范畴的：

(a) 1996 年《就业权利法》；或

(b) 对于北爱尔兰，1996 年《就业权利（北爱尔兰）令》；

则应针对以上第（3）款和第（4）款目的，视为劳动者工作安排构成，

该法第 230（3）（b）款或该令第 3（3）（b）款范畴内的劳动合同。

25.（1）1996 年《就业权利法》第 104 条（重申法定权利）之后应插入：

"104A.（1）所有辞退原因（或对于不止一个原因的情况，主因）为以下各项的，则应针对本部分目的，视为无理辞退被辞退雇员：

（a）以行使或保障本条所赋予雇员的权利或收益为目的，由雇员自行或委托他方代其采取行动，或意向采取行动的；或

（b）因雇员以行使或保障本条所赋予雇员的权利或收益为目的，自行或委托他方采取代其行动，致使雇主因违反 1998 年《全国最低工资法》第 31 条而受到指控的；或

（c）雇员现已、将会或可能享受全国最低工资待遇或全国最低工资特定标准待遇的。

（2）认定以上第（1）款（a）点或（b）点时，以下问题均不重要：

（a）雇员是否享受相关权利；或

（b）相关权利是否受到侵犯；

但作为该款的适用前提，相应权利主张以及适用时，被侵权主张均须以诚信为原则而提出。

（3）本条所适用的权利如下：

（a）1998 年《全国最低工资法》所赋予或随该法所享有的一切权利，且侵权救济渠道是向劳动仲裁庭提出投诉；以及

（b）1998 年《全国最低工资法》第 17 条（收入达不到全国最低工资标准的劳动者，有权领取补发薪酬）所赋予的一切权利。"

（2）该法第 105 条（裁员情况下的无理辞退）第（1）（c）款（引述该条第（2）款至第（7）款的所有适用条款）在引述第（7）款时，应替换为"第 7（A）款"，并在第（7）款后插入：

"（7A）本款适用于，选择辞退相关雇员的原因（或对于不止一个原因的情况，主因），属于第 104A 条第（1）款所列原因之一的情形（结合该条第（2）款理解）。"

（3）该法第 108 条（排除权利：工龄达标）第（3）款（无须工龄达标期的情形）中，（g）点末尾的"或"一词应予以省略，并在该点之后插入：

"（gg）第 104A 条第（1）款（结合该条第（2）款理解）适用，或。"

(4) 该法第109条（排除权利：年龄上限）第（2）款（不适用年龄上限的情形）中，(g) 点末尾的"或"一词应予以省略，并在该点之后插入：

"(gg) 第104A条第（1）款（结合该条第（2）款理解）适用，或。"

26.（1）1996年《就业权利（北爱尔兰）令》第135条（重申法定权利）之后，插入：

"全国最低工资。

135A. —（1）所有辞退原因（或对于不止一个原因的情况，主因）为以下各项的，则应针对本部分目的，视为无理辞退被辞退雇员：

(a) 以行使或保障本条所赋予雇员的权利或收益为目的，由雇员自行或委托他方代其采取行动，或意向采取行动的；或

(b) 因雇员以行使或保障本条所赋予雇员的权利或收益为目的，自行或委托他方采取代其行动，致使雇主因违反1998年《全国最低工资法》第31条而受到指控的；或

(c) 雇员现已、将会或可能享受，全国最低工资待遇或全国最低工资特定标准待遇的。

(2) 认定以上第（1）款（a）点或（b）点时，以下问题均不重要：

(a) 雇员是否享受相关权利；或

(b) 相关权利是否受到侵犯；

但作为该款的适用前提，相应权利主张以及适用时，被侵权主张均须以诚信为原则而提出。

(3) 本条所适用的权利如下：

(a) 1998年《全国最低工资法》所赋予或随该法所享有的一切权利，且侵权救济渠道是向劳动仲裁庭提出投诉；以及

(b) 1998年《全国最低工资法》第17条（收入达不到全国最低工资标准的劳动者，有权领取补发薪酬）所赋予的一切权利。"

(4) 该令第137条（裁员情况下的无理辞退）中，第（6）款后应插入：

"(6A) 本款适用于，选择辞退相关雇员的原因（或对于不止一个原因的情况，主因），属于第135A条第（1）款所列原因之一的情形（结合该条第（2）款理解）。"

(5) 该令第140条（排除权利：工龄达标）第（3）款（无须工龄达标期

的情形）中，（f）点后应插入：

"（ff）第135A条第（1）款适用（结合该条第（2）款理解）。"

（6）该令第141条（排除权利：年龄上限）第（2）款（不适用年龄上限的情形）中，（f）点之后应插入：

"（ff）第135A条第（1）款适用（结合该条第（2）款理解）。"

（7）该令第142条（排除权利：辞退程序的约定）第（2）款（不适用第（1）款的情形）中，（b）点末尾的"或"一词应予以省略，并在（c）点后添加"或

（d）第135A条第（1）款适用（结合该条第（2）款理解）。"

（8）经济发展部有权以行政令形式，废止以上第（5）款和本款规定。

民事程序、证据和申诉

27.（1）1996年《劳动仲裁法》（由劳动仲裁庭编制）第4条第（3）款（主席单独听证程序的规定）中，（ca）点后应插入：

"（cc）1998年《全国最低工资法》第11条项下投诉的审理程序；

（cd）1998年《全国最低工资法》第19条或第22条项下申诉的受理程序；"

（2）1996年《产业仲裁（北爱尔兰）令》（由北爱尔兰产业仲裁庭编制）第6条第（3）款（主席单独听证程序的规定）中，（b）点后应插入：

"（bb）1998年《全国最低工资法》第11条项下投诉的审理程序；

（bc）1998年《全国最低工资法》第19条或第22条项下申诉的受理程序；"

28.（1）所有民事诉讼案中，涉及个人是否享受或是否于特定时期内享受全国最低工资标准类问题的，除相反证据得到支持外，否则均应推定相关个人享受或于特定时期内享受全国最低工资标准，视具体情况为准。

（2）所有：

（a）向以下机构提出投诉的：

（i）依据1996年《就业权利法》第23（1）(a)款（非法克扣工资），劳动仲裁庭；或

（ii）依据1996年《就业权利（北爱尔兰）令》第55（1）(a)款，产业仲裁庭；且

（b）投诉全部或部分涉及，以上第17（1）款中名为补发薪酬的克扣款项的；

则应在缺乏相反证据的情况下，就相关投诉推定，在相关克扣金额所涉及的范围内，相关劳动者所获薪酬低于全国最低工资标准。

（3）所有某人以合同索赔方式，通过民事程序索偿以上第17（1）款补发薪酬的，应在缺乏相反证据的情况下，就相关民事程序推定，在该金额所涉及的范围内，相关劳动者所获薪酬低于全国最低工资标准。

29. 1996年《劳动仲裁法》第21（1）款（就该法条款所引发的法律问题，在劳动仲裁庭裁决的基础上，向劳动申诉庭提出申诉）中，（f）点后应插入：

"（ff）1998年《全国最低工资法》，或"。

调解

30.（1）1996年《劳动仲裁法》第18条（调解）第（1）款（针对该条适用程序和索赔主张做出规定）中，（d）点后应插入：

"（dd）依据1998年《全国最低工资法》第11条、第18条、第20（1）（a）款或第24条；

（2）1996年《产业仲裁（北爱尔兰）令》第20条（调解）第（1）款（针对该条适用程序和索赔主张做出规定）中，（c）点后应插入：

"（cc）依据 1998年《全国最低工资法》第11条、第18条、第20（1）（b）款或第24条；"

违法行为

31.（1）以劳动者享受全国最低工资标准为前提，如雇主就某一计薪期拒绝或故意忽视，按照至少达到全国最低工资标准的薪酬水平，向劳动者核发薪酬的，则构成该雇主违法。

（2）如需依照以上第9条所述条例，留存或保存相关记录的人员，未能遵守此项规定的，则构成该人员违法。

（3）如某人在依照以上第9条所留存的记录中，故意自行或在明知有误的情况下，授意或默许他人填写重大虚假信息，则构成该人员违法。

（4）如某人在落实本法相关规定的过程中，出示、提供或授意、默许他人出示或提供，明知存在重大虚假信息的任何记录或资料的，则构成该人员违法。

(5) 如果某人：

(a) 故意拖延或阻挠本法执法官行使本法所赋予的任何权限的；或

(b) 拒绝或规避回答任何问题，或拒不提供或出示以上第14 (1) 款项下需出示的任何信息或文件的，

则构成该人员违法。

(6) 所有以上第（1）款或第（2）款项下违法行为，是因相关人员遵从另一人指令或在其默许下实施的，则另一人也构成违法。

(7) 某人被控犯有以上第（6）款违法行为，均不以司法机关是否已针对另一人提出指控为前提。

(8) 在针对以上第（1）款或第（2）款违法行为所启动的一切司法程序中，被告应承担自行辩护责任，证明其已尽职尽责并已采取所有合理防范机制，确保其本人及其下属人员统一遵守本法条款及其项下一切相关实施细则规定。

(9) 针对本条项下被控违法人员，应通过简易定罪程序，处以不超过标准定额5级的罚金。

32. (1) 本条适用于本法项下的一切违法行为。

(2) 所有证明法人实体存在以下违法行为的：

(a) 在实体管理人员同意或纵容下，实施违法行为；或

(b) 违法行为可归咎于相关管理人员失职行为的，则该管理人员和法人实体均构成违法，可针对其提出指控并做出相应处罚。

(3) 以上第（2）款中，"管理人员"一词相对于法人实体而言，泛指该实体的董事、经理、秘书及同类职能的其他管理人员，或代行一切此类职责的人员。

(4) 如法人实体的相关事务由股东负责管理，则在其所承担的管理职责范围内，以上第（2）款也适用于股东行为和违法责任，将股东本人视同为该法人实体的一名董事。

(5) 所有证明苏格兰境内的合伙公司存在以下违法行为的：

(a) 在合伙人同意或纵容下，实施违法行为；或

(b) 违法行为可归咎于合伙人失职行为的；

则该合伙人与合伙公司均构成违法，可针对其提出指控并做出相应处罚。

(6) 以上第（5）款中，"合伙人"一词包括代行合伙人职责的人员。

33.(1) 有权针对本法项下的违法行为，在以下机构实施审理的人员：

(a) 英格兰和威尔士境内，地方法院；或

(b) 北爱尔兰境内，简易审判法院；

均包括国务大臣为此授权的一切人员，不以其是否为大律师或事务律师为转移。

(2) 英格兰和威尔士或北爱尔兰境内，可在以下二者之中较晚结束的追溯期内，随时针对本法项下的违法行为启动司法程序，即：

(a) 自国务大臣认为，已掌握充分证据，足以针对相关违法行为提出指控之日起的 6 个月期限；或

(b) 自违法行为实施之日起的 12 个月期限，不以一切其他法规（含北爱尔兰立法体系中的法令在内）或其项下附则之中的不同规定为转移。

(3) 对于以上第（2）款目的，依据国务大臣亲自或授权代表签署的证明文件，证明国务大臣已掌握第（2）(a)款所述充分证据的日期，即构成证明该日期的结论性证据。

(4) 苏格兰境内，可在以下期限内，随时针对本法项下的违法行为启动司法程序，不以 1995 年《刑事诉讼（苏格兰）法》第 136 条之中的不同规定为转移：

(a) 自地方检察官认为，已掌握充分证据，足以提出指控之日起的 6 个月期限；或

(b) 自违法行为实施之日起的 12 个月期限，以二者之中较晚结束的追诉期为准。

(5) 对于以上第（4）款目的：

(a) 依据地方检察官亲自或授权代表签署的证明文件，证明地方检察官已掌握上述充分证据的日期，即构成证明该日期的结论性证据；以及

(b) 1995 年《刑事诉讼（苏格兰）法》第 136 条第（3）款（司法程序启动日期）在适用于该条的同时，针对本款有效。

特殊类型人员

34.(1) 本条适用于个人（以下简称"劳务派遣人员"）符合下列条件的

情况：

(a) 受某人（以下简称"代理人"）派遣、为另一人（以下称"主顾"）工作，按照代理人与主顾之间所订立的合同或其他安排务工；但

(b) 由于本人与代理人或主顾之间未签订合同，因此对于其所从事的此类工作，不构成劳动者；以及

(c) 未签订合同并依照合同为另一签约方工作，从而依据合同条款，使后者身份为，由个人提供的某种专业服务或商业经营活动的客户或顾客。

(2) 对于本条适用情形，本法其他规定有效，视同劳务派遣人员已与下列人员签订劳动合同，并依照合同从事工作：

(a) 代理人和主顾其中一方，以向劳务派遣人员支付工资的责任方为准；或

(b) 如代理人和主顾均不构成以上责任方，则以实际向劳务派遣人员支付工资的其中一方为准。

35. (1) 针对本法目的，认定居家务工人员是否为劳动者时，以下第54 (3)(b) 款有效，视同其中"亲自"一词被替换为"（无论是否亲自）"。

(2) 本条中，"居家务工人员"是指个人与某人签订合同，在后者所控制或管理范围外的其他场所，从事后者经营活动相关工作的个人。

36. (1) 以符合以下第37条为前提，本法规定在适用于其他就业类型及其他劳动者的同时，也针对政府聘用及政府聘用人员有效。

(2) 本法中，以符合以下第37条规定为前提，"政府聘用"是指受聘于政府部门、官员或政府职能代理机构，或履行法定政府职能的人员聘用。

(3) 针对政府聘用，对照以上第（1）款，在执行本法其他条款时：

(a) 提及雇员或劳动者的，均应视为政府聘用人员；

(b) 提及劳动合同或劳动者所签订的合同时，均应理解为是指政府聘用人员的聘用条款；以及

(c) 提及辞退或终止劳动合同的，均应理解为是指终止政府聘用。

37. (1) 皇家海陆空三军服役人员，均不就其服役期，享受全国最低工资标准。

(2) 以上第36条适用于，依照1996年《预备役法》所设立机构的人员聘用，不以以上第（1）款规定为转移。

38. (1) 除以上第21条外，本法条款在适用于其他聘用类型的同时，也

对上院幕僚团相关成员的聘用有效。

(2) 任何法律、国会条例或惯例在应用过程中，均不妨碍上院幕僚团相关成员，向高等法院或县法院提出本法项下的一切索赔。

(3) 本条中，"上院幕僚团相关成员"是指依据与上院事务官签署的劳动合同而受聘的一切人员。

39. (1) 除以上第 21 条外，本法条款在适用于其他聘用类型的同时，也对下院幕僚团相关成员的聘用有效。

(2) 任何法律、国会条例或惯例在应用过程中，均不妨碍下院幕僚团相关成员，向高等法院或县法院提出本法项下的一切索赔。

(3) 本条中，"下院幕僚团相关成员"是指符合以下条件的一切人员：

(a) 受聘于下院事务委员会；或

(b) 为下院议长个人幕僚团成员。

40. 本法中，依照 1995 年《商船法》第二部分，在英国境内注册船舶上工作的聘用人员，除符合以下条件外，否则均应视为依照本人合同，在英国境内日常工作的个人：

(a) 受聘完全在英国境外工作的；或

(b) 本人不常驻英国；同时相关语句应做对应理解。

范围扩展

41. 国务大臣有权以条例形式，通过修订或不修订本法的方式，针对本法适用范围做出规定，从而使：

(a) 原本不属于本法项下劳动者范畴的特定性质个人，被视为本法项下的劳动者；

(b) 对于一切此类个人，视为本人依据其所签订的特定性质劳动合同务工；以及

(c) 将特定性质人员视为此类合同项下的雇主。

42. (1) 本条中，"海上从业"是指以从事下列活动为目的的一类就业：

(a) 在英国所属海域内工作；或

(b) 对于勘探海床、海底，或开发其中自然资源的一类活动，在英国周边大陆架内工作；或

(c) 对于外国周边大陆架内实施的勘探或开发活动，在交界油田内工作。

（2）女王陛下有权以枢密院令形式规定，本法条款按照枢密院令（无须修订或经修订后）中划定的范围和目的，适用于相关海上从业人员。

（3）本法项下的枢密院令：

（a）有权规定，按照枢密院令的适用范围，本法全部或部分条款适用于：

（i）相关个人，不以其是否为英籍人士为转移；以及

（ii）相关法人实体，不以其是否依照英国及其领地法律组建成立为转移；

甚至适用于应用本法可能对英国境外的上述人员活动造成影响的情况；

（b）有权针对因海上从业所引发的相关违法案件、诉讼案或其他事宜，授予枢密院令中指定的法院或某类法院、劳动仲裁庭司法管辖权；

（c）有权（在不影响以上第（2）款效力的基础上）规定，本法条款在枢密院令适用范围内，适用于受聘在以上第（1）（a）款和第（1）（b）款所属区域内工作的一切人员；

（d）有权针对涉及海上从业的本法违法案件司法程序，排除1878年《领海管辖权法》第3条（起诉前所需的核准程序）的适用效力；

（e）有权规定，在未办妥枢密院令中规定的相关核准程序之前，不得启动此类司法程序；

（f）有权（在不影响以上第（2）款效力的基础上）调整或排除以上第1（2）（b）款和第40条适用效力。

（4）本条所授予相关法院或仲裁庭的一切司法管辖权，均不妨碍相关法院或仲裁庭以及一切其他法院或仲裁庭原本享有、本条之外可行使的司法管辖权。

（5）本条中：

"交界油田"泛指跨越英国周边大陆架和外国周边大陆架之间边界线的油气田；

"外国周边大陆架"泛指超出任何国家领海范围之外，英国以外的他国政府享有本地海床、海底及其自然资源勘探开发权的外海海域；

"油田"泛指相关枢密院令中所划定油气田区域内的地质框架；以及

"英国周边大陆架"是指1964年《大陆架法》第1（7）款中所划定的区域。

排除特例

43. 符合以下条件的人员:

(a) 受聘担任渔船船长或船员;且

(b) 就本人工作,仅按照渔船捕捞利润或毛收入的一定分成比例获得薪酬的;

均不就其所从事的工作,享受全国最低工资标准。

44. (1) 受聘于慈善机构、志愿者组织、互助融资机构或法定团体的劳动者,所有未收入以下款项,且依据其本人聘用条款不享受以下待遇的(本法规定的除外),均不就其本人工作,享受全国最低工资:

(a) 任何名目钱款或现款收入,报销以下经费除外:

(i) 履行本人职责期间实际垫付的各项开支;或

(ii) 合理预期可能产生或可能已产生的相关经费;以及

(b) 一切名目的各类福利,或除全部或部分生活费、食宿费以外的各类福利,以符合聘用条件下的合理标准为准。

(2) 满足以上第(1)款条件,但仅以获取必要生活费为目的而收入相关钱款的人员,应在符合以下条件的前提下,视为满足以上条件:

(a) 按照追求慈善事业的慈善机构与服务对象机构之间所约定的安排,受聘从事相关工作;且

(b) 为慈善机构、志愿者组织、互助融资机构或法定团体而工作。

(3) 以上第(1)(b)款中:

(a) 一切培训课程(本人在日常工作期间自然掌握的除外)均应视为某类福利;但

(b) 在劳动者约定从事的工作范围内,仅仅或主要以提高劳动者工作能力为目的而提供的一切培训,不纳入考虑范畴。

(4) 本条中:

"互助融资机构"是指将全部利润用于慈善事业或志愿者组织公益活动的社会团体;

"慈善机构"是指仅以从事慈善事业为唯一目的而组建的社会团体或信托机构;

"收入"相对于发放钱款或各类福利而言,是指就本人工作(不以是否符合聘用条款为转移)所获取的收入;

"法定团体"是指依照某一行政令（含北爱尔兰立法体系中的法令在内）所设立的机构；

"生活费"是指相关聘用条件下的合理生活费，不包括食宿费；

"志愿者组织"是指仅以慈善事业（不以此类事业是否符合相关法律之中的慈善定义为转移）、公益事业或人文事业为目的而组建的社会团体或信托机构，但不包含慈善机构。

45.（1）囚犯均不就本人依照监狱制度所从事的任何工作，享受全国最低工资标准。

（2）本条中：

"囚犯"是指在监狱中囚禁或临时保外的人员；

"监狱"包括监狱制度所适用的一切其他机构；

"监狱制度"是指：

(a) 对于英格兰和威尔士，1952 年《监狱法》第 47 条规定；

(b) 对于苏格兰，1989 年《监狱（苏格兰）法》第 39 条规定；以及

(c) 对于北爱尔兰，1953 年《监狱（北爱尔兰）法》第 13 条规定。

农业劳动者

46.（1）因犯有以下（a）点或（b）点违法行为而受到指控的人员：

(a) 适用于农业工资法范围内的本法项下违法行为；或

(b) 适用于农业工资法范围外的本法项下违法行为；

不得就本人遭到起诉的同一违法行为或违法嫌疑所构成、其中另一点所述范畴内的违法行为，同时受到两项罪名的指控。

（2）禁止以下列两项依据为由，重复追讨薪酬：

(a) 本法适用于农业工资法的相关规定；以及

(b) 本法不适用以上情况下的应用效力，以同一份工作为前提。

（3）农业工资法条款及其项下一切法令，均不影响本法在该法既定范围之外的应用效力。

（4）本条中，"农业工资法"是指：

(a) 1948 年《农业工资法》；

(b) 1949 年《农业工资（苏格兰）法》；以及

(c) 1977 年《农业工资（条例）(北爱尔兰）令》。

47.(1)以下法案,即:

(a) 1948 年《农业工资法》;

(b) 1949 年《农业工资(苏格兰)法》;以及

(c) 1977 年《农业工资(条例)(北爱尔兰)令》;

应按照本法附件 2 予以修订。

(2) 归口权力机关有权以条例形式,修订:

(a) 1948 年《农业工资法》;

(b) 1949 年《农业工资(苏格兰)法》;

(c) 1967 年《农业法》第 67 条(病假工资);

(d) 1968 年《农业(各类事务)法》第 46 条(农业工资理事会的补充职能);以及

(e) 1977 年《农业工资(条例)(北爱尔兰)令》。

(3) 依照以上第(2)款所做修订,即为针对本法或以上第 1(4)款、第 2 条或第 3 条所述条例所做的后续修订。

(4) 归口权力机关有权以条例形式,针对以下各项做出修订或制订替代法案:

(a) 1948 年《农业工资法》1948 第 7 条(将福利待遇视为给付工资);

(b) 1949 年《农业工资(苏格兰)法》第 7 条(苏格兰境内适用的同类条款);或

(c) 1977 年《农业工资(条例)(北爱尔兰)令》第 4(3)款和第 4(5)款。

(5) 以上第(1)款规定,均不限制以上第(2)款至第(4)款效力。

(6) 本条中,"归口权力机关"是指:

(a) 对于英格兰和威尔士,国务大臣与农渔食品部部长联合立法;

(b) 对于苏格兰,国务大臣;

(c) 对于北爱尔兰,北爱尔兰农业部。

其他事务

48. 所有:

(a) 劳动者的直接雇主本人,受聘于另一人的;且

(b) 劳动者在此另一人所属场所工作的,此另一人应随直接雇主一同被视为,本法项下的劳动者雇主。

49.（1）一切协议条款（无论是否为劳动合同），在其试图做出以下规定的范围内，一律无效：

(a) 排除或限制本法某项条款的执行力；或

(b) 阻碍某人向劳动仲裁庭提出本法项下司法程序。

（2）以上第（1）款均不适用于，在调解官已依照下列规定，启动调解程序的情况下，规避诉讼或后续司法程序的一类协议：

(a) 1996年《劳动仲裁法》第18条（调解）；或

(b) 对于北爱尔兰，1996年《产业仲裁庭（北爱尔兰）令》第20条。

（3）以上第（1）款均不适用于，依照以下规定，规避启动或继续实施劳动仲裁庭仲裁程序的一类协议：

(a) 1996年《劳动仲裁法》第18（1）(dd) 款（存在调解途径的情况下，落实本法司法程序）；或

(b) 对于北爱尔兰，1996年《产业仲裁庭（北爱尔兰）令》第20（1）(cc) 款；

前提是此类协议能够满足，本法折中协议的合规条件。

（4）以上第（3）款中，本法折中协议的合规条件是：

(a) 协议须采用书面形式；

(b) 协议须涉及相应司法程序；

(c) 雇员或劳动者须已就意向性协议的条款和后果，尤其是向劳动仲裁庭主张自身权利的可能性所带来的后果，获取相关独立咨询师的意见；

(d) 咨询师提供意见时，须具备有效的保险合同、行业或行业机构成员所享受的专项理赔机制，以覆盖雇员或劳动者提出索赔的风险，在雇员或劳动者因遵从相关意见而蒙受损失时提供理赔保障；

(e) 协议须明确咨询师身份；以及

(f) 协议须明确，本法折中协议的合规条件已得到满足。

（5）以上第（4)(c) 款中的相关独立咨询师，须满足以下条件：

(a) 为持证律师；

(b) 为独立工会的管理人员、官员、雇员或成员，已由独立工会书面证明具备咨询师资质，并授权其代表工会提供此类咨询服务；

(c) 在咨询中心工作（不以雇员或志愿者身份为转移），且已由中心书面

证明具备咨询师资质，并授权其代表中心提供此类咨询服务；或

（d）为国务大臣下达的法令中所指定的一类人员。

（6）但以上第（4）(c)款中，所有此类人员对于雇员或劳动者而言，符合以下条件的，则不构成相关独立咨询师：

（a）受聘于雇主或附属雇主，或为雇主或附属雇主的相关事务代理人的；

（b）对于以上第（5）(b)款或第（5）(c)款所述人员，相关工会或咨询中心为雇主或附属雇主开设的；

（c）对于以上第（5）(c)款所述人员，雇员或劳动者就此类人员所提供的意见付费的；或

（d）对于以上第（5）(d)款法令中指定的一类人员，法令中规定此类人员提供咨询服务须满足的某项条件，未能得到满足的。

（7）本条中，"持证律师"是指：

（a）对于英格兰和威尔士：

（i）大律师（不以身为执业大律师或受聘提供法律咨询服务为转移）；

（ii）持有执业律师证的事务律师；或

（iii）除大律师和事务律师以外，具有授权辩护律师或授权检控官身份的人员（以符合1990年《法院及法律服务法》定义为准）；

（b）对于苏格兰：

（i）大律师（不以身为执业大律师或受聘提供法律咨询服务为转移）；或

（ii）持有执业律师证的事务律师；以及

（c）对于北爱尔兰：

（i）大律师（不以身为执业大律师或受聘提供法律咨询服务为转移）；或

（ii）持有执业律师证的事务律师。

（8）本条中，任意两家雇主在满足下列条件的前提下，视为存在附属关系：

（a）其中一家雇主公司被另一家雇主公司（直接或间接）控股；或

（b）两家雇主公司均被同一第三方（直接或间接）控股；

同时"附属雇主"应照此理解。

（9）本条应用过程中，对于北爱尔兰：

（a）以上第（4）(c)款同样有效，视同为其中"相关独立咨询师的意见"被替换为"持证律师的独立法律意见"；以及

(b) 以上第（4）(d) 款同样有效，视同为其中"保险合同、行业或行业机构成员所享受的专项理赔机制"被替换为"保单"。

（10）以上第（4）款中，在经以上第（9）款调整后的有效范围内，"独立"一词相对于雇员或劳动者所获取的法律意见而言，是指由不担任雇主或附属雇主相关事务代表的律师所出具的意见。

（11）国务大臣有权以法令形式，废止以上第（9）款、第（10）款及本款规定。

50.（1）国务大臣应按照自视最为妥当的方式，以吸引本法所涉及的社会公众关注本法及其项下实施细则为目的，安排将本法及其项下实施细则的相关信息公之于众。

（2）须依照以上第（1）款公示的必要信息，尤其包括以下信息：

(a) 以上第 1 条中规定的通行计时工资标准；

(b) 用于针对本法适用人员，对照相应计薪期内其雇主给付的薪酬，核算以上第 2 条项下计时工资标准的核算办法；

(c) 行使本法所赋予权利的行权方式；以及

(d) 以上第 3 条适用人员，以及该条项下所制订的条例针对此类人员所做的规定。

补充条款

51.（1）除本法另有规定的范围外，本法所赋予的枢密院令、条例或法令制订权，均包含以下各项权利：

(a) 针对不同情况或各类人员制订不同规定；以及

(b) 制订偶然性、继发性、补充性或过渡期条款及保留意见。

（2）以上第（1）(a) 款，均不影响以上第 1（3）款项下所制订的条例，或以上第 49 条项下所下达的法令。

（3）在相关枢密院令已付诸国会讨论，并由上下两院以决议形式批准之前，均不得建议女王陛下颁布本法条款项下的枢密院令。

（4）本法所赋予内阁大臣制订条例或法令的立法权，均应以法律文件的形式行使。

（5）（单独或与其他法条共同）含有本法项下实施细则的法律文件，在相关草案付诸国会上下两院讨论并以决议形式获得批准之前，均不得颁布。

(6) 如相关法律文件中所包含的本法项下实施细则，仅为以上第21条、第47（2）款或第47（4）款项下条例的，则以上第（5）款规定均不适用于此类法律文件。

(7) 以下性质的法律文件：

(a)（单独或与其他法条共同）包含以上第21条、第47（2）款或第47（4）款项下条例，或以上第49条项下法令的；且

(b) 无须将相关草案提交国会两院讨论并以决议形式批准的；

均可在国会两院通过相关决议后，予以废止。

(8) 以下权利：

(a) 经济发展部制订以上第26（6）款项下法令；或

(b) 北爱尔兰农业部制订以上第47条项下条例；

均应依照1979年《法定条例（北爱尔兰）令》，以法定条例的形式行使；同时一切此类法令或条例，均可通过1954年《司法解释法（北爱尔兰）》第41（6）款所定义的否决决议形式，予以否决。

52. 以下经费应从国会划拨的资金中列支：

(a) 大臣、政府部门或政府职能代理机构所产生的本法项下一切费用；以及

(b) 本法条款所引发、可从其他法案项下资金中列支的超额费用。

53. 本法附件3之中提到的法令，以及该附件之中提到的法律文件，均应在该附件第三列既定范围内，予以废止和撤销。

54. (1) 本法中，"雇员"是指已订立劳动合同或依照劳动合同工作（或对于聘用关系已终止的情况，曾工作）的个人。

(2) 本法中，"劳动合同"是指工作合同或见习合同，不以明示或暗示、（对于明示的情况）口头或书面形式为转移。

(3) 本法中，"劳动者"（不含"劳务派遣人员"和"居家务工人员"）是指已订立或依照以下合同工作（或对于已终止聘用关系的情况，曾工作）的个人：

(a) 劳动合同；或

(b) 一切其他合同，不以明示或暗示、（对于明示的情况）口头或书面形式为转移；相关个人依据该合同亲自为合同另一方工作或提供服务，且后者身份不因订立该合同而成为，该个人所经营生意或从事职业的客户或顾客；

同时一切提及劳动者订立的合同之处，均应照此理解。

（4）本法中，"雇主"一词相对于雇员或劳动者而言，是指聘用（或对于已终止聘用关系的情况，曾聘用）该雇员或劳动者的人员。

（5）本法中，"聘用"一词：

（a）相对于雇员而言，是指依照劳动合同聘用；以及

（b）相对于劳动者而言，是指依照其本人合同聘用；

同时"受聘"一词应照此理解。

55.（1）本法中，除上下文另有所指外，否则：

"民事程序"是指由劳动仲裁庭受理的仲裁程序，或一切其他法庭受理的民事程序；

"告诫书"应对照以上第19条理解；

"政府部门"包括北爱尔兰政府部门，以上第52（a）款除外；

"产业仲裁庭"是指依照 1996年《产业仲裁庭（北爱尔兰）令》第3条所设立的仲裁庭；

"通知"是指书面通知；

"计薪期"应对照以上第1（4）款理解；

"处罚通知书"应对照以上第21条理解；

"享受全国最低工资标准的人员"应对照以上第1（2）款理解；同时关联词语应照此理解；

"制订"是指以条例形式制订；

"条例"是指由国务大臣制订的条例，但依照以上第47（2）款或第47（4）款，由国务大臣和农渔食品部部长共同制订的条例，以及由北爱尔兰农业部制订的条例除外。

（2）本法提及某一计薪期领取薪酬的人员，均是指其雇主就该计薪期内的其本人工作，给付薪酬的薪酬核发对象。

（3）本法中提及的务工，均包含提供服务；同时"工作"及其他关联词语应照此理解。

（4）本法中，对于苏格兰而言，已过法定义务教育年龄段是指，依照1980年《教育（苏格兰）法》第31条和第33条，已过学龄期。

（5）本法中提及已过义务教育年龄段的人员，对于北爱尔兰而言，应对照

1986年《教育及图书馆（北爱尔兰）令》第46条来理解。

(6) 本法中提及劳动仲裁庭的，对于北爱尔兰而言，应理解为产业仲裁庭。

56. (1) 本法可被引用为1998年《全国最低工资法》。

(2) 除本条规定及枢密院令、条例、法令（均自本法通过之日起生效）制订权外，本法条款自国务大臣令中所规定的生效日期起生效；国务大臣有权针对各类目的，规定不同的生效日期。

(3) 本法适用范围涵盖北爱尔兰。

日本1959年《最低工资法》(2007年修订版)

第一章 总则

第一条（目的）本法律旨在通过保证低工资工人的最低工资水平来改善工作条件，帮助提高劳动力素质，确保企业的公平竞争，同时促进国民经济的健康发展。

第二条（定义）在本法律中，下列各项中所列术语的含义分别依据该项中的规定。

一 工人 指劳动基准法（1947年法律第49号）第九条规定的工人（不包括仅使用同居亲戚的企业或事务所中的雇员和家庭用人）。

二 雇主 指劳动基准法第十条规定的雇主。

三 工资 指劳动基准法第十一条规定的工资。

第二章 最低工资

第一节 总则

第三条（最低工资额）最低工资额（指最低工资中规定的工资额。下同）应根据时间确定。

第四条（最低工资的效力）雇主应向适用最低工资的工人支付不少于其最低工资额的工资。

2 接受最低工资的工人与雇主之间的劳动合同中规定未达到最低工资水平的工资的，该部分无效。在这种情况下，无效部分应被视为与最低工资定义相同。

3 以下工资不包括在前两款规定的工资中。

一 厚生劳动省条例规定的，一个月内支付的工资之外的工资

二 厚生劳动省条例规定的，正常工作时间或工作日工资之外的工资

三 规定不包括在相关最低工资中的工资

4 如果工人因自身情况没有在规定工作时间或规定工作日内工作，或者雇主以正当理由不允许工人在规定工作时间或规定工作日工作，第一款和第

二款的规定不妨碍在相应不工作的小时或天数范围内不支付工资。

第五条（实物支付等的评估）如果工资是用非货币支付的，或者雇主从工资中扣除膳食和其他提供给工人的东西的价格，那么对于最低工资的适用，这些实物必须进行适当评估。

第六条（最低工资的竞争）如果工人收到不少于两份的最低工资，则应根据这些规定的最低工资金额中的最高工资来适用第四条的规定。

2　在前款所述情况下，第四条第一款和第四十条的规定同样适用于第九条第一款规定的不同地区最低工资规定的最低工资额。

第七条（减少最低工资额的特例）当雇主根据厚生劳动省条例的规定获得都道府县劳动局局长的许可时，将相关最低工资中规定的最低工资额减去该最低工资额乘以厚生劳动省条例规定的费率后得到的金额，该费率考虑到了劳动能力及其他情况，那么下述工人将适用第四条的规定。

一　由于精神或身体残疾而导致劳动能力明显低下的人员

二　处于试用期的人员

三　在得到职业能力开发促进法（1969年法律第64号）第二十四条第一款的批准后进行的职业训练中，接受以掌握职业所需基本技能及其相关知识为内容的训练并由厚生劳动省条例规定的人员

四　从事简单工作的人员以及由厚生劳动省条例规定的其他人员

第八条（通知义务）接受最低工资适用的雇主应按照厚生劳动省条例的规定采取措施，在平时的工作场所中显眼的地方公示，或者采取其他方式让工人了解相关最低工资概要。

第二节　不同地区的最低工资

第九条（不同地区的最低工资的原则）为了保证低工资工人的最低工资水平，应确定全国各地区的最低工资（指某个地区的最低工资。下同）。

2　不同地区的最低工资，应考虑到该地区工人的生活费和工资，以及普通企业的工资支付能力。

3　在考虑前款规定的工人生活费用时，必须考虑与生活保障措施的一致性，使工人能够进行最低限度的健康和文化生活。

第十条（不同地区的最低工资的确定）厚生劳动大臣或都道府县劳动局局长要求中央最低工资审议会或地方最低工资审议会（以下简称"最低工

资审议会"）对每个地区进行调查审议，并听取其意见确定不同地区的最低工资。

2 如果厚生劳动大臣或都道府县劳动局局长收到了前款规定的最低工资审议会提交的意见，并认为难以根据其意见决定时，应要求最低工资审议会根据所附原因重新审议。

第十一条（对最低工资审议会的意见提出异议）当最低工资审议会根据上一条第一款的规定提出意见时，厚生劳动大臣或都道府县劳动局局长应根据厚生劳动省条例的规定公示其意见要点。

2 根据上一条第一款的规定，与最低工资审议会的意见相关的地区的工人或其雇主，可以自前款规定的公示发布前15日内向厚生劳动大臣或者都道府县劳动局局长提出异议。

3 当厚生劳动大臣或者都道府县劳动局局长收到前款规定的申请时，应就该申请征求最低工资审议会的意见。

4 厚生劳动大臣或者都道府县劳动局局长不得根据第一款的规定，在公示发布之日起15天内做出上一条第一款的决定。如果根据第二款的规定提出请求，则在提交前款规定的最低工资审议会的意见之前同样适用。

第十二条（不同地区的最低工资的修正等）当认为有必要考虑该地区工人的生活费和工资以及普通企业的工资支付能力时，厚生劳动大臣或者都道府县劳动局局长应根据其确定的先例修改或废除不同地区的最低工资。

第十三条（不同地区的派遣工的最低工资）关于确保工人派遣工作正确运行和改善派遣工工作条件的法律（1985年法律第88号）第四十条第一款规定的派遣工（在第十八条中简称为"派遣工"）在包括其派遣地企业（指该款规定的派遣地的企业。同样适用于第十八条）的工作所在地，根据所确定的不同地区的最低工资中规定的最低资金额适用第四条的规定。

第十四条（不同地区的最低工资的公示和生效）在确定不同地区的最低工资时，厚生劳动大臣或者都道府县劳动局局长应根据厚生劳动省条例的规定对决定事项进行公示。

2 根据第十条第一款的规定而做出的确定不同地区的最低工资的决定，以及按照第十二条的规定而做出的修改不同地区的最低工资的决定，自前款规定的公示之日起30天后的日期（自公示之日起三十天后，该决定中另行规定有日期时，则为该日期）起生效，根据该条款的规定废除不同地区的最低工资的决定，自该款规定的公示之日（自公示之日后，该决定中另行规定有日期时，则为该日期）起生效。

第三节 特定最低工资

（特定最低工资的确定等）

第十五条 代表全部或部分工人或雇主的个人可以根据厚生劳动省条例的规定，向厚生劳动大臣或都道府县劳动局局长提出申请，以确定适用于该工人或雇主的某项业务或职业（以下简称"特定最低工资"）相关的最低工资，或者决定修改或取消目前适用于该工人或雇主的特定最低工资。

2 在厚生劳动大臣或县劳动局局长认为有必要根据前款规定提出申请时，可要求最低工资审议会进行调查审议，并听取其意见，确定该申请相关的特定最低工资，或者决定修改或取消与该申请有关的特定最低工资。

3 第十条第二款和第十一条的规定，适用于最低工资审议会根据前款规定提交意见的情况。在这种情况下，该条第二款中的"地区"一词应换读为"业务或职业"。

4 在决定第二款内容的情况下，当根据适用于前款的第十一条第二款的规定提出申请时，厚生劳动大臣或县劳动局局长可以根据最低工资审议会按照适用于前款的该条第三款而提出的意见，将其适用延迟一定期限，或另行确定最低工资额。

5 第十条第二款的规定适用于最低工资审议会根据前款规定提出意见的情况。

第十六条 由上一条第二款的规定所确定或修改的特定最低工资中的最低工资额应高于相关地区所确定的最低工资中的最低工资额，该相关地区包括接受该特定最低工资适用的雇主的工作所在地。

第十七条 尽管第十五条第一款和第二款有规定，但厚生劳动大臣或都道府县劳动局局长在认为由该款的规定所决定或修改的特定最低工资明显不合适时，可以根据其确定的先例予以废除。

第十八条 （派遣工的特定最低工资）对于派遣工，如果其派遣地业务的同类业务或其派遣地业务办公地所雇同类工人的职业适用特定最低工资，则根据特定最低工资中规定的最低工资额适用第四条的规定。

第十九条（特定最低工资的公示和生效）在做出特定最低工资的相关决定时，厚生劳动大臣或都道府县劳动局局长应根据厚生劳动省条例的规定对决定的事项进行公示。

2 根据第十五条第二款的规定而做出的确定特定最低工资以及修改特定最低工资的决定，自前款规定的公示之日起 30 天后的日期（自公示之日起三十天后，该决定中另行规定有日期时，则为该日期）起生效，根据该条第二款和第十七条的规定而做出的废除特定最低工资的决定，自前款规定的公示之日（自公示之日后，该决定中另行规定有日期时，则为该日期）起生效。

第三章　最低工资审议会

第二十条（设立）在厚生劳动省设立中央最低工资审议会，在都道府县劳动局设立地方最低工资审议会。

第二十一条（权限）最低工资审议会负责由本法律规定授权的事项，此外地方最低工资审议会可以根据都道府县劳动局局长的咨询，调查和审议最低工资的相关重要事项，并就与此相关的必要事项向都道府县劳动局局长提出建议。

第二十二条（组织）最低工资审议会应按照政府条令的规定，将代表工人，代表雇主的委员和代表公共利益的委员以同等数量组织起来。

第二十三条（委员）按照政府条令的规定，委员由厚生劳动大臣或都道府县劳动局局长任命

2 委员的任期为两年。但是，候补委员的任期应为前任委员的剩余任期。

3 当委员任期届满时，该委员应履行职责，直至任命继任者为止。

4 委员为兼职。

第二十四条（会长）在最低工资审议会设置会长。

2 会长应由委员从代表公共利益的委员中选出。

3 会长负责会务。

4 当会长发生事故时，根据第二款规定的情况预先选出的人员将代理会长的职责。

第二十五条（专门会议等）可在最低工资审议会设立一个专门会议，以便在必要时调查和审议与某些业务或职业相关的专门事项。

2 最低工资审议会在被要求对确定最低工资或修改最低工资的决定进行

调查和审议时，应设立专门会议。

3　专门会议应按照政府条令的规定，将代表相关工人的委员，代表相关雇主的委员和代表公共利益的委员以同等数量组织起来。

4　第二十三条第一款和第四款以及上一条的规定适用于专门会议。

5　在对确定最低工资或者修改或废除最低工资的决定进行调查和审议时，最低工资审议会应根据厚生劳动省条例的规定听取有关工人和雇主的意见。

6　最低工资审议会除依照前款规定外，还应当在审议时认为必要的情况下，听取有关工人、有关雇主和其他相关人员的意见。

第二十六条（政府条令的委任）除本法律规定的内容外，有关最低工资审议会的必要事项应由政府条令规定。

第四章　杂则

第二十七条（援助）政府应努力为雇主和工人提供必要的援助，以保证相关材料的提供和其他最低工资制度的顺利实施。

第二十八条（调查）厚生劳动大臣应对工人的工资和其他实际情况进行必要的调查，努力确保最低工资制度顺利实施。

第二十九条（报告）厚生劳动大臣以及都道府县劳动局局长可以在达到本法律目的所需的必要限度内，使雇主或工人根据厚生劳动省条例的规定报告工资的相关事项。

第三十条（职权等）如果在涉及不少于两个的都道府县劳动局管辖区的案件以及只涉及一个都道府县劳动局管辖区的案件中，厚生劳动大臣认为具有全国性关联并根据厚生劳动省条例的规定进行指定，则第十条第一款、第十二条、第十五条第二款和第十七条规定的厚生劳动大臣或都道府县劳动局局长的职权由厚生劳动大臣行使，如果只涉及一个都道府县劳动局管辖区的案件（不包括属于厚生劳动大臣职权的案件），则应由都道府县劳动局局长行使。

2　当认为由都道府县劳动局局长确定的最低工资明显不合适时，厚生劳动大臣可以命令都道府县劳动局局长予以修改或废除。

3　厚生劳动大臣在打算按照前款规定做出命令时，应事先听取中央最低工资审议会的意见。

4　第十条第二款的规定适用于根据前款规定提交中央最低工资审议会意

见的情况。

第三十一条（劳动基准监督署署长和劳动基准监督官）根据厚生劳动省条例的规定，劳动基准监督署署长和劳动基准监督官负责本法律实施的相关事务。

第三十二条（劳动基准监督官的权限）劳动基准监督官可以在达到本法律目的所需的必要限度内，进入雇主的工作场所，检查账簿文件及其他物品，或对相关人员进行问询。

2 依照前款规定进行现场检查的劳动基准监督官，应当携带表明其身份的凭证，并出示给有关人员。

3 根据第一款的规定进行现场检查的权限不得解释为经授权进行刑事搜查。

第三十三条对于违反本法律规定的罪行，劳动基准监督官应根据刑事诉讼法（1948年法律第131号）的规定行使司法警官的职责。

第三十四条（向监管机构报告）如果工作场所发生违反本法律或基于本法律命令规定的事实，工人应将该事实报告给都道府县劳动局局长、劳动基准监督署署长或劳动基准监督官，要求采取适当措施予以纠正。

2 雇主不得以进行前款报告为由解雇工人或对工人采取其他不利措施。

第三十五条（关于船员的特例）第六条第二款、第二章第二节、第十六条和第十七条的规定不适用于船员法（1947年法律第100号）中规定的船员（以下简称"船员"）。

2 对于船员，属于本法律规定的厚生劳动大臣、都道府县劳动局局长或劳动基准监督署署长或劳动基准监督官权限的事项由国土交通大臣、部长、地方运输局局长（包括运输监理部长）或船员劳务官执行，本法律中的"厚生劳动省条例"、第三条中的"时间"、第七条第四号中的"简单"、第十九条第二款中的"第十五条第二款""该条第二款和第十七条"、第三十条第一款中的"第十条第一款、第十二条、第十五条第二款和第十七条""都道府县劳动局管辖区"应分别替读为"国土交通省""小时、日、周或月""规定劳动时间特别短的人员，简单""第十五条第二款以及第三十五条第三款和第七款""第十五条第二款和第三十五条第七款""第十五条第二款以及第三十五条第三款和第七款""地方运输局或运输监理部管辖区（若为政府条例规定的地方运输局，则不包括运输监理部管辖区）"。

3　国土交通大臣或地方运输局局长（包括运输监理部长）认为有必要考虑到船员的生活费、类似船员的工资和普通企业的工资支付能力，以改善低工资船员的工作条件时，可以要求船员中央劳动委员会或船员地方劳动委员会（以下简称"船员劳动委员会"）进行调查和审议，并听取其意见，确定适用于船员的特定最低工资。

4　第十条第二款和第十一条的规定适用于船员劳动委员会根据前款规定提出意见的情况。在这种情况下，该条第二款中的"地区"应替读为"业务或职业"。

5　如果国土交通大臣或地方运输局局长（包括运输监理部长）做出第三款的决定，那么当根据前款中适用的第十一条第二款的规定提出申请时，根据船员劳动委员会按照该条第三款的规定而提出的意见，将该特定最低工资标准下某一范围的业务的适用延迟一定期限，或另行确定最低工资额。

6　第十条第二款的规定适用于船员劳动委员会根据前款规定提出意见的情况。

7　在认为有必要考虑到船员的生活费、类似船员的工资和普通企业的工资支付能力时，对于按照第十五条第二款或该条第三款的规定而确定的适用于船员的特定最低工资，国土交通大臣或地方运输局局长（包括运输监理部长）可以根据其确定的先例，决定对其进行修改或废除。

8　如果特定最低工资适用于接受相关船员派遣服务的人员的业务或接受相关船员派遣服务的人员所雇同类船员的职业，则根据相关特定最低工资中规定的最低工资额，船员职业保障法（1948 年法律第 130 号）第八十九条第一款规定的同乘派遣船员适用于第四条的规定。

第三十六条 属于本法律规定的最低工资审议会权限的关于海员的事项由船员劳动委员会执行。

第三十七条 可以设立最低工资专门会议，以便船员劳动委员会根据需要对某些业务或职业的专门事项进行调查和审议。

2　当船员劳动委员会被要求对最低工资的确定或修改最低工资的决定进行调查和审议时，应设立最低工资专门会议。

3　最低工资专门会议的委员应由国土交通大臣根据政府条例的规定

任命。

4 第二十五条第三款的规定适用于最低工资专门会议。

5 第二十五条第五款和第六款的规定适用于船员劳动委员会。

第三十八条（省条例的委任）除本法律规定的内容外，本法律实施的相关必要事项由厚生劳动省条例规定。

第五章 罚则

第三十九条对违反第三十四条第二款规定的人员，处以六个月以下的拘役或者三十万日元以下的罚款。

第四十条对违反第四条第一款规定的人员（仅限适用于不同地区最低工资和船员的特定最低工资相关人员），处以五十万日元以下的罚款。

第四十一条符合以下任何一项的人员将被处以三十万日元以下的罚款。

一 违反第八条规定的人员（仅限适用于不同地区最低工资和船员的特定最低工资相关人员）

二 未依据第二十九条的规定提出报告或做出虚假报告的人员

三 拒绝、阻挠或逃避第三十二条第一款规定的进入或检查，或不对问询做出陈述或做出虚假陈述的人员

第四十二条法人代表、法人或个人的代理人、雇主及其雇员在针对该法人或个人的业务做出违反前三条规定的行为时，除惩罚该行为人外，也要对该法人或个人处以各条规定的罚金。

韩国 1986 年《最低工资法》(2018 年修订版)

第1章　总则

第1条（目的）本法律的目的是通过保证劳动者的最低工资水平和提高劳动者的生活质量，促进国民经济的健康发展。

第2条（定义）本法的"劳动者"，"雇主"及"工资"是根据「劳动法」第2条规定的劳动者，雇主及工资。

第3条（适用范围）①本法律适用于雇佣劳动者的所有企业或者工作场所（以下称为企业）。但是，不适用于仅雇佣同居亲属和家庭企业（家事）的雇主。

②本法律不适用于受海员法管辖的船员和雇佣海员的所有人。

第2章　最低工资

第4条（最低工资的裁定标准与区分）①最低工资应通过考虑工人的生活费用，关联工人的工资，劳动生产率及收入分配比率来确定。在此情况下，可以按业务类型进行分类。

②按照第1项进行的业务划分，应由雇佣劳动部长官根据第12条规定的最低工资委员会审议后确定。

第5条（最低工资额）①最低工资额（以最低工资来定义的金额。以下相同）是以小时，日，周或者月为单位来定义的。此情况下，以日、周或者月为单位来确定的最低工资额需要用计时工资来标明。

②对于签订1年以上劳务合同并处于实习期的劳动者，应在开始实习的3个月以内，以总统令第1项规定的最低工资与其他金额来制定最低工资。但是，从事简单劳务服务和雇佣劳动部长规定的工作类型的工人除外。

③工资一般为承包制或者由与其相似的形态来定义，如果根据第1项来制定最低工资被认为是不恰当的，可以按总统令来单独制定最低工资。

第5条2（适用最低工资的工资计算）如果确定受最低工资限制的雇员的工资的单位期限与第5（1）条规定的最低工资的单位期间不同，则将雇员的工资转换为最低工资的单位期间的方法应由总统令决定。

第6条（最低工资的效力）①雇主应向适用最低工资的劳动者支付最低工资额以上的工资。

②雇主不可以根据此法的最低工资为理由来降低之前的最低工资。

③适用最低工资的劳动者与雇主之间的劳务合同中，没有达到最低工资额的工资部分视为无效，在此情况下，此法律制定的无效部分以最低工资额同样的工资金额来支付。

④根据第（1）和（3）款规定的工资标准，每月至少支付一次以上的工资。但是，如符合下列情形中任何一项，则工资不算入。

1.「劳动标准法」雇佣劳动法令根据第2条第1款第8项（以下简称"规定工时"）规定的工资或者规定工作日以外的工资。2. 奖金，与其他等值，根据雇佣劳动部条例规定的工资的月支付额是年度金额的25/100的部分。

3. 食品费，住宿费，交通费等劳动者生活费用的福利性质的工资，属于下列一项。

甲. 货币以外支付的工资。

乙. 以货币支付的工资月支付额中，月支付额是年度金额的7/100的部分。

⑤尽管有第4项的规定，根据"旅客汽车运输业务法"第3条和第3条第2项的规定，在普通的出租车运输业务中，从事驾驶工作的劳动者最低工资中包含的工资范围应为总统令规定的工资，不包括按生产金额计算的工资。

⑥第1项和第3项规定，如果符合下列任何一项理由，不强制雇主支付工作时间与工作内容的工资。

1. 劳动者因个人理由在所定时间或者所定的工作日没有执行工作的情况。

2. 雇主因正当理由在所定的时间内未向劳动者指示工作的情况。

⑦以承包方式工作时，承包人需要负责的情况，发包人对劳动者支付的工资未满足最低工资额时，承包人应当与发包人有同样的连带责任。

⑧根据第7项规定，承包人需要负责的范围如下。

1. 承包人签订承包合同时，把人工单价制定至未达到最低工资额的行为。

2. 承包人签订承包合同时，把人工单价降低至未达到最低工资额的行为。

⑨两次以上以承包方式进行工作时，第 7 项的"承包人"视为"转包人，第 7 项与第 8 项的"承包人"被视为"直上承包人（分包商直接分包给分包商）"。

第 6 条 2（变更最低工资就业规则的特例情况）如果雇主打算通过支付超过一个月的月工资来改变就业规则，以便在不改变总额的情况下，包括在第 6 条第 4 项所列的工资中，尽管有"劳动标准法"第 94 条第 1 项的规定，如果在企业或工作场所中有多半数组成的劳动工会要听从工会意见，或者如果没有多半数组成的劳动工会则需要听从大多数劳动者的意见。

第 7 条（最低工资适用除外）属于以下任何一项并且由总统令规定的就业和劳动部部长授权的人不适用第 6 条。

1. 由于精神或身体残疾而无法工作的人

2. 那些被认为不适合应用最低工资的人

第 3 章　最低工资的决定

第 8 条（最低工资的决定）①雇佣劳动部长官至少在每年 8 月 5 日前决定最低工资。此情况下，雇佣劳动部根据总统令的规定，根据第 12 条向最低工资委员会（以下简称"委员会"）申请审核，并根据委员会决议的最低工资案来决定最低工资。

②委员会根据第 1 项后段，当收到就业和劳动部长官提出的考虑最低工资的请求时，应在决定最低工资和审议请求之日起 90 天内审查并提交给就业和劳工部长官。

③雇佣劳动部长官根据第 2 项，委员会审核提出的认为难以抉择的最低工资议案，可以在 20 天内表明其理由并向委员会制定 10 天以上的期限要求重新审核。

④委员会根据第 3 项的重新审核的请求，在此期间内重新审核并向雇佣劳动部长官提交其结果。

⑤如果委员会根据第 2 项重新选择原定最低工资，并且委员会大多数成员出席，根据第 4 项重新审议的出席会议的成员赞成票数达到三分之二以上，则雇佣劳工部长官应决定最低工资。

第9条（提出最低工资议案的异议）①雇佣劳工部长官根据第8条第2项提交给委员会最低工资的建议时，应按照总统令的规定来告示。

②不论是代表劳动者还是代表雇主的人员，根据第1项的告示，如对最低工资议案有异议，可以在告示之日起的10天内按照总统令的规定向雇佣劳动部长官提出异议。此情况下，不论是代表劳动者还是代表雇主的人员的范围，都由总统令来决定。

③如雇佣劳动部长官根据第2项，认定异议有理由，应将其内容公示，并根据第8条第3项，向委员会提出重新审核最低工资议案的请求。

④雇佣劳动部长官应根据第3项关于重新审核最低工资议案的要求，根据第8条第4项，直到委员会重新审核并且通过最低工资议案之前不得决定最低工资。

第10条（最低工资的告示与效力的产生）①雇佣劳动部长官确定最低工资时，要立即将其内容公示出来。

②根据第1项的内容，公示的最低工资将在下一年度1月1日起开始生效。但是，雇佣劳动部长官应考虑按工作的类别确定工资协商期，如果有必要可以另外制定生效日期的时间。

第11条（责任义务）适用最低标准的雇主可根据总统令的规定，把相关最低工资的标准条例公布在劳动者随时可见的地方，或者使用恰当的方式来告知劳动者。

第4章 最低工资委员会

第12条（最低工资委员会的设立）为了审核关于最低工资与其他关于最低工资的重要事项，雇佣劳动部应设立最低工资委员会。

第13条（委员会的职能）委员会执行以下职能。

1.关于最低工资的审核及重新审核

2.最低工资的适用雇主及按种类划分的审核

3.最低工资制度发展的研究及建议

4.此外，雇佣劳动部长官在会议中审核有关最低工资的重要事项

第14条（委员会的构成等）①委员会按以下方式构成。

1.代表劳动者的委员（以下称为"劳动者委员"）9名。

2.代表雇主的委员（以下称为"雇主委员"）9名。

3.代表公益的委员（以下称为"公益委员"）9名。

②委员会任命2名常任委员，常任委员称为公益委员。

③委员的任期为3年，可连任。

④如果委员空席，其空席委员的剩余任期时间则加到前任委员的任期时间中。

⑤即使委员的任期已经结束，但如果继任者还未被任命或委托，则其要继续履行其职责。

⑥委员的资格与任命，委托等必要的事项由总统令来规定。

第15条（委员长与副委员长）①委员会任命委员长与副委员长各一名。

②委员长与副委员长由委员会在公益委员中选拔。

③委员长全权负责委员会工作并代表委员会。

④当委员长因不可抗拒因素无法执行职务时，副委员长可代替其职务。

第16条（特殊委员）①委员会可以在关联行政机关的公务员中任命3名以内的特殊委员。

②特殊委员可以出席会议并发表意见。

③特殊委员的资格及委托等关联必要事项可根据总统令来决定。

第17条（会议）①委员会的会议在下列情形下由委员长来召集。

1.雇佣劳动部要求召集的情况

2.超过三分之一的注册委员要求召集的情况

3.委员长认为有必要的情况

②委员长将是委员会会议的主席

③委员会的会议除了该法特别规定外，要求注册委员出席过半并且决议需要过半数通过。

④委员会根据第3项做出决议时，劳动者委员和雇主委员必须出席三分之一以上的人员。但是，劳动者委员或者雇主委员在接到2次以上出席要求且没有正当理由仍未出席的情况下不适用。

第18条（听取意见）委员会在履行其职务时，在认定为必要的情况下，可以听取相关劳动者与雇主及其他有关人员的意见。

第19条（专门委员会）①委员会在认为有必要的情况下，可按工作类型或者个别事项来设立专门委员会。

②专门委员会委任委员会的一部分权力，并履行第13条各项委员会的职能。

③专门委员会由劳动者委员，雇主委员及公益委员各5名以内的人员构成，其人员数要相同。

④关于专门委员会的委员会运行，要使用第14条第3项到第6项，第15条，第17条及第18条。此情况下，"委员会"应被视为"专门委员会"。

第20条（办事处）①委员会应设立办事处以便处理工作。

②为了调查、研究最低工资审核等必要专业的调查事项，办事处可有3名以内的研究人员。

③研究委员的资格、委托及津贴与办事处的组织、运营等必要事项由总统令来规定。

第21条（委员的津贴等）委员会及专门委员会的委员可以根据总统令的规定支付津贴与差旅费。

第22条（运行准则）委员会可以在不违反本法案的情况下制定管理委员会和专门委员会运作的规则。

第5章 附则

第23条（生活费用及工资状况等的调查）雇佣劳动部长官必须每年都进行生活费用及工资状况等的调查。

第24条（政府的支持）政府应尽一切努力为劳动者和雇主提供必要的资料或提供其他必要的支持，以便顺利推行最低工资制度。

第25条（报告）在执行该法案所必需的情况下，劳工部长官可以让劳动者或雇主报告有关工资的事项。

第26条（劳动监察员的权利）①雇佣劳动部长应按照总统令规定的《劳动标准法》第101条监督劳动监察员的工作。

②劳动监察员为了行使第1项的权利，可以进入工作场所，要求提供书籍和文件，检查其他事项，或向相关人员提问。

③根据第2项，出入、检查的劳动监察员要携带表明其身份的证件并向相关人员出示。

④劳动监察员应根据《司法警察监督员履行职责的人员法》对本法案的犯罪行为履行司法警察的职责。

第26条2（权利的委任）根据该法案，雇佣劳工部长官的权力可以按照总统令的规定授权给区域雇佣劳工部办公室负责人。

第 27 条删除

第 6 章　罚则

第 28 条（罚则）①违反第 6 条第 1 项或第 2 项规定，支付低于最低工资或以最低工资为由，而降低之前工资的人，应处以最高三年的有期徒刑或最高 2000 万韩元的罚款。在这种情况下，有期徒刑和罚款可以并科。

②根据第 6 条第 7 项，承包人产生连带责任并且劳动监察长要求其履行并纠正连带责任，但承包人在规定期限内未履行的，应处 2 年以下有期徒刑或者 1000 万韩元的罚款。

③违反第 6-2 条，不听从劝导的人，应处 500 万韩元的罚款。

第 29 条删除

第 30 条（双罚制）①如果法定代表人，代理人，雇主及其他员工，在执行企业法人的业务时违反了第 28 条的违反行为，不仅会处罚违反行为人，还可以向其法人征收相关罚金。

②如果个人代理人，雇主及其他员工，在执行该法人的业务时违反第 28 条的违反行为，不仅会处罚违反行为人，还可以向其个人征收相关罚金。

第 31 条（滞纳金）①适用于下列任何一项的人员，应处 100 万韩元以下的滞纳金。

1. 违反第 11 条，没有按规定将最低工资告知给劳动者的人员。

2. 根据第 25 条，没有报告相关工资的内容或者报告虚假情报的人员。

3. 根据第 26 条第 2 项，拒绝、干扰或规避劳动监察员的请求或检查并对该问题做出虚假陈述的人员。

②根据第 1 项，滞纳金按总统令的规定由雇佣劳动部长官收集和征收。

③根据第 2 项，对滞纳金有异议的人员，可在收到通知书的 30 天内向雇佣劳动部长官提出异议。

④根据第 2 项，受滞纳金处罚的人根据第 3 项提出异议，雇佣劳动部长官应在收到通知后立即通知有管辖权的法院并根据「非投诉案件程序」来裁定滞纳金。

⑤根据第 3 项的所述期限，如在此期限内没有申请异议且没有交付滞纳金，则按国税滞纳处分来征收。

德国 2014 年《最低工资法》

第1段
一般最低工资的确定
§1 最低工资

(1)每位雇员都有权获得由雇主支付的至少等于最低工资的薪资。

(2) 从 2015 年 1 月 1 日起，最低工资的金额是每小时 8.50 欧元。最低工资的金额可在常驻的劳资双方委员会（最低工资委员会）的提议下，通过联邦政府的法定命令进行修改。

(3)《雇员部署法》《临时就业法》和以其为基础发布的条例的规定应符合本法的规定，以其为基础确定的行业最低工资不得低于最低工资。对于根据《劳资协议法》§5 签订的、《雇员部署法》§4 第 1 款第 1 点及 §§5 及 §§6 第 2 款意义上的具有普遍约束力的劳资协议，第 1 句中的优先权比照适用。

§2 最低工资的支付时间

(1)雇主有义务在商定的时间

1. 支付给雇员最低工资，

2. 最迟不得超过工作月份的最后一个银行工作日（法兰克福）。

在未商定支付时间的情况下，则仍适用《民法典》§614。

(2) 与第 1 款第 1 句情况不同，对于雇员超过合同约定工作时间的及记录于经书面协议的工时卡中的工作时间，若其根据 §1 第 1 款对工作时间的最低工资的权利未得到满足，则应在最迟十二个日历月内，通过带薪休假或支付最低工资的形式予以补偿。如果雇佣关系终止，雇主应在雇佣终止后的下一日历月内对不适当的工作时间进行补偿。工时卡的工作时间不得超过每月合同工作时间的 50％。

(3) 第 1 款和第 2 款不适用于《社会法典》第四卷所定义的价值信贷协议。在雇员保护方面，第 1 款比照适用于相应的外国条款。

§3 最低工资的独立性

达不到最低工资或限制其适用性或排除最低工资的协议是无效的。雇员只能通过法院解决方式放弃根据§1第1款提出的索赔；对此不存在豁免。排除索赔失效的情况。

§4 任务和组成

(1)联邦政府设立了一个常驻的最低工资委员会，用于调整最低工资金额。

(2)最低工资委员会每五年改选一次，由一名主席，其他六名常任投票成员和两名无投票权的科学界成员（顾问成员）组成。

§5 投票成员

(1)联邦政府将根据雇主协会和工会的雇主和雇员的最高组织的提案任命三名有投票权的成员。雇主和雇员的最高组织应各自提议至少一名女性和一名男性作为有投票权的成员。若雇主或雇员的最高组织方面提出的人员多于三人，则根据候选人对联邦工作生活中雇主或雇员利益的代表性来进行选择。若某方未行使其提名权，则此方的成员由联邦政府从雇主协会或工会中任命。

(2)如果一名成员辞任，将根据第1款第1句和第4句任命新成员。

§6 主席

(1)联邦政府将根据雇主和雇员最高组织的联合提案任命主席。

(2)若最高组织没有提出联合提案，联邦政府将根据雇主和雇员最高组织的提案各任命一名主席。两名主席根据§9在每次决议后进行轮换。对于第一任主席的任命，比照适用§5第1款第3句和第4句。

(3)如果主席辞任，将根据第1和第2款任命新主席。

§7 顾问成员

(1)联邦政府将根据雇主和雇员最高组织的提案任命科学界的顾问成员。联邦政府应努力确保雇主和雇员最高组织提议至少一名女性和一名男性作为顾问成员。顾问成员不应与以下组织有雇佣关系：

1. 雇主和雇员最高组织，

2. 雇主协会或工会，或

3. 由上述第1点或第2点所述的协会支持的机构。

§5第1款第3句、第4句及第2款比照适用。

(2)顾问成员通过提供科学专业知识，对最低工资委员会的工作提供支持，尤其是根据§9第2款进行的审查。他们有权参加最低工资委员会的审议。

§8 成员的法律地位

(1)最低工资委员会成员在履行职责时不受任何指示。

(2)最低工资委员会成员的一切活动出自自愿。

(3)根据适用于劳工法院名誉法官的法规，对最低工资委员会成员履行职责所产生的收入损失和开支及差旅费给予相应补贴。补贴金额及可报销的差旅费由最低工资委员会主席视实际情况确定。

§9 最低工资委员会决议

(1)2016年6月30日前，最低工资委员会必须进行首次决议，对最低工资进行调整，于2017年1月1日生效。之后，最低工资委员会必须每两年决议调整一次最低工资。

(2)在总体评估中，最低工资委员会进行审查，为了为雇员提供适当的最低保护，实现公平和有效的竞争条件而不危及就业，最低工资应设定为何金额为宜。最低工资委员会在设定最低工资时会参考工资增长状况。

(3)最低工资委员会必须以书面形式陈述其决议。

(4)最低工资委员会持续评估最低工资对特定行业和地区的雇员保护、竞争条件和就业以及生产率的影响，并在每两年一次的报告及决议中向联邦政府提供调查结果。

§10 最低工资委员会程序

(1)仅有在至少有一半的投票成员在场的情况下，最低工资委员会才有权进行决议。

(2)最低工资委员会的决议以出席会议成员的简单多数票通过。决议时，主席必须先弃权。如果未达到多数票，由主席提出调解提案。审议调解提案后，若仍未获得多数票，则主席行使其投票权。

(3)在决议前，最低工资委员会可以听取雇主和雇员的最高组织、雇主协会和工会、法定宗教团体、慈善机构、经济或社会协会及其他受最低工资调整影响者的意见。它可以从外部机构收集信息和专业评估。

(4)最低工资委员会的会议不公开；审议内容保密。其余的程序规定由最低工资委员会在议事规则中做出。

§11 法律条例

(1)联邦政府可以不经联邦参议院同意，通过对所有雇主和雇员具有约束力的法律条例实行最低工资委员会提出的最低工资调整。该条例在最低工资委员会决议规定的日期生效，但最早于公布后的第二天。该条例持续生效，直至被新条例取代。

(2)在通过该条例之前，雇主和雇员的最高组织、雇主协会和工会、法定宗教团体、慈善机构、经济或社会协会可以提交书面意见。意见提交期限为三周；自条例草案公布日计起。

§12 最低工资委员会的商业和信息机构；费用负担者

(1)由一商业机构协助最低工资委员会执行事务。该商业机构在这方面从属于最低工资委员会主席。

(2)该商业机构是联邦职业安全与医疗研究所的一个单独的组织单位。

(3)作为最低工资委员会的信息机构，该商业机构向雇员及企业提供最低工资的有关信息并给出建议。

(4)最低工资委员会和商业机构活动所产生的费用由联邦政府承担。

第2段

民事执行

§13 委托人的责任

比照适用《工人部署法》§ 14。

第3段

由国家当局监管和执行

§14 管辖权

海关当局负责根据§20检查雇主是否按照要求履行义务。

§15 海关管理当局和其他当局的权力；雇主的合作义务

《反非法劳动法》§§ 2 至 6、14、15、20、22、23 比照适用，

1. 此处所提及的当局可以检查劳动合同、根据《证据法》§ 2进行记录并提取其他根据 § 20、与遵守最低工资的直接或间接信息相关的其他商业文件，

2. 根据《反非法劳动法》§5第1款，相关人士有义务进行合作、提交

此类资料。

《反非法劳动法》§6第3款及§§16至19比照适用。

§16登记义务

(1)在本法令适用范围内，在《反非法劳动法》§2a所述的经济领域或经济部门雇用一名或多名雇员的海外雇主，在开始任何工作或服务之前，有义务向第6款中所述的海关主管当局以德文书面的形式提交审查相关基本信息。基本信息包括：

1. 其所雇用的适用本法令的雇员的姓氏、名称及出生日期，

2. 工作开始时间及预期持续时间，

3. 工作地点，

4. § 17所要求资料在德国国内的保存地点，

5. 德国负责人的姓氏、名称、出生日期及德国国内地址，及

6. 授权代表姓氏、名称、出生日期及德国国内地址（若与第5点中指定的负责人不同）。

如以上信息有所更改，第1句中所称的雇主必须立即进行报告。

(2)雇主必须在登记中附加保证，保证其履行 § 20规定的义务。

(3)如海外出租方将一名或数名雇员租予租用方工作，在第1款第1句限制下的《反非法劳动法》§2a所述的经济领域或经济部门的每项工作或业务开始之前，租用方必须向海关主管当局以德文书面的形式提交以下信息：

1. 租用雇员的姓氏、名称及出生日期，

2. 工作开始时间及租用时间，

3. 工作地点，

4. § 17所要求资料在德国国内的保存地点，

5. 出租方授权代表姓氏、名称、出生日期及德国国内地址，

6. 出租方姓氏、名称或企业名称及地址。第1款第3句比照适用。

(4)租用方在登记时须附上出租方的保证，保证其履行 §20规定的义务。

(5)联邦财政部可以不经联邦参议院同意，通过法律条例与联邦劳动和社会事务部达成协议，

1. 以何种方式、在何种技术和组织条件下，以电子形式传输登记、变更报告及与第1款第1句、第3句，第2款，第3款第1句、第2句及第4款

中不同的保证，

2. 在何种情况下，可例外省略变更报告，以及

3. 如果所涉及雇员参与的是定期安排的工作或服务，或者需要提供其他特定工作或服务，需如何简化或修改登记程序。

(6) 联邦财政部可以不经联邦参议院同意，通过法律条例确定第 1 款第 1 句和第 3 款第 1 句中的主管当局。

§17 文件创建和保存

(1) 根据《社会法典》第四卷 §8 第 1 款或在《反非法劳动法》§2a 所述的经济领域或经济部门雇用雇员的雇主，有义务最迟在工作开始后的第七天记录雇员每日工作的开始、结束和持续时间，并从记录之日计起，保留至少两年。第 1 句比照适用于将一名或数名雇员出租于《反非法劳动法》§2a 所述的经济领域或经济部门进行工作的出租方。第 1 条不适用于《社会法典》第四卷 §8a 规定的雇佣关系。

(2) 对于针对 §20 及 §2 遵守情况的检查，第 1 款中所称的雇主有义务在雇员实际工作的整个期间在德国国内以德文形式准备好所需资料，资料备留时间最短为工作和服务的整个期间，但最长不超过两年，此处的雇员指适用本法令的雇员。

(3) 联邦劳工和社会事务部可以不经联邦参议院同意，通过法律条例限制或扩展雇主或出租方根据 § 16 和第 1、2 款对特定雇员群体、经济领域或经济部门的义务。

(4) 联邦财政部可以不经联邦参议院同意，与联邦劳动和社会事务部协商，根据工作或服务的具体性质或所处经济领域或经济部门的特殊性质，通过法律条例简化或修改雇主关于记录其雇员的日常工作时间和保存此类记录的义务。

§18 国内外当局的合作

(1) 海关当局应根据 §16 第 1 款及第 3 款要求，通知当地主管财政当局。

(2) 海关当局和《反非法劳动法》§2 提及的其他当局可根据数据保护法规，与实行与本法令相当的措施的、或有能力打击非法劳工的、或可以确定雇主是否履行了 §20 规定的义务的"欧洲经济区协定"的其他缔约国当局进

行合作。刑事事项国际司法协助的相关法规不受影响。

(3) 若罚金超过 200 欧元，则海关当局应将根据 §21 第 1 款至第 3 款做出的任何最终罚金决定报告至中央工商营业登记处。

§ 19 公共合同招标的排除范围

(1) 在《反竞争限制法》§§ 99 及 100 中所称的委托方提供的供货、建筑或服务合同的竞争中，因触犯 § 21 且受到最低 2500 欧元的投标人应在合理时间内被排除在外，直至其可信度恢复。

(2) 负责起诉或惩罚 §21 所述罪行的当局可应要求，根据《反竞争限制法》§ 99 向公共委托方及拥有由公共委托方批准的资格预审名单或公司和供应商名单的机构提供所需信息。

(3) 第 2 款所述的公共委托方在中央工商营业登记处相关事务中，可要求根据 §21 第 1 款或第 2 款对行政违法行为处以最终罚款，或要求投标人声明不存在第 1 款规定的排除条件。如果投标人做出声明，则公共委托方可根据第 2 款规定，随时要求提供《工商业管理条例》§ 150a 规定的中央工商营业登记信息。

(4) 在合同金额超过 30 000 欧元的情况下，公共委托方可根据第 2 款规定，在合同授予投标人之前，要求其提供《工商业管理条例》§ 150a 规定的中央工商营业登记信息。

(5) 在做出排除决定之前，应该听取投标人的意见。

§ 20 雇主支付最低工资的义务

德国国内或国外的雇主有义务最迟在 § 2 第 1 款第 1 句第 2 点规定的时间向其德国国内雇员支付不少于 §1 第 2 款规定的最低工资的薪资。

§ 21 罚金条款

(1) 故意违法或意外违法

1. 违反 §15 第 1 句及《反非法劳动法》§5 第 1 款第 1 句，不允许审查或在审查中不予合作，

2. 违反 §15 第 1 句及《反非法劳动法》§5 第 1 款第 2 句，不允许进入地产范围或营业场所，

3. 违反 §15 第 1 句及《反非法劳动法》§5 第 3 款第 1 句，未提交数据、未正确提交数据、未完整提交数据、不按照规定的方式或不及时提交

数据，

4. 违反§16第1款第1句或第3款第1句，未提交申请、未正确提交申请、未完整提交申请、不按照规定的方式或不及时提交申请，或未送交申请、未正确送交申请、未完整送交申请、不按照规定的方式或不及时送交申请，

5. 违反§16第1款第3句及第3款第2句，未提交变更报告、未正确提交变更报告、未完整提交变更报告、不按照规定的方式或不及时提交变更报告，

6. 违反§16第2款或第4款，未正确或未及时附上保证，

7. 违反§17第1款第1句及第2句，未进行记录、未正确进行记录、未完整进行记录或未及时进行记录，或未进行保存或未保存至少两年，

8. 违反§17第2款，未准备好资料、未正确准备好资料、未完整准备好资料或未按照规定方式准备好资料，或

9. 违反§20，未支付或未及时支付所规定薪资。

(2)企业家委托其他企业家进行大规模开展工作或服务，在履行任务中委托方知情或疏忽不知情的违法行为，

1. 违反§20，未支付或未及时支付所规定薪资，或

2. 在有分包商或允许分包商参与活动的情况下，分包商违反§20，未支付或未及时支付所规定薪资。

(3)对于第1款第9点及第2款中的违法行为，可处以最高五十万欧元的罚款，其他情况可处以最高三万欧元的罚款。

(4)《行政违法法》§36第1款第1点所指的行政当局指§14规定的各经济领域的当局。

(5)对于联邦当局和联邦公法直接法人的执法行为，以及§14规定的当局根据《刑事诉讼法》§111e及《行政违法法》§46的资产查封执法行为，适用《联邦行政执法法案》。

第4段　最终条款

§22 个人应用领域

(1)本法令适用于雇员。《职业培训法》§26所指的实习生视为本法令所指的雇员，除非其

1. 根据教育规定、培训规定、高等教育规定或作为法定职业学院的培训而进行强制实习，

2. 实习期在三个月以内，用以进行职业培训或完成学业，

3. 实习期在三个月以内，同时进行职业或高等教育，且之前未与相同培训单位有类似实习关系，或

4. 参与《社会法典》第三卷§54a规定的入门资格培训或《职业培训法》§§68至70规定的职业预备培训。

实习生是独立的法人，其在合同实际签订和执行后，在有限时间内，获得特定商业活动的实践知识和经验，为职业活动进行准备，不是《职业培训法》意义上的职业培训或相当的实习培训。

(2)《青年就业保护法》§2第1款及第2款所指的未完成职业培训的人员不视为本法令所指的雇员。

(3) 本法令不对进行职业培训或志愿者工作的雇员的报酬进行规定。

(4) 对于在就业之前为《社会法典》第三卷§18所指的长期失业人员的雇员，最低工资在其工作的前六个月内不适用。联邦政府必须在2016年6月1日向立法机构报告本法规对第1句中的长期失业者重新融入劳动力市场的促进作用，并评估该法规是否继续实行。

§23 评估

本法令将于2020年进行评估。

新西兰1983年《最低工资法》

1 名称和生效日期

(1) 本法名为1983年《最低工资法》。

(2) 本法自总督划定、枢密院令颁布的日期起生效。

第1（2）款：根据1985年《最低工资法施行令》（1985/212号修正案），本法自1985年9月2日起生效。

2 释义

本法中，除上下文另有所指外，否则：

雇主：泛指聘用一名或多名劳动者的人员；包括聘用或雇用家务工的人员。

雇佣关系委员会：特指依据2000年《雇佣关系法》第5条所设立的雇佣关系委员会。

劳动监察官：是指依据2000年《雇佣关系法》第223条所委任的劳动监察官。

劳动者：与2000年《雇佣关系法》第6条中所定义的雇员一词意义相同。

第2条：于2000年10月2日，被2000年《雇佣关系法》（2000年第24号法案）第240条所取代。

2A 本法修正案适用性条款

附件1AA给列，自2016年4月1日起的本法修正案适用范围、限制条件和过渡期条款。

第2A条：于2016年4月1日，依据2016年《最低工资修正案》（2016年第11号法案）第4条插入。

3 王室约束力

本法具有王室约束力。

对比：1945年第44号法案第6条

4 法定成人最低工资标准

(1)总督有权以枢密院令形式，制订应付以下劳动者的成人最低工资标准：

(a)年满 16 周岁或以上的；以及

(b)不适用第 4A 条或第 4B 条项下一切其他最低工资标准的。

(2)第（1）款项下的法定标准，须以货币金额形式制订。

第 4 条：于 2013 年 5 月 1 日，被 2013 年《最低工资（起薪）修正案》（2013 年第 8 号法案）第 4 条所取代。

4A 法定最低起薪工资标准

(1)总督有权以枢密院令形式，就以下一类或多类劳动者，制订应向其支付的一种或多种最低起薪工资标准：

(a)年满 16、17、18 或 19 周岁；且

(b)不参与监管或培训其他劳动者；且

(c)符合枢密院令中规定的劳动者年龄（或年龄段），以及以下一项或多项要素：

(i)为劳动者连续缴纳一种或多种专项社保基金的期限（以下简称"连续社保基金缴费期"），不少于 6 个月；

(ii)劳动者连续受聘于以下人员的期限，不少于 6 个月：

(A)任何雇主（如枢密院令就第（i）点要素规定劳动者类型的，则均不包括连续社保基金缴费期之前，劳动者原有聘期）；

(B)劳动者当前雇主；

(iii)劳动者依据劳动合同受聘，且合同规定劳动者须通过培训、教育或考试（具体以枢密院令规定为准），方可具备劳动合同所述职业的上岗资格。

(2)第（1）款项下的法定标准，须不得低于第 4 条项下法定成人最低工资标准的 80%，并可以下列形式颁布：

(a)货币金额；或

(b)成人最低工资标准的一定比例。

(3)凡对于第（1）(c)(i)点或（ii）点（或两点兼具）要素，制订第（1）款项下的最低起薪工资标准的，该标准所适用的劳动者雇主：

(a)有权在以下二者之中的较早日期之前，按照该标准支付劳动者工资：

(i) 劳动者已连续受聘于任何雇主或劳动者当前雇主（视具体情况为准）满 6 个月（或以枢密院令中规定的更短连续受聘期为准）之日；

(ii)劳动者不再满足第（1）(a) 款和（b）款之中一项或两项条件之日的前一天；以及

(b) 之后须向劳动者支付，不低于第 4 条项下法定成人最低工资标准的工资。

(4) 为避免疑问，对于第（1）款项下所制订的不止一种法定最低起薪工资标准适用于劳动者的情况，仅限对照二者中较高或多者中最高的标准执行。

(5) 执行第（1）(c)(i) 点规定时，视为为劳动者连续缴纳专项社保基金的期限：

(a) 均不以 2018 年《社会保障法》项下的强制性禁令，或任何其他原因，是否导致缴费额减少为转移；

(b) 均不以 2018 年《社会保障法》因故暂停缴费的一切期限为转移。

(6) 本条中：

连续受聘，对于劳动者而言：

(a) 是指从劳动者开始工作第一天起算的连续聘用期限；以及

(b) 包括以下日期之前，劳动者原已经历的受聘期：

(i) 劳动者年满 16 周岁；

(ii)2013 年《最低工资（起薪）修正案》生效日期。

连续缴纳一种或多种专项社保基金，对于第（1）(c)(i) 款项下枢密院令所适用的劳动者而言，包括劳动者在年满枢密院令中所规定的年龄之前，已就一种或多种专项社保基金投入工作的一切期限。专项社保基金，泛指依据 1964 年《社会保障法》或 2018 年《社会保障法》，已缴或应缴的一切下列福利费：

(a) 单亲父母津贴；

(b) 低收入者生活补助；

(c) 年轻人自立津贴；

(d) 残疾人津贴；

(da) 求职者扶助金；

(e) 因病误工补贴；

(ea) 单亲父母就业扶持基金；

(eb) 生活补助救济金；

(f) 失业救济金；

(g) 鳏寡补助；

(h) 年轻父母生活补助；

(i) 年轻人生活救助金。

第4A条：于2013年5月1日，依据2013年《最低工资（起薪）修正案》（2013年第8号法案）第4条插入。

第4A（5）（a）点：于2018年11月26日，依据2018年《社会保障法》（2018年第32号法案）第459条修订。

第4A（5）（b）点：于2018年11月26日，依据2018年《社会保障法》（2018年第32号法案）第459条修订。

第4A（6）款专项社保基金：于2018年11月26日，依据2018年《社会保障法》（2018年第32号法案）第459条修订。

第4A（6）款专项社保基金（da）点：于2013年7月15日，依据2013年《社会保障法（津贴类型和工作重点）修正案》（2013年第13号法案）第129条插入。

第4A（6）款专项社保基金（ea）点：于2013年7月15日，依据2013年《社会保障法（津贴类型和工作重点）修正案》（2013年第13号法案）第86条插入。

第4A（6）款专项社保基金（eb）点：于2013年7月15日，依据2013年《社会保障法（津贴类型和工作重点）修正案》（2013年第13号法案）第97条插入。

4B 法定最低培训期工资标准

（1）总督有权以枢密院令形式，就以下一类或多类劳动者，制订培训期内应付的最低工资标准：

（a）年满20周岁或以上；且

（b）不参与监管或培训其他劳动者；且

（c）依据劳动合同受聘，且合同规定劳动者须通过培训、教育或考试（具体以枢密院令规定为准），方可具备劳动合同所述职业的上岗资格。

(2) 第（1）款项下的法定标准，须不得低于第 4 条项下法定成人最低工资标准的 80%，并可以下列形式颁布：

(a) 货币金额；或 (b) 成人最低工资标准的一定比例。

第 4B 条：于 2013 年 5 月 1 日，依据 2013 年《最低工资（起薪）修正案》（2013 年第 8 号法案）第 4 条插入。

5 逐年审核最低工资标准

(1) 劳工大臣应在以 12 月 31 日结束的每个自然年度中，审核依据第 4 条、第 4A 条或第 4B 条制订的一切最低标准。

(2) 对照第（1）款审核后，劳工大臣有权就在当年或之后，向总督提出有关调整相应最低标准的建议。

第 5 条：于 1987 年 8 月 1 日，被《最低工资修正案》（1987 年第 83 号法案）第 3 条所取代。

第 5（1）款：于 2013 年 5 月 1 日，依据 2013 年《最低工资（起薪）修正案》（2013 年第 8 号法案）第 5 条修订。

6 给付最低工资标准

虽然法令、裁决书、集体协议、决定书或劳动合同中可能另有规定，但在符合第 7 条至第 9 条的前提下，对于本法已制订最低工资标准的一类劳动者群体，其中每一名劳动者均有权就其本人工作，从雇主处领取不低于相应最低工资标准的工资。

对比：1945 年第 44 号法案第 2（1）款、1970 年第 137 号法案第 6 条、1974 年第 137 法案第 2 条。

7 包吃、包住或误工情况下的扣除额

(1) 对于雇主为劳动者提供包吃或包住待遇的一切情况，雇主可据此扣除的相应金额，均不得使按照最低标准核算的劳动者工资减额幅度，超出法案、决定书或劳动者聘用协议中所规定的固定现金价值，或对于不存在此类规定的情况，雇主用餐费扣款金额均不得超出劳动者（按最低标准核定）工资的 15%，住宿费扣款金额均不得超出 5%。

(2) 除下列原因所导致的误工损失外，否则均不得从本法规定应付劳动者的工资中扣除，劳动者所造成的误工损失：

(a) 劳动者违规行为；或

(b) 劳动者患病或发生任何意外事故。

对比：1945年第44号法案第2（4）款、第2（5）款、1974年第106号法案第3条。

第7（1）款：于1991年5月15日，依据1991年《最低工资修正案》（1991年第27号法案）第3条修订。

8 最低工资标准豁免许可证

(1) 劳动监察官有权在自行做出下列认定后，向劳动者核发最低工资标准豁免许可证：

(a) 劳动者因身患残疾，履行本人工作要求明显存在重大阻碍；且

(b) 雇主和劳动者已考虑，为辅助劳动者履行工作要求，可以提供的一切合理便利条件；且

(c) 核发豁免许可证合情合理。

(2) 为避免疑问，第（1）(b)款规定均不限制或影响，雇主应向劳动者承担的一切法定义务。

(3) 豁免许可证：

(a) 自颁发之日或许可证上规定的另一日期起生效；且

(b) 在许可证上规定的期限内持续有效。

(4) 许可证有效期内，其中规定的工资标准，即为本法针对持证劳动者所制订的最低工资标准。

(5) 劳动监察官有权在自行认定，许可证继续有效不再符合情理时，随时废除许可证。

(6) 本条中，残疾一词定义详见1993年《人权法案》第21（1）(h)款。

第8条：于2007年3月28日，被2007年《最低工资修正案》（2007年第12号法案）第4条取代。

8A 工资和工时数记录

（已废止）

第8A条：于2016年4月1日，依据2016年《最低工资修正案》（2016年第11号法案）第5条废止。

8B 未留存记录的违法行为

（已废止）

第 8B 条：于 1991 年 5 月 15 日，依据 1991 年《最低工资修正案》（1991 年第 27 号法案）第 6 条废止。

8C 进场执法权

（已废止）

第 8C 条：于 1990 年 8 月 31 日，依据 1990 年《最低工资修正案》（1990 年第 113 号法案）第 3 条废止。

8D 简易执法程序规定

（已废止）

第 8D 条：于 1991 年 5 月 15 日，依据 1991 年《最低工资修正案》（1991 年第 27 号法案）第 6 条废止。

9 不适用本法的劳动者

本法均不适用于：

（a）（已废止）

（b）受 1938 年《毛利人住房法修正案》、1981 年《新西兰铁路公司法》、1971 年《国防法》、1959 年《邮政法》、1962 年《国家公务法》或一切其他法案项下已订立学徒合同所约束的学徒；

（c）（已废止）

（d）被慈善机构所收容，且作为被收容者，在慈善机构内部务工或从事相关慈善工作的被收容人员（不包括仅因聘用关系而常驻现场的机构工作人员）；

（e）本人往返客户（见本句所述法案第 4 条中的定义）间差旅费，适用于 2016 年《家庭与社区服务（客户间差旅费支付）结算法》的雇员。

对比：1945 年第 44 号法案第 3 条、1946 年第 40 号法案第 55 条、1968 年第 94 号法案第 2 条、1970 年第 137 号法案第 6 条。

第 9（a）款：于 2014 年 4 月 23 日，依据 2014 年《行业培训和学徒制修正案》（2014 年第 16 号法案）第 23 条废止。

第 9（c）款：于 2003 年 6 月 17 日，依据 2003 年《最低工资修正案》（2003 年第 24 号法案）第 4 条废止。

第 9（e）款：于 2016 年 2 月 25 日，依据 2016 年《家庭与社区服务（客户间差旅费支付）结算法》（2016 年第 2 号法案）第 30 条插入。

10 处罚

(1)针对第（2）款所述人员，应按照 2000 年《雇佣关系法》项下雇员关系委员会所制订的处罚条例，处以罚金。

(2)此类人员为：

(a)未按本法全额给付，法定应付工资的每一名违法人员；

(b)参与此类违法行为的每一名涉案人员；

(c)未能落实本法其他要求的每一名人员。

(3)劳动者或劳动监察官有权收取第（1）款项下罚金，但劳动者仅限收取涉及本人雇主的罚金。

(4)第（2）款中，参与违法行为的涉案人员是指，在 2000 年《雇佣关系法》第 142W 条违法行为的定义范围内，视为参与违法行为的涉案人员。

第 10 条：于 2016 年 4 月 1 日，被 2016 年《最低工资修正案》（2016 年第 11 号法案）第 6 条取代。

11 追讨工资

(1)本条适用于，在雇主应向劳动者给付本法项下法定工资，或其他应付钱款的过程中所出现的下列情况：

(a)未按时给付工资的违法行为；或 (b)实付工资低于本法法定标准，或应付劳动者的合法数额。

(2)第（1）(a)款或第（1）(b)款所述全额或部分工资、其他钱款，均可由劳动者本人或劳动监察官代表劳动者，按照 2000 年《雇佣关系法》第 131 条相同投诉程序，通过向雇佣关系委员会提出投诉的方式予以追讨，同时此类投诉程序也相应适用于该法第 131（2）款规定。

(3)第（2）款适用效力，均不以下列情况为转移：

(a)劳动者已收受按照更低标准给付的工资；或

(b)劳动合同之中一切明示或暗示的不同规定。

(4)本条规定均不影响，在追讨雇主应向劳动者给付的本法法定工资或其他钱款的过程中，劳动者可依法享有的一切其他救济权。

第 11 条：于 2016 年 4 月 1 日，被 2016 年《最低工资修正案》（2016 年第 11 号法案）第 7 条取代。

11AA　　劳动监察官或劳动者有权通过法定程序，从违法涉案人员处

追讨拖欠工资

(1)劳动监察官或劳动者有权在下列情况下,从劳动者雇主以外的其他人员处,追讨劳动者应得但尚未给付的工资:

(a)本法项下劳动者应得的工资;且

(b)由于本法项下的违法行为,工资尚未给付;且

(c)追讨工资的对象,为该违法行为的涉案人员。

(2)但仅限在满足以下条件的前提下,方可按照第(1)款规定,追讨尚未给付的工资:

(a)劳动者本人申请追讨的,须事先经由监管机构或法院批准;且

(b)仅限劳动者雇主无法给付的欠薪数额。

(3)第(1)款中,违法行为的涉案人员是指,在2000年《雇佣关系法》第142W条违法行为的定义范围内,视为参与违法行为的涉案人员。

第11AA条:于2016年4月1日,依据2016年《最低工资修正案》(2016年第11号法案)第8条插入。

11A 整改令

2000年《雇佣关系法》第137条和第138条规定,适用于违反或未遵守本法条款或要求的各类情况,视同此类情况已纳入2000年《雇佣关系法》第5部分至第9部分条款或要求,同时作为当事人的劳动者或雇主均有权针对此类违法或违规行为,启动该法项下法定程序。

第11A条:于2000年10月2日,被2000年《雇佣关系法》(2000年第24号法案)第240条所取代。

11B 每周5天40小时工作制

(1)以符合第(2)款和第(3)款规定为前提,依据2000年《雇佣关系法》所订立的每一份劳动合同,均须针对受该劳动合同所约束的一切劳动者,制订每周最长工时数(不含加班时数)不得超过40小时的工时制。

(2)在劳资双方约定的前提下,劳动合同可为劳动者制订大于40小时的每周最长工时数(不含加班时数)。

(3)凡劳动合同为劳动者制订的每周最长工时数(不含加班时数)不超过40小时的,合同双方须努力商定日工时数,并使实际工作时间不超过每周5天。

第 11B 款：于 2000 年 10 月 2 日，被 2000 年《雇佣关系法》（2000 年第
24 号法案）第 240 条取代。

12 实施细则

总督有权以枢密院令形式，不定期制订自视必要或便利的实施细则，以
便本法条款得到全面落实并依法监管。

对比：1945 年第 44 号法案第 5 条。

13 保留事项

本法条款均不降低或授权雇主调低截至本法生效之日原本给付劳动者的
现有工资水平。

14 废止

附件 1 所列法案，就此予以废止。

中国香港 2010 年《最低工资条例》

第 1 部

导言

1. 简称

（编辑修订——2017 年第 1 号编辑修订记录）

（1）本条例可引称为《最低工资条例》

（2）（已失时效而略去——2017 年第 1 号编辑修订记录）

2. 释义

在本条例中——

工作时数（hours worked）——见第 4 条；

工作经验学员（worked experience student）指——

（a）修读经评审课程的学生；或

（b）居于香港，并修读非本地教育课程的学生，而该学生正根据某雇佣合约受聘，且在该合约开始时，仍未满 26 岁；

工资（wages）除第 6 条另有规定外，其含义与《雇佣条例》（第 57 章）中该词的含义相同；

工资期（wage period）——见第 5 条；

主席（chairperson）指委员会的主席；

委员（member）指委员会的委员；

委员会（Commission）指第 11 条设立的最低工资委员会；

非本地教育课程（non-local education programme）指达致颁授属学位或更高程度的非本地学术资格的全日制教育课程；

订明每小时最低工资额（prescribed minimum hourly wage rate）指附表 3 第 1 栏指明的每小时工资额；

家庭佣工（domestic worker）指受雇于某住户或在关乎某住户的情况下受雇的家务助理、护理员、司机、园丁、船工或其他私人佣工；

处长（Commissioner）的含义与《雇佣条例》（第57章）中该词的含义相同；

最低工资（minimum wage）就雇员于某工资期而言，具有第8（2）条给予该词的含义；

残疾人士（PWD）指持有由政府设立的康复服务中央档案室发出的有效残疾人士登记证的人；

残疾雇员（employee with a disability）指符合以下说明的雇员：属残疾人士，而其在执行有关雇佣合约规定的工作方面的生产能力水平，已于就第9（1）（b）条具有效力的评估登记书内述明；

经评审课程（accredited programme）指符合以下说明的全日制课程——

（a）由附表1指明的教育机构提供；

（b）属《学术及职业资质评审条例》（第592章）附表3第1、2或3条描述的类别的进修计划；及

（c）（如该全日制课程由根据《教育条例》（第279章）注册或临时注册的学校提供）属该条例所指的专上教育程度；

雇主（employer）的涵义与《雇佣条例》（第57章）中该词的含义相同；

雇员（employee）指根据雇佣合约受聘为雇员的人，但不包括第7（2）、（3）、（4）或（5）条涵盖的人；

雇佣合约（contract of employment）就某雇员而言，指符合以下说明的任何地点：该雇员按照雇佣合约、在雇主同意下或根据雇主的指示，为执行工作或接受培训而留住该地点当值；

雇佣试工期（trial period of employment）指附表2第2条提述的雇佣试工期；

实习学员（student intern）指符合以下说明的学生——

（a）在一段时间内，进行在与附表1指明的某教育机构正向该学生提供的任何经评审课程有关联的情况下，由该机构安排或认可的工作；或

（b）居于香港，并在一段时间内，进行在与某机构正向该学生提供的任何非本地教育课程有关联的情况下，由该机构安排或认可的工作，而该工作就颁授该课程所达致的学术资格而言，属颁授要求中的必修或选修部分；

选择受评估残疾人士（assessment-opting PWD）指符合以下说明的残疾

人士：按照附表 2 第 4（2）条作出选择，让其在执行有关雇佣合约规定的工作方面的生产能力水平，接受根据该附表进行的评估；

选择表格（option form）指附表 2 第 4 条提述的表格；

获豁免学生雇佣（exempt student employment）——见第 3 条。

（编辑修订——2017 年第 1 号编辑修订记录）

3. 获豁免学生雇佣

工作经验学员及其雇主可达成协议，将一段在有关雇佣合约（**现行合约**）期内的为期最长 59 天的连续期间，视为获豁免学生雇佣期，但前提是——

（a）在该学员为立约一方、且与现行合约于同一公历年开始的另一雇佣合约期内的任何期间，均不曾获豁免学生雇佣期；及

（b）在现行合约开始前，该学员向该雇主提供由该学员做出的法定声明或其副本，核实（a）段列明的事实。

4. 工作时数

雇员于某工资期的工作时数，包括该雇员按照雇佣合约、在雇主同意下或根据雇主指示——

（a）留驻雇佣地点当值的时间，而不论该雇员当时有否获派工作或获提供培训；或

（b）在关乎其受雇工作的情况下用于交通的时间，但不包括该雇员用于往来其居住地方及其雇佣地点（其位于香港以外的非惯常雇佣地点除外）的交通时间。

5. 工资期

（1）凡某雇员须为根据其雇佣合约而执行的工作，或须为将会根据有该合约而执行的工作，而就某期间获支付工资，该期间即属该雇员的工资期。

（2）除非相反证明成立，否则上述期间须视为为期一个月。

（3）就已完成或终止的雇佣合约而言，如该合约先前涵盖最少一段工资期，则始于倒数第二段工资期完结之时并终于该合约完成或终止当日的期间，即属最后的工资期。

（4）就已完成或终止的雇佣合约而言，如该合约先前并无涵盖最少一段工资期，则始于该合约开始之时并终于该合约完成或终止当日的期间，即属最后的工资期。

6. 工资

（1）根据《雇佣条例》（第57章）第25（3）或32（2）（b）、（c）、（d）、（e）、（f）、（g）、（ga）、（h）或（i）条就任何工资期从雇员的工资扣除的款项，须算作为须就该工资期支付的工资的一部分。（由2014年第21号第18条修订）

（2）于任何工资期内就某雇员的非工作时数而支付予该雇员的款项，不得算作为须就该工资期或任何其他工资期支付的工资的一部分。

（3）于任何工资期内预支或超额支付予雇员的工资，不得算作为须就该工资期支付的工资的一部分。

（4）于任何工资期（**前者**）内就较早工资期而支付予雇员的欠付工资，不得算作为须就前者支付的工资的一部分。

（5）尽管有第（1）、（3）及（4）款规定，就本条例而言，在雇员事先同意下于某工资期首7天后而于紧接该工资期后的第7天终结前的任何时间支付的佣金，须算作为须就该工资期支付的工资的一部分，而不论有关工作于何时执行，亦不论根据有关雇佣合约该佣金须于何时支付。

7. 本条例的适用范围

（1）除本条另有规定外，本条例适用于每名雇员、其雇主及该雇员据以受聘的雇佣合约。

（2）凡因为《雇佣条例》（第57章）第4（2）条，以致该条例不适用于某人，则本条例亦不适用于该人；而本条例亦不适用于按根据《学徒制度条例》（第47章）注册的学徒训练合约受聘的人。

（3）某人如受雇为某住户的家庭佣工，或在关乎某住户的情况下受雇为家庭佣工，并免费居于该住户，则本条例不适用于该人。

（4）本条例不适用于实习学员。

（5）本条例不适用于正处于获豁免学生雇佣期的工作经验学员。

第2部

获付最低工资的权利

8. 雇员须获付至少最低工资

（1）雇员有权就任何工资期获支付不少于最低工资的工资。

（2）将雇员于某工资期的总工时数（不足一小时亦须计算在内），乘以第9条所订定的他的每小时最低工资额，所得之数即属他于该工资期的最低工资的款额。

（3）本条例受第18条（过渡性条文）规限。

9. 每小时最低工资额

（1）雇员的每小时最低工资额——

（a）就正处于雇佣试工期的残疾人士而言，为将订明每小时最低工资额，乘以附表2第3条指明的百分率所得之每小时工资额；

（b）就残疾雇员而言，为将订明每小时最低工资额，乘以附表2第7条提述的评估证明书所述明的、属该雇员的经评估生产能力水平所得之每小时工资额；

（c）（如某选择受评估残疾人士继续受雇为相同雇主执行相同工作）就该选择受评估残疾人士而言，直至对其在执行该工作方面的生产能力水平的评估根据附表2完成当日终结为止，为将订明每小时最低工资额，乘以在选择表格内指明的百分率所得之每小时工资额；及

（d）就其他雇员而言，为订明每小时最低工资额。

（2）尽管有第（1）（d）款的规定，已完成雇佣试工期的残疾人士如于该试工期届满后成为残疾雇员则自该试工期界面的翌日起，其每小时最低工资额，须视为第（1）（b）所订定的每小时工资额。

（3）附表2就评估残疾人士的生产能力水平，以及就指明对正处于雇佣试工期的残疾人士适用的订明每小时最低工资额的百分率，具有效力。

（4）附表2亦就厘定直至有关时间为止适用于某选择受评估残疾人士的订明每小时最低工资额的百分率，做出规定，而上述有关时间指对该选择受评估残疾人士在执行有关雇佣合约规定的工作方面的生产能力水平的评估，根据该附表完成当日终结之时。

10. 根据雇佣合约获付至少最低工资的权利

（1）如若非有本条例的规定，须就某工资期支付予某雇员的工资，少于他于该工资期的最低工资，则他的雇佣合约，须视为就所有目的而订明他有权就该工资期获得额外报酬，款额为从该笔最低工资中，减去若非有本条例的规定本须就该工资期支付的工资后所得之数。

（2）在不局限第（1）款的原则下，该款提述的目的包括——

（a）根据《雇佣条例》（第 57 章）计算须支付的任何工资或任何其他款项的款额；

（b）根据《破产欠薪保障条例》（第 380 章），计算须以特惠款项方式支付的任何款项；

（c）根据《强制性公积金计划条例》（第 485 章），计算须向公积金计划做出的任何全中心供款的款额；及

（d）为《雇员补偿条例》（第 282 章）或《职业性失聪（补偿）条例》（第 469 章）的目的，计算雇员的每月收入或每月入息。

（3）为免生疑问及在不局限第（1）款的原则下，雇员根据第（1）款有权获得的额外报酬的款额，属根据《雇佣条例》（第 57 章）须支付予雇员的工资的一部分，如雇主潜伏该款额，可按处理潜伏该工资的任何其他部分的相同方式，予以处理。

第3部
最低工资委员会

11. 委员会的设立与组成

（1）现设立一个委员会，其中文名称为"最低工资委员会"，而英文名称为"Minimum Wage Commission"。

（2）委员会由以下人士组成——

（a）一名获委任为主席的人，该人须不是公职人员；

（b）不多于 9 名并非公职人员的其他委员，而其中——

（i）不多于 3 名委员须属行政长官认为在关乎劳工界别的事宜方面具有知识或经验者；

（ii）不多于 3 名委员须属行政长官认为在关乎商业界别的事宜方面具有知识或经验者；及

（ⅲ）不多于 3 名委员须属行政长官认为在相关学术范畴具有知识或经验者；及

（c）不多于 3 名属公职人员的其他委员。

（3）主席及所有其他委员，均须由行政长官委任；而行政长官在根据第（2）(b)及（c）款委任委员时，可顾及根据第（2）款（b）段的每一节及该款（c）段委任的委员的数目有需要达至均衡。

（4）行政长官须就以下事宜，于宪报刊登公告——

（a）根据本条委任委员；

（b）根据附表 4 第 3 条委任署理主席。

（5）第（4）款所指的公告并非附属法例。

（6）附表 4 就委员会具有效力。

12. 委员会的职能

（1）委员会的主要职能，是应行政长官的要求，向行政长官会同行政会议报告它就订明每小时最低工资额的款额做出的建议。

（2）委员会具有行政长官以书面赋予的任何其他职能。

（3）委员会在执行其职能时，须顾及以下需要——

（a）在防止工资过低与尽量减少低薪职位流失的目标之间，取得适当平衡；及

（b）维持香港的经济发展及竞争力。

（4）委员会如认为合适，可在做出将载于其报告内的建议前——

（a）咨询代表雇主或雇员的任何组织，或任何其他人；

（b）考虑在咨询过程中向它提交的意见；及

（c）分析及考虑来自任何研究或调查的数据，及考虑该等研究或调查所包含的任何其他资料。

13. 委员会的权力

（1）委员会有权做出为执行其职能而需要做出的一切事情，亦有权做出附带于或有助于执行其职能的一切事情。

（2）在不局限第（1）款的原则下，委员会可为任何目的组成小组。

14. 委员会的报告

（1）行政长官须要求至少每两年根据第 12（1）条做出报告一次。

（2）在接获根据第12条做出的报告后，行政长官须在切实可行的范围内，尽快安排发表该报告的文本。

第4部
杂项

15. 不可藉合约摒除本条例

雇佣合约（不论是在本条生效当日、之前或之后订立者）的任何条文，如看来是终绝或减少本条例赋予雇员的任何权利、利益或保障的，即属无效。

16. 修订附表3

（1）行政长官会同行政会议可借于宪报刊登的公告修订附表3，以——

（a）于第1栏指明每小时工资额，或调高或调低该栏所指明的、于当时有效的每小时工资额；及

（b）于第2栏指明（a）段提述的任何修订的生效日期。

（2）行政长官会同行政会议在行使第（1）款所指的权力时，可顾及根据第12（1）条做出的报告所载的任何建议，但并不受该等建议所约束。

（3）第（1）款只赋权厘定适用于所有雇员的单一每小时工资额（不论该工资额是直接适用于雇员，或是作为计算其最低工资的因子而适用于雇员）。

（4）《释义及通则条例》（第1章）第34（2）条适用于第（1）款所指的公告——

（a）犹如"修订，修订方式不限，但须符合订立该附属法例的权力"已被"完全撤销"取代一样；及

（b）犹如"日起修订"已被"日起完全撤销"取代一样。

17. 修订附表1、2及4

（1）处长可借于宪报刊登的公告修订附表1或2。

（2）行政长官会同行政会议可借于宪报刊登的公告修订附表4。

18. 过渡性条文

（1）就某雇员而言，如首个订明每小时最低工资额的生效日期，是在他的某工资期开始后，则在计算他于该工资期的最低工资时，他于该工资期内在该日期之前的工作时数（包括不足一小时的时间），以及须就任何该等时数或不足一小时的时间支付予他的任何工资，均不得计算在内。

（2）就某雇员而言，如在他的某工资期开始后，订明每小时最低工资额

根据第16（1）条调高或调低，则在计算他于该工资期的最低工资时，经调高或调低的工资额，只适用于他在该上调或下调的生效日期当日或之后的工作时数（包括不足一小时的时间）。

（3）为施行第3条，在该条生效日期之前的任何雇佣期，均无须列入考虑。

参考文献

Abowd, J. M.; F. Kramarz and D. N. Margolis. 1998. "Minimum Wages and Employment in France and the United States," Universite de Pantheon-Sorbonne (Paris 1).

Abowd, John M.; Francis Kramarz and David N. Margolis. 1999. "Minimum Wages and Employment in France and the United States," C.E.P.R. Discussion Papers.

Abowd, John M.; Francis Kramarz; David N. Margolis and Thomas Philippon. 2000. "The Tail of Two Countries: Minimum Wages and Employment in France and the United States," Institute for the Study of Labor (IZA).

Alan, Manning. 2010. "Imperfect Competition in the Labour Market," Centre for Economic Performance, LSE.

Alida, Castillo-Freeman and B. Freeman Richard. 1992. "When the Minimum Wage Really Bites: The Effect of the U.S.-Level Minimum on Puerto Rico," National Bureau of Economic Research, Inc, 177-212.

Alison, J. Wellington. 1991. "Effects of the Minimum Wage on the Employment Status of Youths: An Update." Journal of Human Resources, 26(1), 27-46.

Andrew, Leigh. 2003. "Employment Effects of Minimum Wages: Evidence from a Quasi-Experiment." Australian Economic Review, 36(4), 361-73.

Andrew, Leigh. 2004. "Minimum Wages and Employment: Reply." Australian Economic Review, 37(2), 173-79.

Ann, Harrison and Scorse Jason. 2004. "Moving up or Moving Out? Anti-Sweatshop Activists and Labor Market Outcomes," National Bureau of Economic Research, Inc.

Arindrajit, Dube; Naidu Suresh and Reich Michael. 2007. "The Economic Effects of a Citywide Minimum Wage." Industrial and Labor Relations Review, 60(4),

522-43.

Asep, Suryahadi; Widyanti Wenefrida; Perwira Daniel and Sumarto Sudarno. 2003. "Minimum Wage Policy and Its Impact on Employment in the Urban Formal Sector." Bulletin of Indonesian Economic Studies, 39(1), 29-50.

Baker, Michael; Dwayne Benjamin and Shuchita Stanger. 1999. "The Highs and Lows of the Minimum Wage Effect: A Time-Series Cross-Section Study of the Canadian Law." Journal of Labor Economics, 17(2), 318-50.

Bazen, Stephen. 2000. "The Impact of the Regulation of Low Wages on Inequality and Labour-Market Adjustment: A Comparative Analysis." Oxford Review of Economic Policy, 16(1), 57-69.

Bazen, Stephen and Velayoudom Marimoutou. 2002. "Looking for a Needle in a Haystack? A Re-Examination of the Time Series Relationship between Teenage Employment and Minimum Wages in the United States." Oxford Bulletin of Economics and Statistics, 64(0), 699-725.

Bell, Linda A. 1997. "The Impact of Minimum Wages in Mexico and Colombia." Journal of Labor Economics, 15(3), S102-35.

Belot, Michele and Jan C. van Ours. 2001. "Unemployment and Labor Market Institutions: An Empirical Analysis." Journal of the Japanese and International Economies, 15(4), 403-18.

Belot, M. V. K. and J. C. van Ours. 2001. "Unemployment and Labor Market Institutions: An Empirical Analysis," Tilburg University.

Blanchard, Olivier and Justin Wolfers. 2000. "The Role of Shocks and Institutions in the Rise of European Unemployment: The Aggregate Evidence." Economic Journal, 110(462), C1-33.

Brown, Charles; Curtis Gilroy and Andrew Kohen. 1982. "The Effect of the Minimum Wage on Employment and Unemployment." Journal of Economic Literature, 20(2), 487-528.

Burkhauser, Richard V.; Kenneth A. Couch and David C. Wittenburg. 2000. "A Reassessment of the New Economics of the Minimum Wage Literature with Monthly Data from the Current Population Survey." Journal of Labor Economics, 18(4), 653-80.

Charles, Brown; Gilroy Curtis and Kohen Andrew. 1983. "Time-Series Evidence of the Effect of the Minimum Wage on Youth Employment and Unemployment," National Bureau of Economic Research, Inc.

Charles, Brown; Gilroy Curtis and Kohen Andrew. 1983. "Time-Series Evidence of the Effect of the Minimum Wage on Youth Employment and Unemployment."

Journal of Human Resources, 18(1), 3-31.

Christopher, J. Flinn. 2006. "Minimum Wage Effects on Labor Market Outcomes under Search, Matching, and Endogenous Contact Rates." Econometrica, 74(4), 1013-62.

Coe, David T. and Dennis J. Snower. 1997. "Policy Complementarities: The Case for Fundamental Labour Market Reform," C.E.P.R. Discussion Papers.

Daniel, Aaronson and French Eric. 2003. "Product Market Evidence on the Employment Effects of the Minimum Wage," Federal Reserve Bank of Chicago.

Daniel, Aaronson and French Eric. 2007. "Product Market Evidence on the Employment Effects of the Minimum Wage." Journal of Labor Economics, 25, 167-200.

Daniel, S. Hamermesh. 2002. "International Labor Economics." Journal of Labor Economics, 20(4), 709-32.

Daniel, S. Hamermesh. 2002. "International Labor Economics," National Bureau of Economic Research, Inc.

David, Card. 1992. "Using Regional Variation in Wages to Measure the Effects of the Federal Minimum Wage," Princeton University, Department of Economics, Industrial Relations Section.

David, Card. 1992. "Using Regional Variation in Wages to Measure the Effects of the Federal Minimum Wage." Industrial and Labor Relations Review, 46(1), 22-37.

David, Coe and Snower Dennis. 1996. "Policy Complementarities: The Case for Fundamental Labor Market Reform," Birkbeck, Department of Economics, Mathematics & Statistics.

David, Card; Katz Lawrence and Krueger Alan. 1993. "Comment on David Neumark and William Wascher, 'Employment Effects of Minimum and Subminimum Wages: Panel Data on State Minimum Wage Laws'," Princeton University, Department of Economics, Industrial Relations Section.

David, Neumark; Schweitzer Mark and Wascher William. 2005. "The Effects of Minimum Wages on the Distribution of Family Incomes: A Nonparametric Analysis." Journal of Human Resources, 40(4), 867-94.

David, Neumark; Schweitzer Mark and Wascher William. 2004. "The Effects of Minimum Wages on the Distribution of Family Incomes: A Nonparametric Analysis," Federal Reserve Bank of Cleveland.

David, Neumark; Schweitzer Mark and Wascher William. 1998. "The Effects of Minimum Wages on the Distribution of Family Incomes: A Non-Parametric Analysis," National Bureau of Economic Research, Inc.

David, Neumark; D. Mark Schweitzer and Wascher DaWilliam. 2004. "Minimum Wage Effects Throughout the Wage Distribution." Journal of Human Resources, 39(2).

David, Neumark and L. Wascher William. 1996. "Minimum Wage Effects on Employment and School Enrollment: Reply to Evans and Turner," Board of Governors of the Federal Reserve System (U.S.).

David, Neumark and L. Wascher William. 2008. Minimum Wages. The MIT Press.

David, Neumark and Wascher William. 1992. "Employment Effects of Minimum and Subminimum Wages: Panel Data on State Minimum Wage Laws." Industrial and Labor Relations Review, 46(1), 55-81.

David, Neumark and Wascher William. 1996. "Is the Time-Series Evidence on Minimum Wage Effects Contaminated by Publication Bias?," National Bureau of Economic Research, Inc.

David, Neumark and Wascher William. 1994. "Minimum Wage Effects on Employment and School Enrollment," National Bureau of Economic Research, Inc.

David, Neumark and Wascher William. 1995. "Minimum Wage Effects on School and Work Transitions of Teenagers," Board of Governors of the Federal Reserve System (U.S.).

David, Neumark and Wascher William. 2002. "State-Level Estimates of Minimum Wage Effects: New Evidence and Interpretations from Disequilibrium Methods." Journal of Human Resources, 37(1), 35-62.

David, T. Coe and J. Snower Dennis. 1997. "Policy Complementarities: The Case for Fundamental Labor Market Reform." IMF Staff Papers, 44(1), 1-35.

Dennis, J. Snower and T. Coe David. 1996. "Policy Complementarities: The Case for Fundamental Labor Market Reform," International Monetary Fund.

Dickens, Richard; Stephen Machin and Alan Manning. 1998. "Estimating the Effect of Minimum Wages on Employment from the Distribution of Wages: A Critical View." Labour Economics, 5(2), 109-34.

Dolado, Juan Jos"¦; F. Kramarz; A. Manning and S. Machin. 1996. "The Economic Impact of Minimum Wages in Europe," Universidad Carlos III de Madrid,

Eric, French and Aaronson Dan. 2004. "Product Market Evidence on the Employment Effects of the Minimum Wage," Econometric Society.

Francis, Kramarz and Philippon Thomas. 2000. "The Impact of Differential Payroll Tax Subsidies on Minimum Wage Employment," Centre de Recherche en Economie et Statistique.

Gindling, T. H. and Terrell Katherine. 2004. "The Effects of Multiple Minimum

Wages Throughout the Labor Market," William Davidson Institute at the University of Michigan.

Gindling, T. H. and Katherine Terrell. 2004. "The Effects of Multiple Minimum Wages Throughout the Labor Market," Institute for the Study of Labor (IZA).

Guy, Laroque and Salanie Bernard. 2002. "Labour Market Institutions and Employment in France." Journal of Applied Econometrics, 17(1), 25-48.

Harding, Don and Glenys Harding. 2004. "Minimum Wages in Australia: An Analysis of the Impact on Small and Medium Sized Businesses," University Library of Munich, Germany.

Hyslop, Dean and Steven Stillman. 2004. "Youth Minimum Wage Reform and the Labour Market," Institute for the Study of Labor (IZA).

James, B. Rebitzer and J. Taylor Lowell. 1991. "The Consequences of Minimum Wage Laws: Some New Theoretical Ideas," National Bureau of Economic Research, Inc.

Janet, Currie and C. Fallick Bruce. 1996. "The Minimum Wage and the Employment of Youth Evidence from the Nlsy." Journal of Human Resources, 31(2), 404-28.

Janet, Currie and Fallick Bruce. 1993. "The Minimum Wage and the Employment of Youth: Evidence from the Nlsy," National Bureau of Economic Research, Inc.

John, M. Abowd; Kramarz Francis and N. Margolis David. 1999. "Minimum Wages and Employment in France and the United States," National Bureau of Economic Research, Inc.

John, M. Abowd; Kramarz Francis; Lemieux Thomas and N. Margolis David. 2000. "Minimum Wages and Youth Employment in France and the United States," National Bureau of Economic Research, Inc, 427-72.

John, M. Abowd; Kramarz Francis; Lemieux Thomas and N. Margolis David. 1997. "Minimum Wages and Youth Employment in France and the United States," National Bureau of Economic Research, Inc.

Katz, L. F. and A. B. Krueger. 1992. "The Effect of the Minimum Wage on the Fast Food Industry," Harvard - Institute of Economic Research.

Kenneth, A. Couch and C. Wittenburg David. 2001. "The Response of Hours of Work to Increases in the Minimum Wage." Southern Economic Journal, 68(1), 171-77.

Koning, Pierre; Geert Ridder and Gerard J. van den Berg. 1994. "Structural and Frictional Unemployment in an Equilibrium Search Model with Heterogeneous Agents," VU University Amsterdam, Faculty of Economics, Business Administration and Econometrics.

Koning, Pierre; Geert Ridder and Gerard J. van den Berg. 1995. "Structural and Frictional Unemployment in an Equilibrium Search Model with Heterogeneous Agents." Journal of Applied Econometrics, 10(S), S133-51.

Kramarz, Francis and Thomas Philippon. 2000. "The Impact of Differential Payroll Tax Subsidies on Minimum Wage Employment," Institute for the Study of Labor (IZA).

Kramarz, Francis and Thomas Philippon. 2001. "The Impact of Differential Payroll Tax Subsidies on Minimum Wage Employment." Journal of Public Economics, 82(1), 115-46.

Lang, Kevin and Shulamit Kahn. 1998. "The Effect of Minimum-Wage Laws on the Distribution of Employment: Theory and Evidence." Journal of Public Economics, 69(1), 67-82.

Lawrence, F. Katz and B. Krueger Alan. 1992. "The Effect of the Minimum Wage on the Fast Food Industry," National Bureau of Economic Research, Inc.

Lawrence, F. Katz and B. Krueger Alan. 1992. "The Effect of the Minimum Wage on the Fast-Food Industry." Industrial and Labor Relations Review, 46(1), 6-21.

Lawrence, Katz and Krueger Alan. 1992. "The Effect of the Minimum Wage on the Fast Food Industry," Princeton University, Department of Economics, Industrial Relations Section..

Lemos, Sara. 2004. "The Effects of the Minimum Wage in the Formal and Informal Sectors in Brazil," Institute for the Study of Labor (IZA).

Lemos, Sara. 2009. "Minimum Wage Effects in a Developing Country." Labour Economics, 16(2), 224-37.

Lemos, Sara. 2004. "Political Variables as Instruments for the Minimum Wage," Institute for the Study of Labor (IZA).

Linneman, Peter. 1982. "The Economic Impacts of Minimum Wage Laws: A New Look at an Old Question." Journal of Political Economy, 90(3), 443-69.

Machin, Stephen and Alan Manning. 1997. "Minimum Wages and Economic Outcomes in Europe." European Economic Review, 41(3-5), 733-42.

Maloney, William F.; Jairo Nunez; Wendy Cunningham; Norbert Fiess; Claudio Montenegro; Edmundo Murrugarra; Mauricio Santamaria and Claudia Sepulveda. 2001. "Measuring the Impact of Minimum Wages : Evidence from Latin America," The World Bank.

Manfred, Keil; Robertson Donald and Symons James. 2001. "Minimum Wages and Employment," Centre for Economic Performance, LSE.

Manfred, W. Keil; Robertson Donald and Symons James. 2001. "Minimum Wages and Employment," Claremont Colleges.

Manning, Alan. 2011. "Imperfect Competition in the Labor Market," Elsevier, 973-1041.

Mark, B. Stewart. 2004. "The Employment Effects of the National Minimum Wage." Economic Journal, 114(494), C110-C16.

Mark, B. Stewart. 2002. "Estimating the Impact of the Minimum Wage Using Geographical Wage Variation." Oxford Bulletin of Economics and Statistics, 64(s1), 583-605.

Mark, B. Stewart. 2004. "The Impact of the Introduction of the U.K. Minimum Wage on the Employment Probabilities of Low-Wage Workers." Journal of the European Economic Association, 2(1), 67-97.

Mark, B. Stewart and K. Swaffield Joanna. 2008. "The Other Margin: Do Minimum Wages Cause Working Hours Adjustments for Low-Wage Workers?" Economica, 75(297), 148-67.

Mark, Turner and Demiralp Berna. 2001. "Do Higher Minimum Wages Harm Minority and Inner-City Teens?" The Review of Black Political Economy, 28(4), 95-116.

Mart¦Õn, Rama. 2001. "The Consequences of Doubling the Minimum Wage: The Case of Indonesia." Industrial and Labor Relations Review, 54(4), 864-81.

Meyer, Robert H. and David A. Wise. 1983. "The Effects of the Minimum Wage on the Employment and Earnings of Youth." Journal of Labor Economics, 1(1), 66-100.

Neumark, David and William Wascher. 1998. "Is the Time-Series Evidence on Minimum Wage Effects Contaminated by Publication Bias?" Economic Inquiry, 36(3), 458-70.

Neumark, David and William Wascher. 1995. "Minimum Wage Effects on Employment and School Enrollment." Journal of Business & Economic Statistics, 13(2), 199-206.

Neumark, David and William Wascher. 2003. "Minimum Wages and Skill Acquisition: Another Look at Schooling Effects." Economics of Education Review, 22(1), 1-10.

Neumark, David and William Wascher. 1995. "Minimum-Wage Effects on School and Work Transitions of Teenagers." American Economic Review, 85(2), 244-49.

Olivier, Blanchard and Wolfers Justin. 1999. "The Role of Shocks and Institutions in the Rise of European Unemployment: The Aggregate Evidence," National Bureau of Economic Research, Inc.

Pablo, Fajnzylber. 2001. "Minimum Wage Effects Throughout the Wage Distribution: Evidence from Brazil¡‾S Formal and Informal Sectors," Cedeplar, Universidade Federal de Minas Gerais.

Pedro, Portugal and Cardoso Ana Rute. 2006. "Disentangling the Minimum Wage Puzzle: An Analysis of Worker Accessions and Separations." Journal of the European Economic Association, 4(5), 988-1013.

Pereira, Sonia C. 2003. "The Impact of Minimum Wages on Youth Employment in Portugal." European Economic Review, 47(2), 229-44.

Portugal, Pedro and Ana Rute Cardoso. 2002. "Disentangling the Minimum Wage Puzzle: An Analysis of Worker Accessions and Separations," Institute for the Study of Labor (IZA).

Ralph, E. Smith and Vavrichek Bruce. 1992. "The Wage Mobility of Minimum Wage Workers." Industrial and Labor Relations Review, 46(1), 82-88.

Rama, Martin. 1996. "The Consequences of Doubling the Minimum Wage : The Case of Indonesia," The World Bank.

Rebitzer, James B. and Lowell J. Taylor. 1995. "The Consequences of Minimum Wage Laws Some New Theoretical Ideas." Journal of Public Economics, 56(2), 245-55.

Richard, Dickens; Machin Stephen and Manning Alan. 1994. "The Effects of Minimum Wages on Employment: Theory and Evidence from the Us," National Bureau of Economic Research, Inc.

Richard, Dickens; Machin Stephen and Manning Alan. 1994. "Estimating the Effect of Minimum Wages on Employment from the Distribution of Wages: A Critical View," Centre for Economic Performance, LSE.

Richard, V. Burkhauser; A. Couch Kenneth and C. Wittenburg David. 2000. "Who Minimum Wage Increases Bite: An Analysis Using Monthly Data from the Sipp and the Cps." Southern Economic Journal, 67(1), 16-40.

Robert, H. Meyer and A. Wise David. 1982. "The Effects of the Minimum Wage on the Employment and Earnings of Youth," National Bureau of Economic Research, Inc.

Ronald, G. Ehrenberg. 1992. "New Minimum Wage Research: Symposium Introduction." Industrial and Labor Relations Review, 46(1).

Sara, lemos. 2004. "The Effects of the Minimum Wage in the Formal and Informal Sectors in Brazil," Department of Economics, University of Leicester.

Sara, lemos. 2004. "The Effects of the Minimum Wage in the Private and Public Sectors in Brazil," Department of Economics, University of Leicester.

Sara, Lemos. 2006. "Minimum Wage Effects in a Developing Country," Department of Economics, University of Leicester.

Sara, Lemos. 2004. "Political Variables as Instruments for the Minimum Wage," EconWPA,

Sara, Lemos. 2005. "Political Variables as Instruments for the Minimum Wage." The B.E. Journal of Economic Analysis & Policy, 0(1).

Sara, Lemos. 2003. "Political Variables as Instruments for the Minimum Wage," ANPEC - Associa??o Nacional dos Centros de P´®sgradua??o em Economia [Brazilian Association of Graduate Programs in Economics].

Sara, Lemos. 2004. "&Quot;Minimum Wage Policy and Employment Effects: Evidence from Brazil¡±." Journal of LACEA Economia.

Scott, Adams and Neumark David. 2003. "Living Wage Effects: New and Improved Evidence," National Bureau of Economic Research, Inc.

Skedinger, Per. 2002. "Minimum Wages and Employment in Swedish Hotels and Restaurants," Research Institute of Industrial Economics.

Skedinger, Per. 2006. "Minimum Wages and Employment in Swedish Hotels and Restaurants." Labour Economics, 13(2), 259-90.

Stephen, Bazen and Gallo Julie Le. 2009. "The Differential Impact of Federal and State Minimum Wages on Teenage Employment," HAL.

Stephen, Bazen and Marimoutou Velayoudom. 2002. "Looking for a Needle in a Haystack? A Re-Examination of the Time Series Relationship between Teenage Employment and Minimum Wages in the United States." Oxford Bulletin of Economics and Statistics, 64(s1), 699-725.

Stephen, Machin and Manning Alan. 1992. "Minimum Wages," Centre for Economic Performance, LSE.

Stephen, Machin; Manning Alan and Rahman Lupin. 2003. "Where the Minimum Wage Bites Hard: Introduction of Minimum Wages to a Low Wage Sector." Journal of the European Economic Association, 1(1), 154-80.

Stewart, Mark B. 2002. "Estimating the Impact of the Minimum Wage Using Geographical Wage Variation." Oxford Bulletin of Economics and Statistics, 64(0), 583-605.

Stewart, Mark B. 2002. "The Impact of the Introduction of the Uk Minimum Wage on the Employment Probabilities of Low Wage Workers," Royal Economic Society.

Stewart, Mark B. and Joanna K. Swaffield. 2006. "The Other Margin : Do Minimum Wages Cause Working Hours Adjustments for Low-Wage Workers?" University of Warwick, Department of Economics.

Strobl, Eric and Frank Walsh. 2003. "Minimum Wages and Compliance : The Case of Trinidad and Tobago," University College Dublin.

Strobl, Eric and Frank Walsh. 2003. "Minimum Wages and Compliance: The Case of Trinidad and Tobago." Economic Development and Cultural Change, 51(2), 427-50.

Terence, Yuen. 2003. "The Effect of Minimum Wages on Youth Employment in Canada: A Panel Study." Journal of Human Resources, 38(3).

Thomas, C. Leonard. 2000. "The Very Idea of Applying Economics: The Modern Minimum-Wage Controversy and Its Antecedents." History of Political Economy, 32(5), 117-44.

Thomas, R. Michl. 2000. "Can Rescheduling Explain the New Jersey Minimum Wage Studies?" Eastern Economic Journal, 26(3), 265-76.

Tor, Eriksson and Pytlikova Mariola. 2004. "Firm-Level Consequences of Large Minimum-Wage Increases in the Czech and Slovak Republics." LABOUR, 18(1), 75-103.

Vivi, Alatas and A. Cameron Lisa. 2008. "The Impact of Minimum Wages on Employment in a Low-Income Country: A Quasi-Natural Experiment in Indonesia." Industrial and Labor Relations Review, 61(2), 201-23.

Wessels, Walter John. 1997. "Minimum Wages and Tipped Servers." Economic Inquiry, 35(2), 334-49.

William, F. Maloney and Mendez Jairo Nunez. 2003. "Measuring the Impact of Minimum Wages: Evidence from Latin America," National Bureau of Economic Research, Inc.

William, Maloney and Mendez Jairo. 2004. "Measuring the Impact of Minimum Wages. Evidence from Latin America," National Bureau of Economic Research, Inc, 109-30.

Wolfson, P. and D. Belman. 2004. "The Minimum Wage: Consequences for Prices and Quantities in Low-Wage Labor Markets." Journal of Business & Economic Statistics, 22, 296-311.

Zadia, M. Feliciano. 1998. "Does the Minimum Wage Affect Employment in Mexico?" Eastern Economic Journal, 24(2), 165-80.

Zavodny, Madeline. 2000. "The Effect of the Minimum Wage on Employment and Hours." Labour Economics, 7(6), 729-50.

Flinn(2002). Interpreting Minimum Wage Effects on Wage Distributions: A **Cautionary Tale.** Annals of Economics and Statistics, GENES, issue 67-68, pages 309-355.

Grossman, J. B. (1983). The impact of the minimum wage on other wages. The Journal of Human Resources, 18(3), 359-378.

Manning (2003). Monopsony in Motion. Princeton, N.J.: Princeton University Press.

Neumark; D. Schweitzer and Wascher (2004). "Minimum Wage Effects Throughout the Wage Distribution." Journal of Human Resources, 39(2).

Neumark & Wascher(1992). Employment Effects of Minimum and Subminimum Wages: Panel Data on State Minimum Wage Laws. Industrial and Labor Relations Review, 46(1), 55-81.

胡宗万：《新常态下完善最低工资标准调整机制的思考》，《中国劳动》2015 年第 12 期。

贾东岚：《国外最低工资》，中国劳动社会保障出版社 2014 年版。

贾朋：《最低工资标准提升的溢出效应》，《统计研究》，2013 年第 4 期。

马双等：《最低工资对中国就业和工资水平的影响》，《经济研究》2012 年第 5 期。

杨娟等：《最低工资提高会增加农民工收入吗？》，《经济学》2016 年 7 月。

孙中伟等：《最低工资标准与农民工工资》，《管理世界》2011 年第 8 期。

罗小兰等：《基于攀比效应的中国企业最低工资标准对其他工资水平的影响》，《统计研究》，2009 年第 6 期。

孙中伟、舒玢玢：《最低工资标准与农民工工资——基于珠三角的实证研究》，《管理世界》2011 年第 8 期，第 45-56 页。

叶静怡、杨洋：《最低工资标准与农民工收入不平等——基于北京市农民工微观调查数据的分析》，《世界经济文汇》2015 年第 5 期，第 22-45 页。

张世伟、杨正雄：《最低工资标准提升是否影响农民工就业与工资》，《财经科学》2016 年第 10 期，第 100-109 页。

杨娟、李实：《最低工资提高会增加农民工收入吗》，《经济学（季刊）》2016 年第 11 期，第 1563-1580 页。

郭凤鸣、张世伟：《最低工资提升对低收入农民工过度劳动的影响》，《中国人口科学》2018 年第 5 期，第 42-56 页。

张世伟、杨正雄：《最低工资标准提升对农民工工资分布的影响》，《吉林大学社会科学学报》2018 年第 3 期，第 55-66 页。

王雅丽、张锦华、吴方卫：《最低工资提升对农民工收入影响的再考察——基于全国流动人口动态监测数据的分析》，《当代经济科学》2019 年第 4 期，第

38-47 页。

王湘红、汪根松：《最低工资对中国工人收入及分配的影响——基于 CHNS 数据的经验研究》，《经济理论与经济管理》2016 年第 5 期，第 46-56 页。

叶林祥、王辉、吕文慧等：《最低工资对城镇居民收入差距的影响》，《南京财经大学学报》2018 年第 2 期，第 9-15 页。

周培煌、赵履宽：《我国最低工资的就业效应及其作用机制——基于建筑业面板数据的研究》，《中南财经政法大学学报》2010 年第 1 期，第 22-28 页。

黄伟、魏薇、孙贺：《北京市最低工资制度实施状况与就业影响中介效应分析》，《经济社会体制比较》2013 年第 1 期，第 217-227 页。

张玉柯、陶永朝、张超：《提高最低工资是否影响就业：建筑业面板数据的实证分析》，《现代财经 - 天津财经大学学报》2015 年第 1 期，第 3-11 页。

苏永照：《二元经济结构下最低工资的就业效应研究——基于劳动力市场的视角》，《经济与管理》2013 年第 12 期，第 46-52 页。

鲍春雷：《最低工资标准上调的就业效应研究》，《中国劳动》2015 年第 13 期，第 4-9 页。

田贵贤：《最低工资对就业的影响及其作用机制——基于建筑业面板数据的分析》，《财经论丛（浙江财经大学学报）》2015 年第 5 期，第 16-23 页。

蒲艳萍、张玉珂：《最低工资制度就业效应的行业异质性研究——来自省际工业行业数据的证据》，《经济经纬》2020 年第 1 期，第 86-95 页。

罗燕、韩冰：《广东省最低工资标准的就业效应研究——基于 21 个城市面板数据的实证分析》，《劳动保障世界（理论版）》2013 年第 3 期，第 142-151 页。

张超：《最低工资政策对就业的影响——基于对北京市制造业的研究分析》，《时代金融（中旬）》2013 年第 35 期，第 84+86 页。

刘玉成：《湖北省最低工资就业效应研究》，《统计与决策》2018 年第 14 期，第 115-118 页。

姜广东、王菲：《我国最低工资制度的就业效应分析》，《财经问题研究》2013 年第 12 期，第 117-125 页。

杨翠迎、王国洪：《最低工资标准对就业：是促进，还是抑制？——基于中国省级面板数据的空间计量研究》，《经济管理》2015 年第 3 期，第 12-22 页。

吴惠冰：《基于面板数据下的我国最低工资就业效应的实证分析》，《邢台职业技术学院学报》2016 年版。

李晓春、董哲昱：《最低工资与买方垄断劳动市场的持续存在——苏浙沪最低工资线的就业效果比较》，《审计与经济研究》2017 年第 6 期，第 90-101 页。

刘玉成、童光荣：《最低工资标准上涨与城镇正规部门女性就业挤出——基于中国城镇单位省际面板数据的实证研究》，《经济与管理研究》2012 年第 12 期，第 66-76 页。

刘玉成：《最低工资对我国就业性别差异的影响研究——基于中国省际面板数据和行业面板数据的分析》，《商业经济与管理》2014 年第 9 期，第 86-97 页。

马双、李雪莲、蔡栋梁：《最低工资与已婚女性劳动参与》，《经济研究》2017 年第 6 期，第 153-168 页。

李晓春、何平：《最低工资线的农民工就业效应——以长三角地区为例》，《江苏社会科学》2010 年第 4 期，第 59-66 页。

罗润东、周敏：《最低工资制度对农民工就业的影响研究》，《山东社会科学》2012 年第 9 期，第 127-131 页。

王光新、姚先国：《中国最低工资对就业的影响》，《经济理论与经济管理》2014 年第 11 期，第 16-31 页。

石娟：《最低工资对农民工的就业影响及其传导机制研究》，《商业研究》2015 年第 2 期，第 85-90,167 页。

邓大松、卢小波：《最低工资会挤出外出劳动力供给吗？——基于第五次人口普查和地级市匹配数据的分析》，《学习与探索》2016 年第 10 期，第 102-108 页。

张军、赵达、周龙飞：《最低工资标准提高对就业正规化的影响》，《中国工业经济》2017 年第 1 期，第 81-97 页。

王阳：《我国最低工资制度对企业劳动生产率的影响——基于双重差分模型的估计》，《北方经济》2012 年第 5 期，第 58-64 页。

王亚坤、韩兆洲、牛学慧：《最低工资提高对广东人力资本和人力资本结构的影响——基于 VAR 的实证分析》，《特区经济》2012 年第 4 期，第 40-42 页。

杨用斌：《最低工资对外商直接投资企业规模的影响——基于全要素产出模型》，《山西财经大学学报》2012 年第 4 期，第 14-16 页。

孙楚仁、田国强、章韬：《最低工资标准与中国企业的出口行为》，《经济研究》2013 年第 2 期，第 42-54 页。

马双、甘犁：《最低工资对企业在职培训的影响分析》，《经济学：季刊》2013 页。

邓曲恒：《最低工资政策对企业利润率的影响》，《劳动经济研究》2015 年第 4 期，第 70-88 页。

林灵、阎世平：《最低工资标准调整与企业外资持股行为》，《中南财经政法大学学报》2017 年第 2 期，第 117-127 页。

许和连、王海成：《最低工资标准对企业出口产品质量的影响研究》，《世界经济》2016 年第 7 期，第 73-96 页。

吴思捷、戴永务、许小晶等：《最低工资标准对木材加工业劳动生产率影响的分析》，《中国林业经济》2017 年第 3 期，第 1-4,9 页。

刘贯春、张军、陈登科：《最低工资、企业生产率与技能溢价》，《统计研究》2017 年第 1 期，第 44-54 页。

刘贯春、张军：《最低工资制度、生产率与企业间工资差距》，《世界经济文汇》2017 年第 4 期，第 1-26 页。

孙一菡、谢建国、徐保昌：《最低工资标准与企业成本加成——来自中国制造业企业的证据》，《中国经济问题》2018 年第 6 期，第 123-136 页。

赵瑞丽、孙楚仁、陈勇兵：《最低工资与企业价格加成》，《世界经济》2018 年第 2 期，第 121-144 页。

曹亮、黄浩溢、孙友豪等：《中国—东盟自由贸易区、最低工资与企业成本加成率》，《广西财经学院学报》2018 年第 3 期，第 1-23 页。

魏下海、张天华、李经：《最低工资规制与中国企业的市场存活》，《学术月刊》2018 年第 3 期，第 87-97 页。

李磊、王小霞、蒋殿春等：《中国最低工资上升是否导致了外资撤离》，《世界经济》2019 年第 8 期，第 97-120 页。

王欢欢、樊海潮、唐立鑫页：《最低工资、法律制度和企业对外直接投资》，《管理世界》2019 年第 11 期。

刘恩猛、吕文栋：《最低工资标准对中小企业创新类型选择的影响——基于浙江省的实证研究》，《中国科技论坛》2019 年第 10 期。

邱光前、马双：《最低工资标准提高对企业出口结构的影响》，《世界经济文汇》2019 年第 1 期，第 17-39 页。

耿伟、杨晓亮：《最低工资与企业出口国内附加值率》，《南开经济研究》2019 年第 4 期，第 188-208 页。

田彬彬、陶东杰：《最低工资标准与企业税收遵从——来自中国工业企业的经验证据》，《经济社会体制比较》2019 年第 1 期。

何欢浪、张娟：《最低工资会提高中国企业的劳动收入份额吗？》，《世界经济文汇》2019 年第 4 期，第 51-66 页。

金岳、郑文平：《最低工资提升了中国制造业企业资本存量吗？——基于非线性关系的检验》，《统计研究》2019 年版。

张平南、直银苹、董斯静：《贸易自由化、最低工资与企业出口国内附加值》，《产业经济评论》2018 年第 4 期，第 70-90 页。

马双、赖漫桐：《劳动力成本外生上涨与 FDI 进入：基于最低工资视角》，《中国工业经济》2020 年第 6 期，第 81-99 页。

关娇、何江：《最低工资执行效应实证研究——以上海市（1993-2016）为例》，《兰州学刊》2020 年第 4 期，第 71-90 页。

段志民、郝枫：《最低工资政策的城镇家庭收入分配效应研究》，《统计研究》第 2019 年第 7 期。

李磊、于明言、冼国明：《最低工资与中国企业 " 走出去 "》，《商业经济与管理》2018 年第 8 期，第 71-82 页。

王松、孙楚仁、徐晓辰：《最低工资与贸易比较优势》，《世界经济研究》2018 年第 12 期，第 84-97+135 页。

刘行、赵晓阳：《最低工资标准的上涨是否会加剧企业避税?》，《经济研究》2019 年第 10 期。

张世伟、杨正雄：《最低工资标准能否促进农民工工资持续增长》，《财经科学》2019 年第 11 期，第 95-108 页。

张世伟、韩笑：《最低工资标准提升对农民工劳动供给的影响》，《人口学刊》2019 年第 3 期，第 90-98 页。

袁青川、易定红：《最低工资的就业和工作时间效应——来自中国劳动力动态调查的证据》，《人口与经济》2020 年第 1 期，第 1-15 页。

叶文辉、江佳鑫：《中国最低工资政策对低收入群体就业的影响——基于 CGSS 数据的实证研究》，《山西财经大学学报》2020 年第 10 期，第 14-26 页。

王于鹤、王雅琦：《最低工资标准和消费者价格指数关系的实证研究》，《价格理论与实践》2014 年第 4 期，第 73-75 页。

后 记

    作为 2014 年出版的《国外最低工资》的姊妹篇，本书是近年来中外最低工资政策相关研究成果的阶段性汇编。这些研究得到了人社部劳动关系司聂生奎司长、李俊副司长、胡宗万副处长（中国劳动和社会保障科学研究院工资收入调控研究室原副主任），中国劳动和社会保障科学研究院狄煌主任、刘军胜主任、王霞主任和孙玉梅主任，北京师范大学最低工资课题组，以及工资收入分配领域其他专家的指导与帮助，也得到了悉尼大学苏鹏博士、中央民族大学谭永川在计量分析方面的支持，在此一并表示感谢。最低工资政策研究依然任重道远，希望能够与更多同仁交流探讨，为政策制定和制度设计提供更多参考。

    本书出版时间紧，工作量大，虽经数番校订，仍不免有挂一漏万之处，尚祈读者与专家指正。

贾东岚

2021 年 4 月